Soffestri'r Saeson

Y MEDDWL A'R DYCHYMYG CYMREIG

Golygydd Cyffredinol
John Rowlands

Mae teitl y gyfres hon o astudiaethau beirniadol ar lenyddiaeth yn fwriadol eang ac annelwig, oherwydd gobeithir cynnwys ynddi ymdriniaethau amrywiol iawn â lluosogedd o bynciau a themâu. Bu tuedd hyd yn hyn i ysgolheigion a beirniaid ysgrifennu hanes llenyddiaeth, ac fe fydd sefydliadau megis y Ganolfan Uwchefrydiau Cymreig a Cheltaidd a'r Academi Gymreig yn sicrhau bod y gweithgareddau sylfaenol hynny yn parhau. Ond daeth yn bryd hefyd inni drafod a dehongli'r themâu sy'n ymwau trwy'n llenyddiaeth, ac edrych yn fanylach ar y meddwl a'r dychymyg Cymreig ar waith. Wrth gwrs fe wnaed rhywfaint o hynny'n barod gan feirniaid mor wahanol â Saunders Lewis, Bobi Jones a Hywel Teifi Edwards, ond mae yna agweddau lu ar ein dychymyg llenyddol sydd naill ai heb eu cyffwrdd neu'n aeddfed i gael eu trafod o'r newydd.

Yr astudiaeth hon o agweddau ar hanesyddiaeth yr unfed ganrif ar bymtheg yw'r wyththfed gyfrol y gyfres, yn dilyn *DiFfinio Dwy Lenyddiaeth Cymru* (gol. M. Wynn Thomas, 1995), *Tir Neb* (Gerwyn Wiliams, 1996) a ddyfarnwyd yn Llyfr y Flwyddyn gan Gyngor Celfyddydau Cymru a *Cerddi Alltudiaeth* (Paul Birt, 1997), *Yr Arwrgerdd Gymraeg* (E. G. Millward, 1998), *Pur fel y Dur* (Jane Aaron, 1998) a enillodd wobr goffa Ellis Griffith, *Sefyll yn y Bwlch* (Grahame Davies, 1999) ac *Y Sêr yn eu Graddau* (gol. John Rowlands, 2000). Yn y gyfrol bresennol y mae Jerry Hunter yn craffu ar hanesyddiaeth a phroffwydoliaeth a'r cysylltiad rhyngddynt yng ngwaith Elis Gruffydd, 'y milwr o Galais'. Gwelir ei groniol ef fel 'man cyfarfod gwahanol destunau, gwahanol draddodiadau a gwahanol leisiau awdur(dod)ol'.

Bydd cyfrolau pellach yn y gyfres hon yn archwilio pynciau amrywiol megis Cymru ac America, y ddelwedd o Gymru yn y nofel Gymraeg ddiweddar, agweddau ar feirniadaeth a theori lenyddol yng Nghymru'r ugeinfed ganrif, y dychymyg hoyw mewn llenyddiaeth Gymraeg, yr awdur a'r darllenydd ar ddiwedd yr ugeinfed ganrif a merched yn llenyddiaeth yr Oesoedd Canol.

Y MEDDWL A'R DYCHYMYG CYMREIG

Soffestri'r Saeson

Hanesyddiaeth a Hunaniaeth yn Oes y Tuduriaid

Jerry Hunter

GWASG PRIFYSGOL CYMRU
CAERDYDD
2000

© Jerry Hunter ⓟ 2000

Cedwir pob hawl. Ni cheir atgynhyrchu unrhyw ran o'r cyhoeddiad hwn na'i gadw mewn cyfundrefn adferadwy na'i drosglwyddo mewn unrhyw ddull na thrwy unrhyw gyfrwng electronig, mecanyddol, ffotogopïo, recordio, nac fel arall, heb ganiatâd ymlaen llaw gan Wasg Prifysgol Cymru, 6 Stryd Gwennyth, Caerdydd CF24 4YD.
Gwefan: www.cymru.ac.uk/gwasg

ISBN 0-7083-1659-X

Mae cofnod catalogio'r gyfrol hon ar gael gan y Llyfrgell Brydeinig.

Cyhoeddir gyda chymorth ariannol Cyngor Celfyddydau Cymru

Datganwyd gan Jerry Hunter ei hawl foesol i gael ei gydnabod yn awdur y gwaith hwn yn unol â'r Ddeddf Hawlfraint, Dyluniadau a Phatentau 1988.

Llun y clawr: Pieter Bruegel, *Christ Carrying the Cross* (1564), trwy ganiatâd Kunsthistorisches Museum, Vienna

Cysodwyd yng Ngwasg Prifysgol Cymru, Caerdydd
Argraffwyd yng Nghymru gan Wasg Dinefwr, Llandybïe

i'r tair:
Judith, Megan a Luned

Cynnwys

Diolchiadau ix

1 Darllen Arwyddion yr Oesoedd:
 Hanesyddiaeth a Phroffwydoliaeth yn
 Oes Harri VIII 1

2 'Chronicles therefore, I can highly commende':
 Cynrychioli'r Genedl Seisnig 28

3 Difyrrwch y Bobl, Soffestri'r Bobl Seisnig:
 John Rastell ac Elis Gruffydd 51

4 Deall Dull y Byd:
 Trosglwyddo Brut a Brud 78

5 'Arwyddion i ddeall fod y brud yn dyfod':
 Brut a Brud yng Nghronicl Elis Gruffydd 108

Mynegai 143

Diolchiadau

Carwn ddiolch yn gyntaf i'r Athro John Rowlands, golygydd y gyfres Y Meddwl a'r Dychymyg Cymreig, am ei gefnogaeth ddiflino. Mae rhan o'r gyfrol hon wedi'i seilio ar fy nhraethawd Ph.D. ac felly mae fy nyled yn fawr i'r Athro Patrick Ford am y cyfarwyddyd a'r gefnogaeth a gefais yn ystod fy nghyfnod fel myfyriwr ymchwil ym Mhrifysgol Harvard. Diolch hefyd i'r Athro Derek Pearsall am ei gymorth wrth fynd i'r afael â thraddodiad y cronicl Saesneg. Diolchaf i'r Dr Brynley Roberts am ei barodrwydd i drafod Elis Gruffydd ac am ddarllen y gyfrol hon a chynnig ei sylwadau. Bu fy nghyd-weithwyr yn Adran y Gymraeg, Prifysgol Caerdydd, yn barod iawn eu cymorth; diolchiadau lu i'r Athro Sioned Davies, yr Athro Peter Wynn Thomas, y Dr E. Wyn James, yr Athro Colin Williams, Dylan Foster Evans a'r Dr Angharad Price. Bu Dr Ceridwen Lloyd-Morgan yn hael iawn wrth drafod Elis Gruffydd a'i lawysgrifau. Diolchaf yn ogystal i'r Athro Edgar Slotkin am y sgyrsiau a'r ysbrydoliaeth dros y blynyddoedd. Bu cynifer o gyfeillion mor gefnogol yn ystod y cyfnod y bûm yn ysgrifennu'r gyfrol hon: rhaid imi enwi'r Dr Richard Wyn Jones yn enwedig am ei anogaeth a'i barodrwydd i wrando. Diolchaf hefyd i swyddogion Gwasg Prifysgol Cymru am eu gwaith ac yn arbennig i Llion Pryderi Roberts am ei ofal wrth lywio'r gyfrol drwy'r wasg. Ac yn bennaf diolchaf i Judith fy ngwraig am bopeth.

JERRY HUNTER

Fe wyddai'r hen Gymry pa bryd y dechreuodd eu hanes.
John Davies, *Hanes Cymru*

Longing on a large scale is what makes history.
Don DeLillo, *Underworld*

Onid eto, er hyn oll o ymrafaelion ac o wrthwynebion mewn ystoriâu, efo a allai i waith Galffreidws fod yn wir, namyn bod y bobl Seisnig drwy eu soffestri yn rhoddi yr achosion hyn ger ein bron ni megis brychau i ddallu ein coel a'n myfyrdod ni ac i geisio gennym ni gredu a choelio megis ac y mae y rhan fwyaf ohonynt hwy yn coelio ac yn credu.

Cronicl Elis Gruffydd

Llawysgrifau, Testunau a Dyfyniadau

Wrth ddyfynnu o lawysgrifau anolygedig rwyf wedi ceisio dilyn y canllawiau canlynol. Cyflwynaf ddyfyniadau am y tro cyntaf yn yr orgraff wreiddiol gydag ychydig iawn o atalnodi a newidiadau golygyddol. Pan fydd geiriau, ymadroddion a brawddegau yn ailymddangos yng nghorff y drafodaeth rwyf yn cadw'r iaith a'r orgraff hynafol ar adegau ac yn diweddaru'r dyfyniadau ar adegau eraill, yn dibynnu ar ofynion arddulliol. Hynny yw, mae cadw nodweddion hynafol y dyfyniad gwreiddiol yn rhan o ymdrech i bwysleisio'r cyd-destun hanesyddol gwreiddiol tra bo diweddaru iaith y dyfyniad yn ymdrech i'w asio'n llyfn â'r frawddeg neu'r paragraff sy'n ei gynnwys.

Gwêl y darllenydd a fo'n gyfarwydd â llawysgrifau Cymraeg yr Oesoedd Canol a'r cyfnod modern cynnar fy mod i'n defnyddio'r hen deitlau ar gyfer llawysgrifau – y rhai a geir yn J. Gwenogvryn Evans, *Report on Manuscripts in the Welsh Language* (Llundain, 1898–1910). Er bod Mostyn 158, er enghraifft, bellach yn Llyfrgell Genedlaethol Cymru 3054D ac er bod Caerdydd 5 wedi'i newid i Gaerdydd 3.4, rwyf yn defnyddio'r hen deitlau am fy mod yn teimlo eu bod yn cyfleu peth o hanes y llawysgrifau a bod y fath bwysau hanesyddol yn ystyrlon. Ymddiheuraf os bydd fy mympwy yn drysu ymchwilwyr ac yn cythruddo llyfrgellwyr.

1

Darllen Arwyddion yr Oesoedd: Hanesyddiaeth a Phroffwydoliaeth yn Oes Harri VIII

Dienyddiwyd Syr Rhys ap Gruffydd ar 4 Rhagfyr 1531. Daethpwyd ag ef o'r Tŵr Gwyn yn Llundain i'r Gwynfryn lle y torrwyd ei ben. Dyfarnesid yr uchelwr ifanc hwn, pennaeth teulu Dinefwr, yn euog o frad yn erbyn y brenin, Harri VIII. Ymysg y cyhuddiadau – a seiliwyd yn rhannol ar gyfweliadau â'i weision ef – oedd iddo gyfarfod â dau Gymro arall, William Huws ac Edward Llwyd, ar 28 Awst 1531 i gynllwynio yn erbyn y brenin. Yn ystod y cyfarfod hwnnw – yn ôl *Indictment* swyddogol y llys – trafododd y tri Chymro broffwydoliaeth a awgrymai 'that king Jamys with the red hand and the ravens should conquere all England'.[1] Pe bai Cymro â'i fryd ar ddymchwel y brenin yn ymhél â phroffwydoliaeth, dyma'r math o beth y gellid ei ddisgwyl. Er mai 14 gair Saesneg yn unig a geir yn nisgrifiad y cofnodion swyddogol o'r broffwydoliaeth, mae'r disgrifiad byr hwn yn cynnwys tair elfen a fyddai'n canu cloch i unrhyw un a fo'n gyfarwydd â chanu brud Cymraeg yr Oesoedd Canol diweddar.

Yn gyntaf, mae'r 'Llaw Goch' yn ffigwr a stelcia drwy'r canu brud. Cyfeiriad at Owain Lawgoch ydoedd yn wreiddiol, sef Owain ap Thomas ap Rhodri (m. 1378), disgynnydd i Lywelyn Fawr a gor-nai i Lywelyn y Llyw Olaf. Enillasai Owain y llysenw 'Llawgoch' am ei waith fel rhyfelwr cyflogedig ar y cyfandir. Fe ddaethpwyd i'w weld yn ddarpar arwr cenedlaethol a allai ddod dros y môr i achub Cymru. Drwy broses ddeuol o gymathu'r enw ag enw Owain arall – Glyndŵr – a chyffredinoli'r llysenw rhyfelgar i arwyddo unrhyw arwr a fyddai'n tywallt gwaed â'i law er budd ei genedl, fe ddaeth Owain, Owain Lawgoch a'r Llawgoch yn enwau poblogaidd ar gyfer y mab darogan.[2]

Yn ail, y cigfrain oedd symbol herodrol teulu Dinefwr. Honnai'r teulu i'r llinach ddisgyn o Owain ab Urien, ac mae'n debyg mai'r 'branhes Owein' a geir mewn testunau canoloesol oedd cynsail symbolaidd cigfrain Dinefwr.[3] Pe bai bardd Cymraeg yn cyfansoddi proffwydoliaeth ar gyfer noddwr, yna fe ellid disgwyl y byddai'n crybwyll delweddau adnabyddus a gysylltid â'r uchelwr hwnnw. A chan mai un o glustnodau'r canu brud oedd defnyddio llysenwau wrth gyfeirio at wrthrychau'r canu – a chan mai enwau anifeiliaid yn anad dim oedd sail y llysenwau hynny – fe ellid disgwyl i fardd a ganai gywydd brud i aelod o deulu Dinefwr wneud yn fawr o ddelwedd y cigfrain.

Ac yn olaf, er ei ddelweddaeth gymhleth a'i gyfeiriadaeth fwriadol niwlog, roedd y traddodiad brud Cymraeg yn gyfrwng i'r beirdd drafod y sefyllfa wleidyddol gyfoes.[4] Roedd James V, brenin yr Alban, yn fygythiad i Harri VIII yn y 1530au cynnar; nid oedd etifedd gwrywaidd gan Harri, a gallai James hawlio cysylltiad â llinach brenhinol Lloegr. O gyfuno cyfeiriadau at un o arwyr chwedlonol y traddodiad proffwydol, arfau herodrol yr uchelwr dan sylw a'r sefyllfa wleidyddol bresennol, ceir fformiwla nodweddiadol o ganu brud Cymraeg y bymthegfed ganrif.

Fe fyddai'r fformiwla hon yn gyfarwydd iawn i Harri VIII. Manteisiodd ei dad ar bropaganda'r cywyddau brud i fraenaru'r tir ar gyfer ei daith i faes Bosworth. Yng ngeiriau Gruffydd Aled Williams, cerddodd Harri Tudur 'a bardic road to Bosworth'.[5] A chafodd Harri gryn gymorth ar y ffordd i Bosworth gan daid Rhys ap Gruffydd, Rhys ap Thomas. Fe ychwanegodd ef nifer fawr o filwyr at fyddin Harri – rhwng 1,800 a 10,000, yn dibynnu ar y ffynhonnell a ddarllenir.[6] Fe ymlwybrodd Rhys â'i fintai tua maes Bosworth, a chwaraeodd ran flaenllaw yn y frwydr dyngedfennol honno. Mae'r ffynonellau cyfoes yn cytuno bod Rhys yn bresenoldeb amlwg ar faes y gad, ac fe aeth Guto'r Glyn mor bell ag awgrymu mai Rhys ap Thomas a laddodd Richard III.[7] Roedd Syr Rhys ap Thomas yn noddwr amlwg hefyd, yn uchelwr yr oedd beirdd megis Tudur Aled, Iorwerth Fynglwyd a Lewys Morgannwg yn canu iddo. Ac mae'n bosibl iawn mai er plesio'r noddwr pwysig hwn y canodd nifer o feirdd eraill gywyddau brud o blaid Harri Tudur yn ystod degawdau olaf y bymthegfed ganrif.

Gwobrwyodd y brenin newydd Syr Rhys ap Thomas â nifer o swyddi pwysig. Ef, yn ddiamau, oedd uchelwr mwyaf pwerus Cymru yng nghyfnod Harri VII. Parhâi i wasanaethu'r brenin yn filwrol hefyd, yn arwain byddinoedd yn erbyn gwrthryfeloedd ym Mhrydain a'r Ffrancwyr ar y Cyfandir. 'Father Rhys' oedd yr hen uchelwr i'r Harri VIII ifanc, mor amlwg ei bresenoldeb yn llys y brenin. Pan fu farw Syr Rhys ap Thomas ym 1525 roedd teulu Dinefwr ar anterth ei rym. Buasai'r hen Syr Rhys yn uchel yn ffafr y brenin Harri VII a'i fab ers deugain mlynedd ac fe'i claddwyd wrth ymyl tad Harri VII yng Nghaerfyrddin, arwydd clir o'i gysylltiad agos â'r Tuduriaid. Yn wir, ar wahân i berthnasau agos megis Siasbar Tudur, Rhys ap Thomas ond odid oedd cefnogwr mwyaf Harri Tudur yng Nghymru. Eto, er gwaethaf cyfraniad 'Father Rhys' at achos y Tuduriaid, nid ymataliai Harri VIII rhag torri pen ei ŵyr ef ym 1531. Ceir peth eironi hanesyddol felly yn y modd y cyhuddwyd Rhys ap Gruffydd o gynllwynio brad yn erbyn y brenin. Mae'r tro gwaedlyd hwn ar fyd teulu Dinefwr yn enghreifftio'r ffaith fod agendor anferthol wedi ymagor rhwng breuddwydion brudiol y beirdd a ganai i Harri Tudur a *realpolitik* teyrnasiad Harri VIII.

Ar un olwg, felly, mae'r disgrifiad o'r broffwydoliaeth a geir yn y cyhuddiad yn taro deuddeg. Pe bai Rhys ap Gruffydd wedi comisiynu cywydd brud i hybu ymgyrch yn erbyn Harri VIII, yna fe ellid disgwyl rhywbeth tebyg i'r crynodeb a geir yn y cyhuddiadau. Eto, nid yw'r broffwydoliaeth ei hun wedi goroesi; nid yw'r testun ei hun ar glawr mewn unrhyw lawysgrif y gwyddys amdani o'r cyfnod neu o gyfnod diweddarach. Ac yn wir, mae'n annhebygol fod Rhys ap Gruffydd wedi comisiynu cywydd brud yn rhan o unrhyw gynllwyn. Nid oes odid ddim tystiolaeth i gywyddau brud gael eu cyfansoddi yn ystod teyrnasiad Harri VIII. Er mor fyw oedd y traddodiad yn ystod ail hanner y bymthegfed ganrif, fe ymddengys i'r canu brud farw fel traddodiad byw gyda gorseddu Harri VII. A hynny am resymau amlwg; erbyn diwedd 'Rhyfeloedd y Rhos', Harri Tudur oedd y mab darogan. Ef a wireddodd hen addewidion Owain ab Urien, Owain Lawgoch, ac Owain Glyndŵr; ef oedd ymgnawdoliad Arthur, gwaredwr cenedl y Cymry. Fel y mae llawer ysgolhaig wedi'i nodi, fe laddodd Harri Tudur draddodiad y canu brud drwy'i wireddu.[8] Felly ni allai bardd ganu brud ar ôl coroni'r Tudur cyntaf am ddau reswm amlwg. Yn gyntaf, ef oedd y mab darogan yn ôl brudwyr enwog diwedd y bymthegfed ganrif, ac felly ni ellid canu i fab darogan newydd heb fradychu'r traddodiad. Ac yn ail, fel y dengys achos Rhys ap Gruffydd, roedd proffwydo yn erbyn y brenin yn gyfystyr â brad. Yn wir, deddfwyd yn erbyn proffwydoliaethau o bryd i'w gilydd drwy gydol cyfnod y Tuduriaid.[9]

Hanesyddiaeth a Phroffwydoliaeth yn Oes Harri VIII 3

Ar wahân i'r disgrifiad o gynnwys y broffwydoliaeth, nid oes yn y cyhuddiad reswm dros gredu mai *cywydd* brud ydoedd; *prophecia* yw'r gair Lladin yn y cyhuddiadau, sef term amwys nad yw'n awgrymu mai barddoniaeth oedd cyfrwng y testun. Er i draddodiad y cywydd brud farw cyn i Harri VIII esgyn i'r orsedd, cylchredai proffwydoliaethau eraill – yn rhyddiaith ac yn farddoniaeth – drwy gydol yr unfed ganrif ar bymtheg, yn Gymraeg, yn Saesneg ac yn Lladin. Yn ogystal â'r 'prognosticasiwn', sef proffwydoliaeth ddof yn trafod y tywydd a mân bethau eraill, ceid ambell ymgais i ragweld dyfodol Coron Lloegr (ond nid o du beirdd proffesiynol Cymru). Ac felly y deddfu yn erbyn proffwydo y soniwyd amdano'n barod. Ond ni wyddys am broffwydoliaeth ar ffurf rhyddiaith o'r cyfnod sy'n cyfateb i'r disgrifiad ychwaith. Ni ellir cysylltu unrhyw destun Cymraeg, Saesneg neu Ladin sydd wedi goroesi â'r *prophecia* a ddisgrifir yn y cyhuddiadau.[10] Er chwilio llawysgrifau'r cyfnod, nid oes neb hyd heddiw sydd wedi dod o hyd i'r broffwydoliaeth y collodd Rhys ap Gruffydd ei ben yn rhannol o'i herwydd ar 4 Rhagfyr 1531.

A hynny am reswm da: ni chollodd ei ben am iddo drafod proffwydoliaeth. Ac ni chollodd ei ben, mae'n debyg, am iddo gynllwynio yn erbyn y brenin ychwaith. Fe ddichon mai tynnu'n groes i ewyllys Harri VIII a'i ffefrynnau oedd gwir achos dienyddio Rhys ap Gruffydd. Tramgwyddodd yn erbyn y brenin, ond ni chynllwyniodd frad yn ei erbyn yn ystyr lythrennol y gair. Buasai'n dadlau am yn hir â Walter Devereux, Arglwydd Ferrers, a dywedwyd iddo siarad yn erbyn Anne Boleyn pan oedd y brenin yn awyddus i'w phriodi.[11] Roedd Syr Rhys hefyd yn Gatholig, a hynny ar adeg pan oedd llywodraeth Lloegr yn dechrau ymagweddu'n Brotestannaidd. Dyma gyfnod 'the Kynges great matter', sef ymdrech Harri VIII i ysgaru â'i wraig gyntaf, Catherine, a phriodi Anne.[12] Roedd y brenin a'i weision ar ganol eu castiau diwinyddol-wleidyddol cymhleth, ac nid oeddynt am adael i uchelwr Catholig o Gymro ddangos gwrthwynebiad iddynt.

Fel y mae nifer o sylwebwyr wedi nodi ar hyd y blynyddoedd, cyhuddwyd Syr Rhys ar gam. Mae Ralph Griffiths wedi casglu'n ddiweddar fod Syr Rhys yn:

> a victim of his times: of dynastic circumstances beyond his control, of personal relationships and political rivalries of the most intense sort, and of developments that in retrospect made him one of the earliest martyrs of the English Reformation.[13]

Yn ôl John Gwynfor Jones, 'The evidence for Sir Rhys ap Gruffydd's involvement was slim'.[14] Yn ei dyb ef, roedd grym a statws Syr Rhys ap Gruffydd yn ddigon o fygythiad i Harri VIII.[15] Yn wir, disgrifia'r hanesydd hwn Syr Rhys fel 'the last overpowerful Welsh nobleman who might have caused an uprising in Wales'.[16]

Ni bu'n rhaid aros tan ddiwedd yr ugeinfed ganrif i glywed bod Rhys yn ddieuog o frad a bod ei gyhuddo o'r uchel drosedd yn ffordd hwylus o'i ddileu o'r llwyfan wleidyddol. Fel y noda Ralph Griffiths, gwta dair blynedd ar ôl y digwyddiad yr ysgrifennodd John Hale, ficer Isleworth, gofnod dadlennol. Dywed y ficer i aelod o deulu'r Scudamoriaid ddweud wrtho fod y Cymry wedi eu digio gan y dienyddiad:

> And what think ye of Wales? – Their noble and gentle Ap Ryce so cruelly put to death, and he innocent, as they say, in the cause.[17]

Dywed hefyd fod Cymry ac 'offeiriaid' – gan olygu offeiriaid Catholig, mae'n debyg – yn 'sore disdained nowadays'.[18]

Gwelir yma rai agweddau pwysig ar y modd yr oedd (rhai) cyfoeswyr yn synio am farwolaeth Syr Rhys ap Gruffydd. Mae union eiriau'r sylwebydd Seisnig hwn yn awgrymu bod pobl ar y pryd yn dehongli'r dienyddiad yn nhermau gwrthdaro rhwng y Cymry a'r llywodraeth. Fe awgryma fod rhai pobl ar y pryd yn cyffredinoli tranc yr uchelwr ifanc i adlewyrchu sefyllfa cenedl y Cymry. 'Their noble and gentle Ap Ryce' ydyw; drwy rinwedd y rhagenw lluosog, *their*, mae Syr Rhys yn cynrychioli'i gydwladwyr. Nid disgrifio dehongliad cyfoes o'r digwyddiad yn unig y mae, eithr disgrifio dehongliad *Cymreig* ohono. Dywed yn glir ei fod yn cofnodi barn (dybiedig) Cymry cyfoes; 'as they say' yw'r geiriau y mae'n eu defnyddio, 'fel y maent hwy [y Cymry] yn ei ddweud'. Ac mae i'r sylwebaeth hon oslef foesol ddigamsyniol; pwysleisia ddieuogrwydd Syr Rhys. Fe welir hyn yn glir iawn drwy graffu ar yr ansoddeiriau: roedd y Cymro yn *noble*, yn *gentle*, ac yn anad dim, yn *innocent*.

Awgrymodd cyfoeswr o Gymro hefyd, Elis Gruffydd, fod Syr Rhys ap Gruffydd yn ddieuog. Mewn cofnod a ysgrifennodd yn ei gronicl rywbryd rhwng 1531 a 1552, dywed nad yw'n meddwl fod Syr Rhys wedi 'amcanu dim o'r cyfryw orchwyl' a bod 'y chwedl' yn 'anghyffelyb i fod yn wir'.[19] Awgryma hefyd, fel John Hale, fod pobl ar y pryd yn dehongli'r dienyddiad yng nghyd-destun tensiynau rhwng y Cymry a grymoedd Lloegr. Wedi disgrifio'r dienyddiad, dywed fod Saeson yn troi'r digwyddiad yn destun gwawd:

Hanesyddiaeth a Phroffwydoliaeth yn Oes Harri VIII

yn yr amser ynn wir J bwrid edliwiaeth vawr o honnaw ef ar ddannedd y kymru drwy erchi vddunt twy edrych ar draytturiaid i gwlad ynn hedeg ymhene y kigurain ynn amgylch y dinas.[20]

Yn ôl y croniclwr Cymreig, roedd Saeson yn defnyddio dienyddiad Syr Rhys i geryddu a rhybuddio'r Cymry'n gyffredinol. Dywed Elis Gruffydd yn nes ymlaen yn ei naratif mai 'gwŷr Lloegr' a gyhuddodd Syr Rhys ar gam. Gellir yn hawdd gyplysu'r cyfeiriad cyffredinol hwn at Saeson cyfoes â phwy bynnag oedd yn 'bwrw edliwiaeth . . . ar ddannedd y Cymry'. Hynny yw, mae'r Cymro'n pwysleisio mai syrthio'n ysglyfaeth i gyhuddiadau 'gwŷr Lloegr' a wnaeth Syr Rhys a bod gwŷr Lloegr hefyd yn taflu'i ddienyddiad yn fygythiol yn wyneb Cymry eraill. Disgrifia edliwiad a daflodd un genedl at genedl arall.[21] Y mae'r wedd ethnig a geir yn y sylwebaeth Saesneg – 'what think ye of Wales . . . *their* noble and gentle Ap Ryce so cruelly put to death, and he innocent, as *they* say' – i'w gweld hefyd yn y sylwebaeth Gymraeg – 'ar ddannedd *y Cymry*, drwy erchi iddynt *hwy* edrych ar draeturiaid *eu gwlad'*.

Er iddo amlygu'r tensiynau rhwng Cymry a Saeson wrth drafod dienyddiad Syr Rhys ap Gruffydd, ni ddylid meddwl mai traethawd gwrth-Seisnig yw cronicl Elis Gruffydd. Ysgrifennai Elis ei gronicl tra oedd yn filwr yng ngarsiwn Calais a disgrifia'r fyddin yr oedd yn rhan ohoni fel 'y fyddin Seisnig'. Cyn symud i Galais, buasai'n gwasanaethu Syr Robert Wingfield fel ceidwad ei blas yn Llundain. O ran yr agweddau a fynegir yn ei gronicl, gellir dweud bod gan Elis Gruffydd hunaniaeth sy'n ymddangos yn gymhleth inni heddiw; roedd yn Gymro, yn Brydeiniwr, ac, ar adegau, yn Sais. Mae cronicl Elis Gruffydd yn ddrych i'w yrfa yn Lloegr ac yn y fyddin Seisnig: mae'r testun wedi'i batrymu i raddau helaeth ar groniclau Seisnig, gan gynnwys nifer o destunau cyfoes. Ond Cymraeg yw iaith y cronicl. Gellir edrych arno felly fel ymdrech i fewnforio teithi hanesyddiaeth 'estron' i'r traddodiad llenyddol Cymraeg.[22]

Mae disgrifiad Elis Gruffydd o ddienyddiad Syr Rhys ap Gruffydd yn nodweddiadol o'i hanesyddiaeth. Er i'w gronicl hirfaith gwmpasu hanes y byd o'i ddechreuadau beiblaidd hyd ganol yr unfed ganrif ar bymtheg – ac felly ymdrin â llawer o naratifau a elwir yn 'ffug-hanes', yn 'llên gwerin' ac yn 'fytholeg' heddiw – nodweddir hanesyddiaeth Elis Gruffydd gan awydd i gasglu gwybodaeth gan gymaint o ffynonellau â phosibl a chan ymdrech i asesu crediniaeth y ffynonellau hynny. Yn wir, gellir synhwyro dylanwad yr hanesyddiaeth ddyneiddiol newydd ar ei fethodoleg ef. Wrth gofnodi ei hanes, arddelai safbwynt cytbwys a phwyllog. Yn hytrach na chuddio cymhlethdodau a gwrthddywediadau, mae'n dangos bod amlygu amrywiaeth barn a chasgliadau gwrthwyneb yn rhan annatod o ymchwil hanesyddol. Ond nid yw'n wyddonol oer; clywir llais personol y croniclwr drwy gydol y cronicl. Nid yw'n ymatal rhag chwistrellu'i safbwynt personol ei hun i'r drafodaeth, ac mae neillebau coeglyd, sinigaidd a doniol yn britho'r gwaith. Eto, nid yw'r neillebau yn pylu'r ymdrech i gyflwyno hanes mewn modd cytbwys a theg; cynhwysir barn bersonol y croniclwr fel un llais ymysg llawer, yn un farn y geill y darllenydd ei gosod yn ymyl yr opiniynau a'r deongliadau niferus a ddaw o ffynonellau eraill.

Y cronicl, mae'n debyg, yw'r testun naratifol hwyaf a ysgrifennwyd erioed yn yr iaith Gymraeg. Mae'n adrodd hanes y byd o amser Adda ac Efa hyd y flwyddyn 1552, ac mae hefyd yn cynnwys traethodau ar athroniaeth, diwinyddiaeth a seryddiaeth. Cynhwysa dros 2,400 tudalen. Fel y dywedwyd eisoes, fe elwai Elis Gruffydd ar groniclau Saesneg cyfoes gan ymgorffori'r fethodoleg a'r safonau ymchwil diweddaraf. Defnyddiai liaws o ffynonellau eraill hefyd, gan dynnu deunydd o lyfrau a llawysgrifau Cymraeg, Saesneg, Ffrangeg a Lladin yn ogystal â lloffa o draddodiadau llafar Cymru a Lloegr.

Mae'r hanes y mae'n ei adrodd wedi'i strwythuro yn ôl patrwm *sex aetates mundi*, Chwe Oes y Byd. Dyma fath o destun a oedd yn gymharol estron i hanesyddiaeth Gymraeg.[23] Fel y gwelir yn y bennod nesaf, roedd y *genre* hwn o gronicl cynhwysfawr yn boblogaidd yn Lloegr yn yr Oesoedd Canol. Nid maintioli cronicl Elis Gruffydd oedd yr unig beth a oedd yn newydd i ddarllenwyr Cymraeg; roedd hefyd yn cyflwyno *genre* newydd i hanesyddiaeth Gymreig ac i'r traddodiad llenyddol Cymraeg. Trafoda Elis Gruffydd hanes yn ei gronicl nas ceir mewn un testun Cymraeg arall, ac mae'n ei drafod mewn dull a oedd yn arloesol yng Nghymru. Wrth gyfansoddi'i gronicl, roedd Elis Gruffydd yn cyflwyno darllenwyr Cymraeg yr oes â *genre* newydd, gwybodaeth newydd a methodoleg newydd.

Fe welir methodoleg Elis Gruffydd ar waith yn ei drafodaeth ar ddienyddiad Syr Rhys ap Gruffydd. Y mae'n croesholi'r 'ffeithiau' a ddaeth i'w law yn ddidrugaredd, gan dynnu sylw'r darllenydd at anghysondebau a phroblemau a ddaw i'r wyneb. Gesyd y naratif hanesyddol unigol mewn cyd-destun ehangach, gan gysylltu'r digwyddiad â datblygiadau gwleidyddol a chymdeithasol perthnasol.

Ceir ei ymdriniaeth â'r dienyddiad ar ddalennau 491v, 492r a 492v yn ail ran y cronicl. Ychydig dros ddwy dudalen gyfan ydyw; 84 llinell o ryddiaith i gyd. Fe'i cynhwysir mewn uned neu adran hunangynhaliol. Defnyddiodd Elis Gruffydd nifer o ddyfeisiau arddulliol a ffurfiol wrth strwythuro'i gronicl. Mae'r gwahanol naratifau a'r trafodaethau a geir yn y testun hirfaith yn ymrannu'n adrannau clir a ddiffinnir gan y dyfeisiau hyn. Ceir addurniadau a phenawdau mewn mannau i ddynodi dechreuad adran newydd o'r cronicl, ond y dyfeisiau mwyaf cyffredin yw priflythrennau a gofodi – hynny yw, gadael llinell gyfan, neu ran o linell, yn wag. Oherwydd y dyfeisiau gweledol hyn, fe eill darllenydd a fo'n pori drwy'r cronicl ganfod yn hawdd ddiwedd un adran a dechreuad yr adran nesaf. Swyddogaeth y priflythrennau a'r llinellau gweigion yw tynnu'r llygaid.

Cynhwysir y drafodaeth ar dranc Syr Rhys ap Gruffydd mewn adran a ddiffinnir yn y modd hwn; ceir hanner llinell wag ar ddiwedd yr adran flaenorol, a dechreua'r adran newydd â phriflythyren addurnedig, S, ar ddechrau'r gair 'Syrre'. Dyma ddyfais arall a geir mewn mannau eraill yn y gwaith i bwysleisio dechreuad naratif newydd, er nad yw mor gyffredin â'r llinell wag a'r briflythyren.[24] Gair cyfarchol yw 'syre' neu 'syrre', gair a berthyn i'r teitl Saesneg 'Sir', a Chymraeg 'Syr', ond sydd yn tarddu'n uniongyrchol o'r Saesneg 'Sirrah', cyfarchiad cyffredin yn y cyfnod a welir, er enghraifft, yn nramâu Shakespeare. Y mae'r croniclwr yn cyfarch ei ddarllenydd yn uniongyrchol â'r gair hwn, yn tynnu'i sylw gan ei hysbysu bod adran newydd a naratif newydd yn dechrau. Ar ôl yr 84 llinell hyn, ceir hanner llinell wag eto. Dechreua'r llinell nesaf – a'r adran nesaf – â phriflythyren. Mae'n bwysig sylwi ar y manylion hyn ac felly ar y modd y nododd Elis Gruffydd derfynau'r adran destunol hon. Fel y gwelir isod, mae'r wedd ffurfiol hon ar y cronicl yn gymorth wrth ddadansoddi ymdriniaeth Elis Gruffydd â dienyddiad Syr Rhys ap Gruffydd.

Nid yw Elis Gruffydd yn agor yr adran naratifol hon drwy sôn am y dienyddiad. Dechreua'n briodol ddigon â'r ddadl rhwng Syr Rhys a Walter Devereux, Arglwydd Ferrers:

> Syrre, ynghylch y kyuamser yma J kauas arglwydd fferis ryw vai mawr ar sr rys vab gruffudd vab sr rys vab tomas vab gruffudd vab nickolas or dehudir hrwng yr hrain J biasai vaar ac annvndeb mawr or ystalm o amser megis ac J mae hynn o lauur ynn dangos ynn y blaen.[25]

---

8   *Darllen Arwyddion yr Oesoedd:*

Ni chofnoda ddigwyddiadau hanesyddol moel yn unig; hanes naratifol a geir yn y cronicl, ac mae'r naratif hwn yn datblygu'n gronolegol ac mewn modd synhwyrol. Gesyd Elis yr helynt rhwng y ddau ddyn yn ei gyd-destun hanesyddol drwy ddweud 'rhwng y rhain y buasai fâr ac anundeb mawr ers talm o amser'. Mae'n atgoffa'r darllenydd ei fod wedi trafod yr ymrafael rhwng Syr Rhys a Ferrers yn gynharach yn y cronicl ('megis ag y mae hyn o lafur yn dangos yn y blaen'). Ac mae'n disgrifio'r ddadl gyda fformiwla flodeuog a geir mewn mannau eraill yn y gwaith, 'bâr ac anundeb', sef 'llid ac anghytundeb'.[26]

Wedi cyfarwyddo'r darllenydd drwy ddweud bod helynt Syr Rhys wedi dechrau ar lefel gymharol isel cyn iddo gael ei gyhuddo o frad, disgrifia'r croniclwr y modd y dwysaodd problemau'r uchelwr ifanc:

> y bai wrth dyb llawer or bobyl a ddangoses yr arglwydd Jr brenin ai gyngor ynn y modd kreulonaf, megis J mae nattur kyuigen oi wneuthud Jr moed hyd heddiw.[27]

Mae'n ensynio, felly, fod Ferrers wedi gwyrdroi'r achos wrth ei gyflwyno i'r brenin a'i gyngor. Ni rydd union ystyr 'y modd creulonaf', ond mae'r awgrym yn glir: dyma ddechreuad y cynllwyn yn erbyn Syr Rhys ap Gruffydd. Cyflwyna Elis Gruffydd ei naratif mewn modd dramatig; mae'r ansoddair *creulon(af)* yn lledawgrymu y daw cwymp Syr Rhys cyn hir. A sylwer ar y tag moesolgar y mae'r croniclwr yn ei ychwanegu, 'megis ag y mae natur cenfigen o'i wneuthud erioed hyd heddiw'. Gofyn Elis Gruffydd i'r darllenydd weld ochr ddrwg y natur ddynol ar waith yn y digwyddiad a drafodir ganddo yma. Drwy gyplysu'i ddisgrifiad o'r digwyddiad â'r wireb oesol ynghylch 'natur cenfigen', rhydd rym ychwanegol i'r casgliad mai dieuog oedd Syr Rhys – casgliad a ddaw tua diwedd y naratif. Ac mae Elis Gruffydd yn pwysleisio nad efe yw'r unig un o'r farn hon. Mae'n arfer fformiwla a geir drwy gydol y cronicl – 'wrth dyb llawer o'r bobl' – sy'n rhoi sicrwydd opiniwn cyffredin yn sylfaen gadarn i'w ddehongliad o'r digwyddiad.

Wedi disgrifio dechreuad yr achos mewn modd sy'n rhagarwyddo cwymp yr uchelwr, fe ddaw'r cwymp hwnnw'n ddiymdroi:

> Drwy achwyn [Ferrers] J daliwyd sr rys a dau oi wasaethwyr yr hrain a rodded o vewn y twr yn y lle J kadwyd wynnt mewn karchar disgeulus nes d[er]byn prouedigaeth J vod ef ynn ymkannv braad Jr brenin ac ynn

ol i brosses y gyuraith gerdded arnno ef, y vo a lusgwyd i wasnaythwr ef ar glwyd or twr drwy y dinas Jr man a elwir teibwrn ynn y man J kroged ac J tored J ben ac i chwartterwyd y gwr hwn y neb a honwid mastyr huws chwarterau a ffen y neb a rodded ar byrth y dinas.[28]

Mae'r ymadrodd 'ar ôl i broses y gyfraith gerdded arno ef' yn ddisgrifiad lliwgar o'r modd y caiff rhywun gam gan y gyfraith. Pwysleisia nad oedd gan yr uchelwr hwn fodd yn y byd i wrthsefyll grymoedd llys y Goron. Wedi disgrifio'r hyn a ddigwyddodd i William Huws, gwas Syr Rhys ap Gruffydd,[29] fe ddaw dienyddiad yr uchelwr ei hun:

Ac ynn ol J torwyd penn y marchog ar brynn garllaw y twr yn yr amser ynn wir J bwrid edliwiaeth vawr o honnaw ef ar ddannedd y kymru drwy erchi vddunt twy edrych ar draytturiaid i gwlad ynn hedeg ymhene y kigurain ynn amgylch y dinas.[30]

Dyma ddisgrifiad Elis Gruffydd o'r modd y defnyddid cwymp Syr Rhys ap Gruffydd i geryddu'r Cymry. Mae'r edliwiad hwn yn bwrpasol bigog: archwyd i'r Cymry edrych ar fradwyr eu gwlad yn hedfan o amgylch Llundain *ym mhigau'r cigfrain*. Cofier mai cigfrain oedd symbol herodrol teulu Dinefwr. Mae gwatwar y Saeson yn troi'r symbol hwn – sef arwydd o statws a grym un o deuluoedd mwyaf dylanwadol Cymru – yn erbyn cynrychiolydd y teulu hwnnw. Mae'r cerydd rhethregol yn ddrych pen-i-waered i ddyheadau brudiol tybiedig yr uchelwr ifanc. Yn ôl y cyhuddiadau a bentyrrwyd yn ei erbyn, bu Syr Rhys yn trafod proffwydoliaeth a honnai y byddai i gigfrain Dinefwr, y Llawgoch a brenin yr Alban ddwyn Coron Lloegr. Ond Syr Rhys, ac nid y Goron, a gafodd ei ddwyn ym mhigau'r cigfrain yn y diwedd. Dyma felly ddefnyddio delweddaeth herodrol y broffwydoliaeth dybiedig i danlinellu methiant y darpar fab darogan. Mae'r modd y mae'r croniclwr yn disgrifio ymateb y Saeson i gwymp Syr Rhys yn awgrymu eu bod yn bychanu uchelgeisiau brudiol (tybiedig) y Cymry.

Fel y tystia ymchwil haneswyr y 1990au, casgliadau Elis Gruffydd ei hun ynghyd â rhai sylwebwyr cyfoes eraill yn oes Harri VIII, roedd Syr Rhys ap Gruffydd yn ddieuog.[31] Ond er bod Elis Gruffydd ac ambell unigolyn arall wedi nodi hyn ar y pryd (neu rai blynyddoedd ar ôl y dienyddiad), fe awgryma cofnod y croniclwr fod y cyhoedd yn Lloegr ar y cyfan wedi derbyn y cyhuddiadau celwyddog. Mae'r disgrifiad o edliwiad y Saeson yn awgrymu eu bod yn gweld Syr Rhys fel 'traetur', fel bradwr a gynllwyniodd yn erbyn eu brenin. Rhan o'r cyhuddiad celwyddog hwnnw oedd y broffwydoliaeth ynghylch 'king Jamys . . . the red hand and the ravens'. Ac mae'n debyg felly fod Cymry a Saeson y cyfnod yn cysylltu'r achos llys â phroffwydoliaeth o'r fath. Fel y dywed Ralph Griffiths, 'this particular prophecy had been well publicized at Rhys's trial'.[32] Hynny yw, byddai pobl yn clywed am y cyhuddiadau y dienyddiwyd Syr Rhys o'u herwydd, ac felly'n ymwybodol o'r cysylltiad rhwng y brad (honedig) a'r broffwydoliaeth (honedig). Felly mae'r gwatwar a gofnodwyd gan Elis Gruffydd yn dadlennu y modd yr oedd Saeson y cyfnod yn synio am ddyheadau brudiol honedig yr uchelwr ifanc.

Nid yw Elis Gruffydd yn cofnodi ei ffynhonnell yma; ni ddywed yn union sut y daeth i wybod am 'yr edliwiaeth a fwrid ar ddannedd y Cymry'. Ond o gymharu ei ddisgrifiad o'r digwyddiad hwn â darnau eraill o'i gronicl hirfaith, gellid casglu'n weddol hyderus mai cofnodi opiniwn cyffredin a gylchredai ar lafar yr oedd. Mae'n bosibl ei fod wedi defnyddio ffynonellau ysgrifenedig yn ogystal, hynny yw, fod pamffledi argraffedig neu groniclau Saesneg yn mynegi barn o'r fath hefyd. Eto, nid yw'n crybwyll ffynhonnell o'r fath. Nid wyf wedi dod o hyd i gronicl Saesneg cyfoes sydd yn disgrifio'r digwydd yn y modd hwn ychwaith; nid yw cronicl swmpus Edward Hall – o bosibl y naratif cyfoes mwyaf cyflawn sydd ar gael ar gyfer digwyddiadau yn ystod teyrnasiad Harri VIII – yn sôn am y dienyddiad o gwbl.[33] Dibynnai Elis Gruffydd, mae'n debyg, ar adroddiadau llafar a glywodd gan deithwyr yng Nghalais.

Ar ôl nodi bod Syr Rhys wedi'i gyhuddo o frad, dywed yn blwmp ac yn blaen na chlywodd lawer o'r manylion: 'ni fedrais i glywed para frad yr oeddynt hwy wedi amcanu ei wneud onid rhai a ddywedai ei fod ef yn amcanu gwneud amodau'. Ac mae'r berfau y mae'n eu defnyddio yma – *clywed* a *dywed* – yn dangos yn glir iddo glywed yr hanes ar lafar yn hytrach na'i ddarllen:

> Neithyr etto Jr hyn ni uedrais i glywed para vrad Jr oeddint twy gwedi ymkannv i wneuthud onid hrai a ddywedai J vod ef yn ymkanv gwneuthud amodau a brenin yr ysgottiaid yr hwn a oedd ynn i hennwi i hun yn dywysog o gymru o blegid na doedd Jr brenin vn ettiuedd teilwng i J vedu y dalaith kanis Jr ydoedd y brenin ynn gwneuthud llauur mawr am ysgar ar vrenhines ac ynna nid oedd brenin yr ysgottiaid yn kymerud mari J geuynither yn deilwn ettiuedd J vedu y dywysogiaeth nag ynn oes

Hanesyddiaeth a Phroffwydoliaeth yn Oes Harri VIII

i thad nag ynn i ol ef or achos Jr ydoedd lais y kyffredin yn dywedud vod brenin yr ysgottiaid ynn ymkanv bod ynn ytiuedd i gymru a lloygyr ynn ol i ewythyr or achos medde wyr lloygyr J daruoedd J sr rys wneuthud amod a brenin yr ysgottiaid ar i helpio ef J vod ynn vrenin o loegyr para bryd bynnag ar i darffai am y brenin o loegyr namyn daa dananiod J vrenin yr ysgottiaid i wnneuthud ef ynn dywysog o gymru.[34]

Mae'n debyg mai pwysleisio na welodd adroddiad na chofnod swyddogol o'r achos llys yw ergyd yr ymadrodd 'ni fedrais glywed para frad yr oeddynt hwy wedi amcanu ei wneud'. Pwysleisia'r croniclwr iddo gael ei wybodaeth drwy gyfrwng ffrydiau answyddogol, ac mae hyn yn gydnaws â'r sylw a rydd i'w ffynonellau a'u hygrededd drwy gydol y gwaith. Er iddo ddweud wrth ei ddarllenwyr fod ei ffynonellau'n annigonol, mae'r hyn a glywodd ar lafar yn adlewyrchu manylion y cyhuddiadau. Ac felly hefyd mae'n adlewyrchu cynnwys y broffwydoliaeth. Ni ddywed Elis Gruffydd fod proffwydoliaeth yn rhan o'r cynllwyn, ond mae'i ddisgrifiad o'r wybodaeth a ddaeth iddo ar lafar yn awgrymu bod cynnwys y sïon a'r siarad am y dienyddiad yn gysylltiedig â chynnwys y broffwydoliaeth honedig.

Mae Elis Gruffydd yn sicrhau bod y cyd-destun gwleidyddol yn glir. Manyla ar y modd y gallasai brenin yr Alban hawlio etifeddiaeth Coron Lloegr gan bwysleisio 'nad oedd i'r brenin [h.y. Harri] etifedd teilwng'. Ac mae'n atgoffa'r darllenydd i'r helynt ddigwydd pan oedd Harri VIII yn ceisio ysgaru â'i wraig gyntaf ('yr ydoedd y brenin yn gwneuthud llafur mawr am ysgar â'r frenhines'). Hynny yw, fel yr hanesydd Ralph Griffiths a gasglodd fod Syr Rhys yn 'a victim of . . . dynastic circumstances', gesyd Elis Gruffydd y digwyddiad yng nghyd-destun castiau priodasol Harri VIII. Er nad yw Elis Gruffydd yn dweud bod Syr Rhys wedi beirniadu Anne Boleyn, drwy atgoffa'r darllenydd fod Syr Rhys wedi'i gyhuddo o frad ar yr union adeg pan oedd Harri VIII ar ganol y 'great matter' mae'n awgrymu bod ei farwolaeth yn ganlyniad i'r hyn a elwir yn 'amgylchiadau dynastig' gan Ralph Griffiths.

Fe â Elis Gruffydd ymlaen wedyn i archwilio hygrededd y cyhuddiadau hyn gan ddweud nad ydynt yn gredadwy iawn am fwy nag un rheswm:

y chwedyl wrth dybygoliaeth dynn a oedd anghyffelib J vod ynn wir o ddau vodd ne dri.[35]

'Chwedyl' yw'r gair y mae'n ei ddefnyddio wrth gyfeirio at y cyhuddiadau, neu wrth gyfeirio at yr hyn a glywodd amdanynt. Ystyr wreiddiol y gair 'chwedl' oedd dywediad, rhywbeth a drafodid ar lafar.³⁶ Ond fe ddaeth erbyn cyfnod Cymraeg Canol i olygu stori, hanes, ffug-hanes, dameg, adroddiad, newydd neu ddywediad. Dywed Sioned Davies mai '[t]erm cyffredinol ydoedd, a gwmpasai bob math o gategorïau'.³⁷ Nid 'chwedl' yw'r term arferol a ddefnyddir gan Elis Gruffydd wrth drafod hanes a'r hyn y tybia ei fod yn wir, ond 'ysdoriae', ystoriâu. Mae'r ymadrodd 'yn ôl proses yr ystoriâu' yn gyffredin iawn yn y cronicl. Yn wir, dyma'r dull mwyaf cyffredin o gyfeirio at ffynonellau ysgrifenedig sydd yn gredadwy, neu'n gymharol gredadwy; fe ymddengys ar bron bob yn ail dudalen yn y gwaith. Defnyddia 'chwedl' i olygu dau beth (neu gyfuniad o'r ddau). Yn gyntaf, stori a drosglwyddid ar lafar.³⁸ Ac yn ail, stori na ddylid ei chredu. Ceir enghraifft drawiadol o'r ail ystyr pan ddywed y croniclwr ar ôl adrodd stori ryfedd fod 'y chwedyl hwn cyn wired a bod y môr yn llosgi'.³⁹ Mae'n amlwg ei fod yn defnyddio'r gair er mwyn tanseilio hygrededd y cyhuddiadau.

Mae'n cadarnhau hyn drwy fanylu ar y 'ddau fodd neu dri' dros benderfynu bod y chwedl yn 'anghyffelyb i fod yn wir':

> kanis vn modd oedd eglur Jawn yr hyn ysydd yw draeth[u] Jr ydoedd graas y brenin ynn wr ysgauyn J gorf ai ymddygiad ac ynn gyffelib J vyw ynn hir. A heuaid heb law hynn Jr ydoedd lawer ysgwier ynnghymru a allai wnethud mwy o wyr ynggymhru ynn y kyuriw gweryl nog a allassai J daad ef ai daid i wneuthud o vewn tir kymru onid ynn vnig Jr mwyn J swythav ef dan awdurdod y brenin. A heuaid heblaw hyn kyffeleb ydiw nadoedd sr rys mor ansynhwyrol a choelio ynn i galon i gwnai brenin yr ysgottiaid ddim ohonno ef yn dywysog o gymru os byddai iddo ef argyrheuddud koronn y dyrnas hryngtho ef ar hon Jr ydoedd vynnyd vchel annodd J oresgyn nai dryngio gidar arglwydd henri o ddeuynshieir yr hwn a oedd geuynder Jr brenin ac wyr Jr brenin Edwar y pydwerydd yr hwn ar y kyuamser hwn a oedd ynn aeyr parent or dyrnas penniaethiaid yr hon a vyddai vyw a meirw gidag yvo ef a chidag ysgwirer llesg or dyrnas yn gyntt nog J goddeuaint twy i sgot grawdroed gafel yr annhrydedd drostount twy yr hynn a oedd ysbys Jawn Jr marchog y neb o herwydd y kyuriw achossion yma ac ymraualion achosion eraill Jm tyyb J a edrychai ynn vynnych iawn arno J hun kynn ymkannv dim or kyuriw orchwyl.⁴⁰

Yn gyntaf, noda Elis Gruffydd fod Harri VIII 'yn ŵr ysgafn ei gorff a'i ymddygiad ac yn gyffelyb i fyw yn hir'. Ymresyma ymhellach fod yng Nghymru ar y pryd uchelwyr â gwell hawl nag eiddo Syr Rhys ('yr ydoedd lawer ysgwier yng Nghymru a allai wneuthud mwy o wŷr yng Nghymru yn y cyfryw gweryl'). Ni all y croniclwr dderbyn ychwaith y buasai Syr Rhys yn credu y byddai brenin yr Alban yn ei wneud yn Dywysog Cymru. Ym marn Elis Gruffydd, nid oedd Syr Rhys 'mor ansynhwyrol â choelio yn ei galon y gwnâi brenin yr Ysgotiaid ddim ohono ef yn Dywysog o Gymru'.

Wrth ychwanegu at y rhesymau pam na ellid credu y buasai Syr Rhys yn ymuno mewn cynllwyn o'r fath, rhydd rwydd hynt i'w allu rhethregol gan faentumio ymhellach fod gan Syr Rhys 'fynydd uchel anodd ei oresgyn neu'i ddringo' yn sefyll rhyngddo ef a'r teitl, sef yr Arglwydd Henry o Ddyfnaint, a oedd 'yn aer parent [*heir apparent*] o'r deyrnas'.⁴¹ Ac mae'n cyfeirio at agweddau penaethiaid Lloegr tuag at ymgeiswyr y tu hwnt i'r ffin gan ddweud y byddent 'fyw a meirw gydag efo [Arglwydd Dyfnaint] . . . ynghynt nag y goddefent hwy i Sgot grawdroed gaffael yr anrhydedd drostynt hwy'. Pwysleisia fod hyn oll yn 'ysbys iawn i'r marchog', sef Syr Rhys ap Gruffydd. Mae Elis Gruffydd yn cloi'r *tour de force* rhesymegol hwn â diweddglo didaro: 'Oherwydd y cyfryw achosion yma, ac amrafaelion achosion eraill, i'm tyb i, a edrychai yn fynych iawn arno'i hun cyn amcanu dim o'r cyfryw orchwyl.' Drwy groesholi'r cyhuddiadau, felly, mae'r croniclwr yn awgrymu'n gryf na ellid tybio y byddai Syr Rhys yn ceisio cynllwynio yn erbyn y brenin.

Mae casgliad Elis Gruffydd y byddai Syr Rhys yn edrych 'yn fynych iawn arno'i hun cyn amcanu dim o'r cyfryw orchwyl' – a bod 'y chwedl' amdano 'yn anghyffelyb i fod yn wir' – yn adleisio casgliadau haneswyr y 1990au mai dieuog oedd Syr Rhys ap Gruffydd. Ond wedi rhoi'r cyhuddiadau o dan chwydd-wydr ei resymeg, try Elis Gruffydd at sïon a rydd wedd arall ar y dienyddiad:

> neithr etto valkynt diogel yddiw Jr brenin ai gyngor gaffael y kyuriw vai arno ef ac a wnaeth Jddo ef golli J hoedyl. Ac ynn wir ir ydoedd lawer dyn yn kymerud i varuolaeth ef megis ynn ddialedd J gann dduw am annwiredd yr henauiaid oi waed ef megis yr hendaid y taid ar daad yr hrain am i terhusdra ai trais ai hennwiredd a gowsai lawer melldith drom J gann y kyuriw bobyl wenniaid oi kymedogion ac a ddaruoedd vddunt twy wneuthud kam ac wyntt am i tai ai plassau ai tir ai daiar ai golud kanis myui a glywais ymrauaelion bobyl or wlad honno yn dywedud nad oedd wreyng o berchen tir ynn trigo o vewn xx mildir o amgylch y lle Jr ydoed yr henn sr rys vab tomas yn trigo o bydde gantho ef chwannt iddo ef ar nas mynnai ef i gaffel ef y nnaill ai ynn hraad ai J

werth heb ynn ddiolch Jr perchenogion yr hrain yn ddiddwt a oedd ynn hroddi arno ef ai blant ai wyrion lawer vchennaid trom yr hrain wrth dyb llawer gwr a ssythiodd ar wyr ef yr hynn yn ol y ddihareb ysydd ynn gyfelib ir gwir ac a ddywedir yn y modd ymaf gnawd diwraidd ar blant enwir gnawd ar ol trahaa traanck hir.[42]

Drwy adleisio'r farn fod marwolaeth Syr Rhys yn effaith melltithion a roddwyd ar ei gyndeidiau, mae Elis Gruffydd yn agor ei drafodaeth i'r posibiliadau bod gweithredoedd Duw – yn ogystal â gweithredoedd y brenin – i'w gweld ar waith. Ond, i'm tyb i, cyflwyna'r croniclwr stori'r melltithion am reswm arall, sef er mwyn cynnig cyd-destun arall i'r digwyddiad. Nid yw'n cyflwyno darlun gorsyml a fyddai'n portreadu teulu Dinefwr fel arwyr digamsyniol y Cymry. Er dadlau o blaid dieuogrwydd Syr Rhys ap Gruffydd, mae hefyd yn nodi'r ffaith fod hynafiaid yr uchelwr wedi gormesu'u cymdogion Cymreig tra'n ymestyn eu tiroedd.

Gesyd y dienyddiad yng nghyd-destun tensiynau lu: rhwng Syr Rhys ap Gruffydd a Walter Devereux, Arglwydd Ferrers; rhwng Syr Rhys a'r Goron; a rhwng Cymry a Saeson. Ond gesyd ei gwymp yng nghyd-destun tensiynau rhwng teulu Dinefwr a Chymry eraill hefyd; nid yw'n rhamantu nac yn delfrydu'r achos. Cofnoda'r croniclwr edliwiad y Saeson mewn modd sy'n awgrymu ei fod yn ymwybodol fod rhai cyfoeswyr yn gweld Syr Rhys fel darpar fab darogan. Ond mae hefyd yn cyflwyno'r stori hon am droseddau Dinefwr yn rhybudd i ddarllenwyr Cymraeg rhag rhuthro'n ddifeddwl i ddyrchafu'r uchelwr yn arwr cenedlaethol. Dyma hanesyddiaeth amlweddog ar waith; mae'n mesur a phwyso'r 'ffeithiau' tra'n cadw nifer o lwybrau deongliadol ar agor i'r darllenydd.

Fe orffenna Elis Gruffydd y rhan hon o'i drafodaeth drwy ddyfynnu dihareb. Mae diarhebion yn britho'r cronicl; fe'u defnyddir ar y cyfan er mwyn tanlinellu agweddau moesol ar yr hanes. Yn debyg i'r ymadrodd 'y modd creulonaf' a geir ar ddechrau'i ddisgrifiad o dranc Syr Rhys, mae'r croniclwr yn dyfynnu'r diarhebion hyn i ategu pwynt pwysig â gwireb oesol neu ddoethineb traddodiadol. Ond mae hon yn wahanol i'r rhan fwyaf o'r diarhebion y mae'n eu dyfynnu yn y cronicl: yn gyntaf, dwy ddihareb sydd yma mewn gwirionedd; ac yn ail, mae'n gwpled o gerdd:

> gnawd diwraidd ar blant enwir,
> gnawd ar ôl traha tranc hir.

'Mae'n arferol [*gnawd*] i ddiwreiddio plant dynion drwg' yw ystyr llinell gyntaf y cwpled. Ac mae'r ail linell yn ategu'r pwynt drwy ddweud bod marwolaeth yn dilyn trahauster.

Ceir ail linell y cwpled hwn yn 'Boddi Maes Gwyddneu', sef un o gerddi Llyfr Du Caerfyddin (tua 1250): 'gnaud guydi traha trangc hir'.[43] Mae llinellau sy'n dechrau â'r gair 'gnawd' yn dra chyffredin mewn llawysgrifau Cymraeg o bob cyfnod. Yn ogystal ag enghreifftiau sy'n perthyn i draddodiad yr hen ganu gwirebol fel cerddi'r Llyfr Du, mae llinellau tebyg yn britho canu gwirebol yr Oesoedd Canol diweddar a'r cyfnod modern cynnar. Ni ellir dweud beth oedd ffynhonnell uniongyrchol y cwpled y mae Elis Gruffydd yn ei ddyfynnu yn ei gronicl, ai cerd yn gysylltiedig â'r hen ganu gwirebol a welodd mewn llawysgrif ynteu 'cwpled rhydd' a ddaeth iddo ar lafar. Mae'n bosibl iawn fod y cwpled yn rhan o gerdd broffwydol a briodolir i Daliesin mewn llawysgrif a ddarllenwyd gan Elis Gruffydd; fel y gwelir yn y ddwy bennod olaf, roedd ganddo ddiddordeb neilltuol yn y cerddi proffwydol hyn. Ni waeth beth fo'i ffynhonnell, yr hyn sy'n bwysig ar hyn o bryd yw'r ffaith fod y croniclwr yn rhoi neges foesol i'w ddarllenwyr ar ffurf gofiadwy. Mae'n defnyddio cwpled a fyddai'n gyfarwydd i'r darllenydd o ran ei ffurf fydryddol ac o ran ei naws wirebol er mwyn tynnu'i sylw at gamweddau teulu Dinefwr.

Perthyn gweledigaeth hanesyddol Elis Gruffydd i'r cyfnod ar ôl i'r meddylfryd a geir yn y canu brud ddarfod amdano fel cyfrwng ystyrlon byw i ddehongli a mynegi hunaniaeth a dyheadau Cymreig. Gwêl ef y berthynas rhwng Cymru a Lloegr fel rhywbeth mwy cymhleth na'r frwydr genedlaethol a ddisgrifiai'r brudwyr. Nid da pob Cymro iddo, nid yw'n delfrydu teulu Dinefwr. Eto i gyd, fel yr awgrymwyd eisoes, mae trafodaeth Elis Gruffydd ar edliwiad y Saeson yn awgrymu'i fod yn ymwybodol o statws symbolaidd teulu Dinefwr, sef teulu uchelwrol a allai ganoli'r un grymoedd symbolaidd ag a geid yn y canu brud hanner canrif ynghynt. Ac fel y gwelir isod, defnyddiai Elis Gruffydd elfennau o'r canu brud hwnnw wrth adrodd a thrafod hanes diweddar.

Dyna felly ddiwedd disgrifiad Elis Gruffydd o ddienyddiad Syr Rhys ap Gruffydd, ond nid diwedd yr adran hon o'r llawysgrif. Cofier iddo ddefnyddio priflythrennau a gofodi yn y llawysgrif i nodi dechreuad a diwedd yr adarn naratifol hon, sef yr 84 llinell sy'n cynnwys hanes y dienyddiad. Er cloi'r drafodaeth uniongyrchol ar y dienyddiad â'r cwpled diarhebol, daw 15 llinell arall cyn diwedd yr adran. Ac mae'r hanner llinell wag a'r briflythyren a ddaw ar ei hôl hi yn awgrymu'n gryf y dylid darllen y 15 llinell hyn yng nghyd-destun y dienyddiad:

> Ac o vewn ychydig o amser ynn ol hyn J daliwyd kyw kiguran wen o vewn tir y dehau yr hon a edd kyn wyned ar alarch onnid ynn vnig y gyluin yr hon ynn ol kowydd a waith dauudd llwyd uab llywelyn vab gruffudd a ddaruoedd Jr brudwyr J derogan erstalm o amser ynn y blaen or achos i kannodd ef y giguran a gaan val gwydd lais gerwin vlysig arwydd. Yr hon a ddyckpwyd yn annhreg Jr brenin er kymaint a dwynllynedd kynn no hynn ac ynn yr amser ymaf ac ynn hir gwedi hynn Jr ydoedd ladron a gwilliaid ynn kymerud hyder a hryuig mawr i esbeilio eglwysi Je ac yw llosgi wynt ynn boethion hrag ovyn J wyr y plwyf gaffel y gair a gyuodi ac i ddyuod Jr treui ac Jr dinnasoedd J rybuddio yr gouaint arian J ddala y kyuriw wyr ac a ddelai i werthu dim o dda yr eglwys or golud Jr ydoedd ir ydoedd ymrauaelion henwau gann brenttishiaid kaerludd yr hrain a henwai grose o arian esgwyddog mooll ar aregl a henwaint twy wiliam eurrai.[44]

Ni eill hap a damwain esbonio'r ffaith fod Elis Gruffydd yn dyfynnu'r cywydd proffwydol hwn i'r gigfran yn union ar ôl iddo ddisgrifio dienyddiad Syr Rhys ap Gruffydd. Cysylltir y ddau beth mewn mwy nag un modd. Hyd yn oed ped anwybyddid y nodweddion ffurfiol sy'n diffinio adrannau'r cronicl gan ddadlau mai dau gofnod ar wahân sydd yma, rhaid nodi y daw y naill yn union ar ôl y llall, ar yr un tudalen yn y llawysgrif. Gwaith swmpus yw'r cronicl, dros 2,400 tudalen i gyd. Ac mae'n waith strwythuredig; er crwydro a cholli llinyn ei naratifau hanesyddol ar adegau, mae Elis Gruffydd yn adrodd hanes mewn modd trefnus a phwyllog. Mae'r ddau gofnod hyn yn ymddangos ar yr un tudalen, a hynny mewn llawysgrif sy'n cynnwys cannoedd a channoedd o dudalennau. Awgryma'r ffaith seml hon y dylid darllen y naill yng nghyd-destun y llall. Mae brawddeg gyntaf yr ail gofnod yn ei gysylltu'n uniongyrchol â'r dienyddiad: 'Ac o fewn ychydig o amser *yn ôl hyn* y daliwyd cyw cigfran wen.' Mae'r frawddeg hon yn ddolen gyswllt gronolegol rhwng y ddau gofnod, ac mae'r modd y mae'n symud o'r naill naratif i'r llall yn gadael llwybr deongliadol y darllenydd ar agor i'r posibiliad eu bod yn gysylltiedig. Ond fe'u cysylltir o ran cynnwys hefyd.

Er nad yw Elis Gruffydd yn sôn yn uniongyrchol am y broffwydoliaeth wrth drafod brad honedig Syr Rhys ap Gruffydd, mae llinellau olaf yr adran yn cynnwys dyfyniad o gerdd broffwydol a oedd yn hysbys i'r croniclwr. Wedi sôn am 'gyw cigfran wen' a ddanfonwyd yn anrheg i'r brenin, dyfynna gwpled cyntaf cywydd brud gan Ddafydd Llwyd o Fathafarn (m. c.1486):

> Y gigfran a gân fel gŵydd
> lais gerwin, flysig arwydd.[45]

Yn unol â thraddodiad y canu brud, mae'r cywydd hwn yn trafod dyfodol coron Ynys Brydain. A chyfrwng yr ymdriniaeth â dyfodol y frenhiniaeth yw sgwrs ddychmygol rhwng y brudiwr a chigfran. Mae delwedd y gigfran felly'n cysylltu'r drafodaeth ar ddienyddiad Syr Rhys ap Gruffydd â llinellau olaf yr adran. Cigfrain oedd symbol herodrol teulu Dinefwr a chigfrain oedd canolbwynt edliwiad y Saeson. Felly hefyd, cigfran yw canolbwynt y llinellau olaf hyn.

Mae cofnodi darganfod cyw cigfran wen yn esgor ar gyfle i ddyfynnu cwpled o gywydd brud i'r gigfran, sef testun proffwydol yn ymwneud â choron Prydain sy'n canoli ar ddelwedd y gellid ei chysylltu'n hawdd â Syr Rhys ap Gruffydd. Roedd Elis Gruffydd yn gyfarwydd iawn â'r cywydd hwn: fe'i copïodd rai blynyddoedd cyn dechrau ysgrifennu'r cronicl mewn llawysgrif arall.[46] Ond nid yw'r fersiwn o'r cywydd a gopïwyd ganddo na'r un fersiwn hysbys arall yn sôn am gigfran *wen* nac am *gyw* cigfran. Defnyddia Elis Gruffydd yr aderyn a gafodd Harri VIII yn anrheg fel dyfais i gyflwyno'r cywydd brud i'r drafodaeth. Mae'n bwysig sylwi eto nad ydyw'n sôn am y broffwydoliaeth am y cigfrain, y Llawgoch a brenin yr Alban yn uniongyrchol. Mae'n bosibl na chlywodd am y cyhuddiad hwnnw. Eto, fel yr awgrymwyd uchod, geill mai cyfeirio at gynnwys y broffwydoliaeth a wnaeth wrth grybwyll union natur gwatwar y Saeson. Mae ei ddisgrifiad o'r cyhuddiad fod Syr Rhys wedi ceisio cynghrair â brenin yr Alban yn adleisio disgrifiadau eraill o'r broffwydoliaeth. Ac mae'n bosibl iddo grybwyll y broffwydoliaeth mewn modd anuniongyrchol arall, sef drwy ddod â chywydd brud i'r gigfran i mewn i'r drafodaeth o'r neilltu. Cofier na welodd Elis Gruffydd gofnodion ysgrifenedig o'r achos llys na'r un ffynhonnell ysgrifenedig arall, mae'n debyg. Fe ddibynnai ar yr hyn a glywodd ar lafar. Ond mae'n dyfynnu testun proffwydol a oedd yn hysbys iddo, proffwydoliaeth a oedd, o bosibl, o'i flaen mewn ffurf ysgrifenedig ar y pryd. Ac mae cynnwys y cywydd brud yn cyfateb i'r *prophecia* na sonia Elis Gruffydd amdani'n uniongyrchol; mae'n canoli ar symbol herodrol Syr Rhys ap Gruffydd ac mae'n trafod dyfodol coron Ynys Brydain.

'Yr hon a ddycpwyd yn anrheg i'r brenin' yw'r frawddeg a ddaw'n union ar ôl y cwpled brudiol. Cyfeiria'r rhagenw 'hon' at y gigfran wen, aderyn egsotig a ddanfonwyd yn rhodd i Harri VIII. Eto, fe ddaw'r rhagenw benywaidd yn union ar ôl cwpled cyntaf y cywydd brud hwn i'r gigfran, cywydd a gysylltir yn uniongyrchol â'r gigfran wen: '*Yr hon* yn ôl cywydd o waith Dafydd Llwyd' yw'r gigfran. Felly pan ddywed yn y frawddeg nesaf mai 'yr *hon* a ddycpwyd yn anrheg i'r brenin', ni ellir ond darllen yr anrheg a gafodd Harri yng nghyd-destun y cywydd brud. Y mae strwythur ac arddull y brawddegau hyn yn cyplysu'r cywydd brud â'r anrheg, ac yn y modd hwn mae'r croniclwr yn awgrymu y gellid darllen 'yr hon a ddycpwyd yn anrheg i'r brenin' fel 'y broffwydoliaeth *hon*' yn ogystal â'r 'gigfran hon'. Mae'r darllenydd newydd dreulio brawddeg sy'n chwistrellu dogn o'r canu brud i lestr symbolaidd y gigfran wen, ac felly wrth ddarllen bod y gigfran wedi'i danfon yn anrheg i'r brenin mae'n ofynnol iddo ystyried bod y broffwydoliaeth wedi'i dwyn i'r brenin hefyd. Nid yw Elis Gruffydd yn dweud bod testun proffwydol o'r fath wedi'i ddanfon mewn modd llythrennol at Harri VIII. Yn hytrach, mae symboliaeth ei naratif yn awgrymu bod ergyd y broffwydoliaeth wedi cyrraedd y brenin.

Mae'r gigfran yn 'flysig arwydd' yn ôl y cywydd. Ac i ddarllenydd a fo'n gyfarwydd â phrif nodweddion cywyddau brud y bymthegfed ganrif, byddai'n amlwg mai arwydd ydyw o'r gyflafan a'r anhrefn a arweiniai at golli'r goron i'r mab darogan. Mae'r brawddegau a ddaw ar ôl y cwpled yn awgrymu bod y gigfran a ddanfonwyd at Harri VIII yn fath o 'flysig arwydd' hefyd. Dywed Elis Gruffydd fod y brenin wedi derbyn yr 'anrheg' hon ar ganol cyfnod helbulus:

> kynn no hynn ac ynn yr amser ymaf ac ynn hir gwedi hynn Jr ydoedd ladron a gwilliaid ynn kymerud hyder a hryuig mawr i esbeilio eglwysi Je ac yw llosgi wynt ynn boethion.[47]

Mae'r digwyddiadau a grybwyllir ganddo yn adleisio'r golygfeydd apocalyptaidd a geir yn y canu brud. Mae'n dyfynnu'r cywydd yn bwrpasol i danlinellu'r anhrefn a wynebai'r brenin ar y pryd.

A rhaid darllen y naratif byr am y gigfran wen a'r anhrefn gymdeithasol hon yng nghyd-destun y naratif am ddienyddiad Syr Rhys. Fel y pwysleisiwyd uchod, maent yn rhan o'r un uned strwythurol ac maent yn gysylltiedig yn ddelweddol drwy gyfrwng delweddaeth herodrol teulu Dinefwr. Cofier hefyd i Elis Gruffydd, fel hanesydd

Hanesyddiaeth a Phroffwydoliaeth yn Oes Harri VIII 19

cydwybodol, geisio cyd-destunoli digwyddiadau unigol drwy gydol ei gronicl. Hynny yw, gellir cymryd y 'bâr ac anundeb' rhwng Syr Rhys a Ferrers a'r ffaith fod Syr Rhys wedi'i ddienyddio ar gam fel rhan o'r anhrefn gymdeithasol a welid yn llosgi'r eglwysi. Arwyddocaol, o bosibl, yw'r ffaith fod Elis Gruffydd yn sôn am eglwysi yma. Fe geid tensiynau crefyddol rhwng Syr Rhys ap Gruffydd a'i elynion (er nad yw'r croniclwr yn manylu ar hynny); glynai Syr Rhys wrth y ffydd Gatholig ar adeg pan oedd Harri VIII yn ceisio ysgaru â'i wraig yn erbyn ewyllys y Pab.

Gellir darllen y gigfran wen, felly, fel drych rhethregol i'r 'edliwiaeth a fwrid yn nannedd y Cymry' wrth i'r Saeson lawenhau ym methiant y darpar fab darogan. Yn ôl Elis Gruffydd, ceryddai'r Saeson y Cymry drwy ddweud bod gweddillion bradwyr Cymreig yn 'ehedeg ym mhennau y cigfrain yn amgylch y ddinas'. Ac yna ar ddiwedd yr adran lawysgrifol ceir cwpled o gywydd brud i'r gigfran, sef cerdd broffwydol a ddisgrifia'r gyflafan a'r anhrefn a fyddai'n arwain at ddwyn coron Prydain gan y mab darogan. Ar y naill law mae'r cigfrain yn cario corff Syr Rhys o gwmpas Llundain, ac ar y llaw arall cariwyd cigfran symbolaidd i'r brenin (yn Llundain?). A chyplysir y gigfran hon â phroffwydoliaeth ynghylch dyfodol coron y brenin.

Mae defnydd Elis Gruffydd o gwpled cyntaf y cywydd brud yn adleisio'r modd y mae'n dyfynnu diarhebion traddodiadol i danlinellu rhyw bwynt moesol y mae arno eisiau i'r naratif hanesyddol ei amlygu.[48] Felly hefyd y cwpled diarhebol y mae'n ei ddyfynnu wrth drafod camweddau teulu Dinefwr. Dyma strategaeth awdurol sy'n nodweddu'r cronicl: cyplysu'r drafodaeth ar 'hanes' ag elfennau o ddysg neu lên Gymraeg. Nid yw'r dyfyniadau hyn – boed yn ddiarhebion neu ynteu'n ddarnau o gerddi – yn neillebau amherthnasol; fe'u cynhwysir er mwyn enghreifftio pwyntiau pwysig a gwersi moesol. A thrwy gyplysu ei drafodaeth ar hanes â dogn o ddysg Gymreig draddodiadol mae'n cyfarwyddo ac yn esmwytho darllenwyr Cymraeg; er cyflwyno hanes, methodoleg a gwybodaeth newydd iddynt, mae'n ieuo newydd-deb ei gronicl â thinc cyfarwydd yr hen eiriau Cymraeg. Dyma ran bwysig o weithgaredd awdurol Elis Gruffydd; roedd yn cyflwyno cronicl o fath newydd i'r traddodiad llenyddol Cymraeg, ond cyfunai'r testun arloesol hwnnw ag elfennau o'r traddodiad yr oedd yn ei gyflwyno iddo.

Yr wyf yn darllen llawer rhwng llinellau'r darn hwn o gronicl Elis Gruffydd. Nid yw'r croniclwr yn dweud yn blwmp ac yn blaen mai trafod dyfodol coron Harri VIII yw'r bwriad wrth ddyfynnu'r cywydd brud. Nid yw'n dweud yn uniongyrchol ychwaith fod rhai o'i gyfoeswyr yn gweld Syr Rhys ap Gruffydd yn rhyw fath ar ddarpar fab darogan posibl. Eto, mae'r arwyddion sydd yn bresennol yn y testun yn ymagor ar y posibiliadau hyn. Dewisodd Elis Gruffydd ddisgrifio'r modd y bychanwyd symbol herodrol teulu Dinefwr gan Saeson; mae ei drafodaeth ar ddienyddiad Syr Rhys ap Gruffydd yn cyffwrdd â'r modd yr oedd 'gwŷr Lloegr' yn synio am y cysylltiad rhwng grym a statws Syr Rhys a'r *arwydd* o'i rym a'i statws. Dewisodd hefyd gyflwyno cwpled o gywydd brud i'r drafodaeth sy'n disgrifio'r gigfran fel 'blysig *arwydd*'. Mae'n trafod cwymp Syr Rhys a helyntion teyrnas Harri VIII, ac fel hanesydd mae'n dehongli'r ffeithiau neu'r ffynonellau a ddaw i'w law. Darllen a dehongli ffynonellau hanesyddol – *arwyddion* testunol – yw swyddogaeth hanesydd, ac mae Elis Gruffydd yn trin ei ffynonellau â chryn ofal a phwyll. Fe'u trafoda mewn modd rhesymegol. Ond mae hefyd yn cyflwyno arwyddion o fath gwahanol i'r drafodaeth, arwyddion nad ydynt – yn nhyb darllenwyr heddiw – ar yr un tir ffeithiol â thystiolaeth hanesyddol arferol. Arwydd o'r fath yw'r gigfran, delwedd symbolaidd a gynigiai wedd syniadaethol ar y digwyddiadau, gwedd sydd yn wahanol i'r ffeithiau diriaethol eraill a drafodir. Fel hanesydd, roedd Elis Gruffydd yn dehongli arwyddion yr oes yr oedd yn ysgrifennu amdani. Ond wrth ddod â theithi'r traddodiad brud i mewn i'r drafodaeth yr oedd hefyd yn darllen arwyddion oesoedd eraill fel rhan o'r broses o ddehongli'r oes honno.

Trafoda ddigwyddiadau mewn modd rhesymegol, eithr perthyn ei resymeg ef i fyd-olwg gwahanol iawn i'r eiddom ni heddiw. Bwriad y llyfr hwn yw archwilio rhesymeg hanesyddiaeth Elis Gruffydd gan edrych yn benodol ar gydfodolaeth hanesyddiaeth a phroffwydoliaeth oddi mewn i'r rhesymeg honno. Darllenai Elis Gruffydd arwyddion testunol mewn modd sy'n adleisio – neu sydd yn rhagweld – hanesyddiaeth fodern. Ond roedd hefyd yn dehongli arwyddion mewn modd tebyg i frudwyr Cymraeg yr Oesoedd Canol. Nid oedd y ddau beth yn groes i'w gilydd ychwaith; cydfodolai'r ddau ddull o ddehongli, y ddau ddull o ddarllen, yn gyfforddus oddi mewn i'w fyd-olwg ef. Yr oeddynt yn rhan o'r un gyfundrefn addysgol a chymdeithasol ac yn rhannu felly yr un gorwelion diwylliannol.

Fel y cyfoeswyr a ddarllenai farwolaeth Syr Rhys fel drych pen-i-waered i'w ddyheadau brudiol honedig, mae Elis Gruffydd yn darllen darganfyddiad y gigfran wen fel drych symbolaidd – drych y mae'n gweld traddodiad y canu brud ynddo. Ac wrth gyflwyno traddodiad brudiol y bymthegfed ganrif i'w drafodaeth ar hanes diweddar, mae Elis Gruffydd yn cysylltu'i hanesyddiaeth â thraddodiad Cymreig a ddibynnai'n gyfan gwbl ar ddehongli arwyddion. Byd o arwyddion a delweddaeth gymhleth yw byd y canu brud, a nod y brudiwr o fardd oedd dehongli a thrafod yr arwyddion hynny mewn modd a fyddai'n taflu goleuni ar y sefyllfa wleidyddol bresennol a'r dyfodol agos. Yn anad dim, mae'r brudiwr, fel yr hanesydd, yn ddehonglwr arwyddion. Mae hanesydd yn dehongli arwyddion ei ffynonellau er mwyn ymgyrraedd at ddisgrifiad 'cywir' o ddigwyddiadau hanesyddol; mae'n darllen yn ôl o'r presennol er mwyn cyflwyno portread testunol o'r gorffennol. Ar y llaw arall, mae'r brudiwr yn dehongli arwyddion er mwyn cysylltu'r gorffennol, y presennol a'r dyfodol; mae'n darllen ymlaen i gyflwyno portread testunol o'r dyfodol.

Roedd y berthynas syniadaethol hon rhwng gweithgareddau'r brudiwr a gweithgareddau'r hanesydd yn rhan ganolog o'r traddodiad llenyddol Cymraeg cyn cyfnod Elis Gruffydd. Gellir olrhain y term *brut* – a gyfeiriai at hanesyddiaeth Gymreig draddodiadol – a'r term *brud* yn ôl i'r un tarddiad.[49] Fe ddaw'r ddau derm o'r enw Brutus, sef y cymeriad chwedlonol hwnnw a sefydlodd hil y *Bryt*aniaid ar Ynys *Bryd*ain. Yn wir, oherwydd orgraff llawysgrifau Cymraeg yr Oesoedd Canol a'r cyfnod modern cynnar, mae'n amhosibl weithiau gwahaniaethu rhwng bru*t* a bru*d*. Credaf fod yr amwysedd hwnnw'n rhan hanfodol o'r traddodiad. Roedd brut a brud yn ddwy ochr i'r un broses, sef y modd y dehonglwyd gorffennol (a phresennol) Ynys Brydain fel drych i'w dyfodol. Roedd hanesyddiaeth Gymreig yn rhan o system ddeongliadol a gynhwysai hefyd broffwydoliaeth Gymreig. Dyna ran bwysig o'r rhesymeg ddiwylliannol y tu ôl i'r arfer o ddefnyddio enwau arwyr y gorffennol wrth drafod y mab darogan.

Wrth ddyfynnu cwpled o gywydd brud tra'n trafod hanes diweddar, roedd Elis Gruffydd felly'n cyfranogi o'r traddodiad hwn. Drwy gyflwyno proffwydoliaeth i drafodaeth ar hanes roedd yn parhau'r hen gysylltiad Cymreig rhwng brut a brud. Mae'n asesu digwyddiadau hanesyddol ac archwilio'i ffynonellau mewn modd y gallwn heddiw ei gymharu â methodoleg hanesyddiaeth ysgolheigaidd, ond mae hefyd yn priodoli lle i destunau proffwydol ymysg yr hyn a gyfrifai'n ffynonellau dilys.

Dyn ei oes oedd Elis Gruffydd, milwr o Gymro a dreuliodd ei

fywyd yng ngwasanaeth brenin Lloegr. Roedd yn awdur a berthynai i'w oes hefyd; rhaid cofio bod ei gronicl wedi'i batrymu i raddau helaeth ar groniclau Seisnig y cyfnod a'r Oesoedd Canol diweddar. Adlewyrcha'r cronicl yr hyn a wyddys am fywyd ei awdur; roedd yn Gymro a drigai yn Lloegr (ac yn nhroedle cyfandirol Lloegr, Calais), ac wrth gyfansoddi'i gronicl swmpus yr oedd yn mewnforio teithi hanesyddiaeth Seisnig i'r traddodiad llenyddol Cymraeg. Felly, er cydio yn nhraddodiad brud(t)iol Cymreig yr Oesoedd Canol, gwna hyn oddi mewn i ffiniau testun a batrymwyd i raddau helaeth ar fodelau Seisnig. Roedd yn cyfryngu ac yn canoli rhwng gwahanol ddiwylliannau; yn ogystal â chyfieithu o'r iaith Saesneg – ac o ieithoedd eraill – i'r iaith Gymraeg, yr oedd yn cyfieithu o'r naill ddiwylliant i'r llall, o gyd-destun diwylliannol 'estron' i gyd-destun diwylliannol Cymreig.

Yn y gyfrol hon ystyrir gweithgareddau awdurol Elis Gruffydd, y modd yr aeth ati i gyfansoddi'i gronicl arloesol. Ac yn ganolog i'r ystyriaeth bydd ei swyddogaeth fel canolwr diwylliannol, fel awdurdod yn sefyll rhwng ei ffynonellau a'i ddarllenwyr. Edrychir felly ar Elis Gruffydd fel 'awdur' ac 'awdurdod', dau air y mae ef ei hun yn eu defnyddio wrth drafod ei ffynonellau. Brithir ei gronicl â chyfeiriau fel 'megis ac J mae vy awdur J yn dangos'.[50] Tarddiad y ddau air yw'r Lladin *auctor*, gair a oedd yn hynod ystyrlon yn yr Oesoedd Canol. Fe ddiffinnir *auctor* gan A. J. Minnis fel 'someone who was at once a writer and an authority . . . not merely to be read but also to be respected and believed'.[51] Mae *auctor* yn meddu ar *auctoritas*, 'awdurdod'. Defnyddia Elis Gruffydd y gair 'awdur' – ac weithiau'r ffurf Ladinaidd 'awctor' – gyda'r ystyr ganoloesol hon; nid awdur yn ystyr lac y dyddiau hyn ydyw, nid 'ysgrifennwr' yn unig, eithr 'awdur ac iddo awdurdod'. Ac fel y gwelir yn y modd y mae Elis Gruffydd yn trafod ei ffynonellau, mae'n ymddwyn fel awdur awdurdodol. Nid ailgylchu deunydd awduron eraill yn unig a wna, ond ailysgrifennu ac ailfeddwl ei ddeunydd crai. Felly defnyddir yr ansoddair 'awdur(dod)ol' yn y gyfrol hon wrth drafod llais y croniclwr, y llais personol y mae'n ei chwistrellu i mewn i'w hanes er mwyn cyfarwyddo, tywys ac addysgu'i ddarllenydd. Y 'fi fawr awdurol', fel petai. Drwy sôn amdano fel 'awdur(dod)' a thrwy ddisgrifio'i weithgareddau llenyddol fel gweithgareddau 'awdur(dod)ol', rhoddir y pwyslais ar y modd y mae Elis Gruffydd yn cyflwyno'i hanes i'w ddarllenwyr. Mae'n ysgrifennu hanes ac mae hefyd yn sefyll yn awdurdodol rhwng ei ffynonellau hanesyddol a'i ddarllenwyr.

Hanesyddiaeth a Phroffwydoliaeth yn Oes Harri VIII

Edrychir yn y bennod nesaf ar draddodiad testunol sydd o'r pwys mwyaf wrth drafod gwaith awdur(dod)ol Elis Gruffydd: traddodiad y cronicl Seisnig. Wedi trafod datblygiad y cronicl Seisnig a goblygiadau gwleidyddol ac addysgol y traddodiad hwnnw, bydd pennod 3 yn craffu'n fanwl ar ddefnydd Elis Gruffydd o un cronicl Saesneg cyfoes, sef *Pastyme of the People* gan John Rastell. Swyddogaeth pennod 4 fydd olrhain hynt y canu brud a'r traddodiad proffwydol Cymreig rhwng y cyfnod y canodd Dafydd Llwyd ei gywydd i'r gigfran ynddo a chyfnod cyfansoddi cronicl Elis Gruffydd. Fe edrycha'r bennod olaf ar ddefnydd Elis Gruffydd o broffwydoliaeth yn ei gronicl, ac felly'n cyfannu'r cylch drwy ddychwelyd at y cwestiynau a godwyd yn y bennod gyntaf hon.

Nid hanes llenyddol cyflawn y cyfnod a geir yma, ac ni cheir yma ymdrech i adrodd hanes cyflawn hanesyddiaeth a phroffwydoliaeth Gymreig y cyfnod ychwaith. Cyfyngedig iawn yw testun y llyfr hwn, sef trafod un wedd ar waith un awdur o hanner cyntaf yr unfed ganrif ar bymtheg. Eto, drwy graffu ar hanesyddiaeth, proffwydoliaeth a'r cysylltiad rhyngddynt yng ngwaith Elis Gruffydd, edrychir ar y modd yr ymdriniai un awdur â hunaniaeth Gymreig (neu Gymreig-Brydeinig) mewn cyfnod tyngedfennol yn hanes Cymru. Drwy ystyried nifer o gwestiynau damcaniaethol yn ymwneud â'r berthynas rhwng testun a chyd-destun, mae'r llyfr hwn yn edrych ar y modd y mae testunau llenyddol yn adlewyrchu cysyniadau'r cyfnod ynghylch hunaniaeth Gymreig. Nid astudiaeth fywgraffyddol mohono, nid trafod bywyd Elis Gruffydd yw prif nod y llyfr, eithr dadansoddi olion testunol y bywyd hwnnw.[52] Edrychir ar groincl Elis Gruffydd yn bennaf fel man cyfarfod gwahanol destunau, gwahanol draddodiadau a gwahanol leisiau awdur(dod)ol. Drwy ddadansoddi ei ddefnydd o destunau eraill a'i ymateb iddynt, ceir ystyried hefyd y modd y mae gwahanol agendâu gwleidyddol yn cyfarfod ar dudalennau'r croniclwr.

Nodiadau

[1] Ceir copi o'r cyhuddiadau yn W. Llewelyn Williams, 'A Welsh Insurrection', *Y Cymmrodor*, 16 (1903), 33.

[2] Gw., Elissa R. Henken, *National Redeemer: Owain Glyndŵr in Welsh Tradition* (Ithaca [Efrog Newydd], 1996), 23–88; David Rees, *The Son of Prophecy: Henry Tudor's Road to Bosworth* (Llundain, 1985), 102–7; R. M. Jones, *Ysbryd y*

Cwlwm: Delwedd y Genedl yn ein Llenyddiaeth (Caerdydd, 1998), 126.
3 Gw., Rachel Bromwich (gol.), *Trioedd Ynys Prydein* (Caerdydd, 1978), 481.
4 Gw., Gruffydd Aled Williams, 'The Bardic Road to Bosworth: a Welsh View of Henry Tudor', *Transactions of the Honourable Society of Cymmrodorion* (1986); Enid P. Roberts, *Dafydd Llwyd o Fathafarn* (Caernarfon, 1981); Ann Griffiths, 'Rhai Agweddau ar y Syniad o Genedl yng Nghyfnod y Cywyddwyr 1320– 1603' (Traethawd Ph.D., Prifysgol Cymru, 1988), 260–6.
5 G. A. Williams, 'The Bardic Road to Bosworth'.
6 Ralph A. Griffiths, *Sir Rhys ap Thomas and his Family [:] A Study in the Wars of the Roses and Early Tudor Politics* (Caerdydd, 1993), 43.
7 Ibid., 43; *Gwaith Guto'r Glyn*, goln. John Llywelyn Williams ac Ifor Williams (Caerdydd, 1961), 262.
8 Gw., er enghraifft, R. M. Jones, *Ysbryd y Cwlwm*, 141.
9 Howard Dobin, *Merlin's Disciples: Prophecy, Poetry and Power in Renaissance England* (Stanford, 1990), 24.
10 Griffiths, *Sir Rhys ap Thomas and his Family*, 103.
11 Ibid., 104; Glanmor Williams, *Renewal and Reformation: Wales c.1415–1642* (Rhydychen, 1993), 280.
12 O safbwynt y brenin a'i lywodraeth, nid ysgariad ydoedd ond dirymiad, *annulment*; gw., Alison Weir, *The Six Wives of Henry VIII* (Llundain, 1991), 170. Fodd bynnag, mae'n debyg nad oedd y bobl gyffredin yn nodi'r gwahaniaeth. Fel y gwelir isod, 'ysgar[iad]' yw'r gair y mae Elis Gruffydd yn ei ddefnyddio.
13 Griffiths, *Sir Rhys ap Thomas and his Family*, 111.
14 John Gwynfor Jones, *Early Modern Wales c.1525–1640* (Efrog Newydd, 1994), 51.
15 Ibid., 52: 'Sir Rhys ap Gruffudd's power . . . posed a . . . threat to Henry.'
16 Ibid., 80.
17 Griffiths, *Sir Rhys ap Thomas and his Family*, 106.
18 Ibid.
19 Mae llawysgrif y cronicl bellach wedi'i rhannu yn ddau hanner, LlGC 5276D a Mostyn 158 (neu LlGC 3054D), gyda'r ddau wedi'u rhannu ymhellach yn ddau; mae'r cronicl felly wedi'i rwymo mewn pedair cyfrol.
20 Mostyn 158, 492r.
21 Nid hawdd yw diffinio'r gair 'cenedl'; mae'r damcaniaethwyr sydd wedi ymrafael â'r cwestiwn wedi cynhyrchu nifer helaeth o wahanol ddiffiniadau. Bu diffiniad Benedict Anderson yn ddylanwadol iawn yn ddiweddar: 'I propose the following definition of the nation: it is an imagined political community. It is *imagined* because the members of even the smallest nation will never know most of their fellow-members, meet them, or even hear of them, yet in the minds of each lives the image of their communion.' Benedict Anderson, *Imagined Communities* (Llundain ac Efrog Newydd, 1991), 5–6. Mae'r diffiniad hwn – gan ei fod yn canolbwyntio ar y modd y mae'r unigolyn yn synio am hunaniaeth genedlaethol – yn hylaw ac yn hyblyg. Gw., hefyd Liah Greenfeld, *Nationalism* (Cambridge, Massachusetts, 1992); R. M. Jones, *Ysbryd y Cwlwm*.
22 Defnyddir 'hanesyddiaeth' i gyfieithu'r Saesneg *historiography* ers o leiaf 1803 a chyhoeddi geiriadur William Owen Pughe; *Geiriadur Prifysgol Cymru*

(Caerdydd, 1968–87), 1820. Rhydd *Geiriadur Prifysgol Cymru* ddiffiniad cryno da o'r gair, sef 'gwyddor hanesyddu'.

[23] Y peth agosaf at gronicl Elis Gruffydd a gyfansoddwyd cyn ei amser ef yw nifer o destunau hanesyddol a roddwyd ynghyd gan y bardd Gutun Owain, pwynt a nodwyd gan Ceridwen Lloyd-Morgan yn 'Elis Gruffydd a Thraddodiad Cymraeg Calais a Chlwyd', *Cof Cenedl* 11 (Llandysul, 1996), 55: 'Y mae un o lawysgrifau Gutun Owain (Coleg yr Iesu 6) yn Rhydychen, yn cynnwys cyfres o destunau Cymraeg hanesyddol (neu ffug-hanesyddol) sy'n cyflwyno hanes y byd o oes Adda hyd 1471. Yr oedd cynsail Cymraeg i'r patrwm felly, a hwnnw yn hanu o ardal Elis Gruffydd ei hun; y mae hyn yn awgrymu fod yr hedyn wedi ei blannu yn gynnar iawn yn ei feddwl.' Mae'n bosibl iawn i Elis Gruffydd weld copi o lawysgrif Gutun Owain a'i bod wedi 'plannu'r hedyn yn ei feddwl'. Eto, er y gellid gweld casgliad y bardd fel 'cynsail', ceir nifer o wahaniaethau pwysig rhwng y ddau waith. Yr hyn a wnaeth Gutun Owain oedd rhoi gwahanol destunau at ei gilydd – 'Ystorya Dared', Brut y Brenhinedd a chrynodeb o Brut y Tywysogion – er mwyn ffurfio'i hanes. Mae cronicl Elis Gruffydd ar y llaw arall yn hwy o lawer; mae'n cyfuno nifer helaeth o wahanol ffynonellau ac mae'n eu hailysgrifennu'n feirniadol-greadigol mewn modd nas gwneir yng nghasgliad Gutun Owain.

[24] Am enghreifftiau eraill o'r gair yn y cronicl: 'Syre ynniwedd gwilie ynnydolig nesa ner ail ynnol kyuodiad y bobyl' (Mostyn 158, 582v); 'Syre Jr penn vwriesid kardnal Jork ir llawr o'i anhrydedd J biassai wr a viassai' (Mostyn 158, 500v); 'Syre, ynn y vlwyddyn hon yr hynn a oedd ynn y vlwyddyn oedran yn harglwydd' (Mostyn, 488v).

[25] Mostyn 158, 491v.

[26] Er enghraifft, Mostyn 158, 28v: 'Ac ynnol y vrwydyr hon j kyuodes baar ac anundeb hrwng Jerwerth vab Pleddyn ai vrodur.'

[27] Mostyn 158, 491v.

[28] Ibid.

[29] Gw., Williams, 'A Welsh Insurrection'.

[30] Mostyn 158, 492r.

[31] Rhaid mai'r enghraifft fwyaf trawiadol yw'r 'OBJECTIONS against RICE GRIFFITH in his Indictment, with the ANSWERS thereunto' a gyhoeddwyd yn *The Cambrian Register*, 2 (1797); gw., Griffiths, *Sir Rhys ap Thomas and his Family*, 283–90.

[32] Ibid., 103.

[33] Ac mae hyn yn arwyddocaol; mae cronicl Hall yn sôn llawer am y cysylltiad rhwng Syr Rhys ap Gruffydd a'r Tuduriaid. Hynny yw, pe bai'r un croniclwr Saesneg o'r cyfnod yn trafod y digwyddiad, mae'n debyg mai Edward Hall fyddai hwnnw. Gw., Edward Hall, *The Union of the Two Noble Families of Lancaster and York* (adargraffiad: Meston, 1970).

[34] Mostyn 158, 492r.

[35] Ibid.

[36] *Geiriadur Prifysgol Cymru*, 846–7.

[37] Sioned Davies, *Crefft y Cyfarwydd* (Caerdydd, 1995), 17.

[38] Er enghraifft, Mostyn 158, 108v: 'Ar yr hwn j kyuaruu gwyr Brusdo ac Aymer ai nith, yr hwn a ddaliasant twy ai holl bobyl ynn garcharorion ac ai

dugasant twy att y brenin *ynn ebrwydd jawn jr hedodd y chwedlau hynn j Gymru att yr arglwydd Lywelyn*, yn neb a gymerth y matter ynn soredig.' Mae'n amlwg mai ystyr 'chwedlau' yma yw si neu newyddion a drosglwyddir ar lafar.

[39] Mostyn 158, 353v.
[40] Ibid, 492r–492v.
[41] Ibid., 492r.
[42] Ibid., 492v.
[43] *Llyfr Du Caerfyrddin*, gol. A. O. H. Jarman (Caerdydd, 1982), 80.
[44] Mostyn 158, 492v.
[45] *Gwaith Dafydd Llwyd o Fathafarn*, gol. W. Leslie Richards (Caerdydd, 1964), 87–8.
[46] Llsgr. Caerdydd 5, 5v.
[47] Mostyn 158, 492v.
[48] Er enghraifft, Mostyn 158, 519v: 'Neithyr val kynt megis i mae diharebion yr henn bobyl yn dywedud, drwg ydiw yr awel ne'r gwynt ni chwytho daioni i neb.'
[49] Gw., pennod 4.
[50] Mostyn 158, 281v.
[51] A. J. Minnis, *Medieval Theory of Authorship* (Caerwrangon, 1984), 10.
[52] Am drafodaethau ar fywyd a gwaith Elis Gruffydd, gw., Lloyd-Morgan, 'Elis Gruffydd a Thraddodiad Cymraeg Calais a Chlwyd', yn *Cof Cenedl* 11 (Llandysul, 1996); Thomas Jones, 'A Welsh Chronicler in Tudor England', *Cylchgrawn Hanes Cymru*, 1 (1960); Prys Morgan, 'Elis Gruffydd yng Nghalais', *Bwletin y Bwrdd Gwybodau Celtaidd*, 21 (1965); Prys Morgan, 'Elis Gruffydd of Gronant – Tudor chronicler extraordinary', *Journal of the Flintshire Historical Society*, 25 (1971–2).

2
'Chronicles therefore, I can highly commende': Cynrychioli'r Genedl Seisnig

Ceidwadol a chyndyn i newid oedd traddodiad y Cronicl Seisnig yng nghyfnod y Tuduriaid yn ôl rhai haneswyr. Nodweddiadol yw barn Arthur Ferguson: 'the Tudor chronicles remained an essentially medieval tradition.'[1] Dywed F. J. Levy nad oes llawer o wahaniaeth rhwng cronicl mwyaf adnabyddus yr Oesoedd Canol, y *Polychronicon*, a'r cronicl a gyhoeddwyd gan Holinshed ym 1577.[2] Eto i gyd, er i groniclau'r unfed ganrif ar bymtheg gadw llawer o nodweddion hanesyddiaeth ganoloesol, daeth sawl newid arwyddocaol i'r traddodiad gan sicrhau y byddai'n esblygu a datblygu yn ôl gofynion yr oes. I raddau helaeth daeth y newidiadau hyn i ran y cronicl Seisnig cyn yr unfed ganrif ar bymtheg, ond fe'u crisialwyd a'u cadarnhau gan ddatblygiadau yn Oes y Tuduriaid.

Gellir nodi tri datblygiad pwysig, pob un ohonynt yn gysylltiedig â'i gilydd. Yn gyntaf, gwelwyd newid yng nghyd-destun cymdeithasol-economaidd croniclau Seisnig wrth i safle cynhyrchu'r testunau hyn symud o gyd-destun eglwysig y mynachlogydd i fyd lleyg. Yn ail daeth newid yn iaith y cronicl hefyd. Lladin a Ffrangeg oedd prif ieithoedd hanesyddiaeth ysgrifenedig yn Lloegr yn yr Oesoedd Canol, ond fe'u disodlwyd yn raddol gan y Saesneg. Erbyn cyfnod y Tuduriaid, nid traddodiad *Seisnig* yn unig oedd y cronicl; yr oedd hefyd yn draddodiad *Saesneg*. Ac yn olaf, daeth newid pwyslais o ran cynnwys y croniclau. Pylai poblogrwydd croniclau cynhwysfawr a adroddai hanes y byd yn wyneb pwyslais cynyddol ar hanes Prydain a Lloegr. Dyma'r tri datblygiad amlycaf: symud safle cynhyrchu'r cronicl Seisnig o'r mynachdy i dŷ'r lleygwr; disodli'r Lladin a'r Ffrangeg gan y Saesneg; a chyfyngu ar ffocws y cronicl. Fe esblygai traddodiad y Cronicl Seisnig, felly, law yn llaw â datblygiadau cymdeithasol trawsffurfiol y cyfnod. Gwelir i ddatblygiad hanesyddiaeth y cyfnod gysgodi rhai o'r trawsffurfiadau hynny a symudodd gymdeithas a diwylliant Lloegr oddi ar eu seiliau canoloesol: dadfeiliad yr urddau mynachaidd (a'u diddymu'n gyfan gwbl wedyn o 1536 ymlaen fel rhan o'r Diwygiad Harrïaidd); dyrchafiad yr iaith Saesneg; a thwf cenedlaetholdeb Seisnig. Dyma grynodeb Ernst Breisach o'r cyntaf o'r datblygiadau hyn, y cysylltiad rhwng dadfeiliad yr urddau a thranc y cronicl mynachaidd:

> Around 1300 the monastic chronicle lost its longstanding dominance, finally overwhelmed by developments which had sapped its strength for nearly two centuries. At a time when the vigor of the old monastic orders was flagging, they experienced the vigorous competition of the mendicant orders that were more attuned to the urban environment. While the prominence of the monasteries as centers of learning faded, that of universities and town schools increased. In general the towns and the way of life they fostered were not beneficial to the monastic life, the matrix of the medieval chronicle. Although the traditional ways of medieval Christian historiography were not quickly abandoned, it was apparent that chroniclers were straining hard to accommodate the information and ideas produced by the knowledge explosion of the twelfth and thirteenth centuries.[3]

Ond yn baradocsaidd ddigon, er i'r bedwaredd ganrif ar ddeg weld y datblygiadau cymdeithasol a esgorodd ar dranc y cronicl mynachaidd yn Lloegr, perthyn y cronicl mynachaidd Seisnig mwyaf adnabyddus i'r ganrif honno. Fe ysgrifennodd Ranulf Higden ei destun Lladin enwog, y *Polychronicon*, yn Abaty Benedictaidd St Werburgh tua'r flwyddyn 1320.[4] Dyma benllanw traddodiad cyfoethog hanesyddiaeth y Benedictiaid. Ymysg rhagflaenyddion Higden yn Urdd Benedict Sant yr oedd Beda Ddoeth, William o Fambri, ac aelodau 'ysgol Alban Sant', Matthew Paris a Roger o Wendover. A bu i Fenedictiaid eraill ymhelaethu ar gronicl Higden cyn i'r traddodiad mynachaidd Seisnig ddarfod amdano'n gyfan gwbl; cafwyd fersiynau diweddarach gan Thomas Walsingham, Adda o Frynbuga, a 'Mynach San Steffan'.[5] Nid yw'n rhyfedd, felly, fod Elis Gruffydd wedi gwneud cryn ddefnydd o'r *Polychronicon* – neu gyfieithiad ohono – wrth gyfansoddi'i gronicl Cymraeg.

Mae'n bosibl mai Higden oedd pennaeth *scriptorium* abaty St Werburgh; yn ddi-os yr oedd wedi'i drwytho yn nysg Ladinaidd y bedwaredd ganrif ar ddeg. Ym marn yr hanesydd John Taylor, roedd arddull Ladin Higden a'i wybodaeth o hanes yr Ymerodraeth Rufeinig megis yn rhagweld y dilyw o ddysg glasurol a fyddai'n cyrraedd glannau Prydain ddwy ganrif yn ddiweddarach.[6] Er i rai ysgolheigion wfftio'r *Polychronicon* a'i farnu'n destun hen ffasiwn heb lawer o wreiddioldeb,[7] mae eraill wedi awgrymu y gellid priodoli llwyddiant cronicl Higden i'w ymdriniaeth â hanes y byd ar raddfa nas gwelwyd erioed o'r blaen mewn cronicl Seisnig, a bod natur gynhwysfawr ei hanes yn apelio at y bobl hynny a fu'n ymwneud â dysg glasurol yn yr Oesoedd Canol diweddar.[8]

Er i ymdriniaeth y *Polychronicon* â hanes y cynoesoedd gyfrif yn rhannol am ei boblogrwydd, rhaid bod ei lwyddiant yn ddyledus hefyd i'r ffaith iddo drafod hanes mewn modd hen a pharchus, sef yn nhrefn *sex aetates mundi*, Chwe Oes y Byd. Dyma ddull o strwythuro hanes sy'n hanfodol Gristnogol; adleisia'r Chwe Oes chwe diwrnod y Cread. Cynllun cronolegol traddodiadol oedd chwe oes y byd, ac roedd iddo statws neilltuol yn nhraddodiad hanesyddiaeth Gristnogol; fe'i cysylltid â rhai o feddylwyr enwocaf yr Eglwys gynnar. Seiliwyd ef ar dablau cronolegol Eusebius o Gesarea (*c*.260–340), awdur a geisiai gydamseru hanes gwahanol bobloedd y byd.[9] Ymhlyg yn amlinelliad Eusebius o hanes y byd yr oedd yr honiad fod holl hanes y cyfnod cyn Crist yn rhagfynegiad o hanes Cristnogol.[10]

Fe fabwysiadodd Awstin Sant (354–430) gronoleg Eusebius a'i throi yn drefniant mwy datblygedig. Awstin a gyflwynodd y syniad o'r 'ymerodraethau mawrion' i draddodiad hanesyddiaeth Gristnogol. Ef hefyd a gyflwynodd y *sex aetates mundi*. Chwe chyfnod penodedig yn hanes y byd yw'r 'chwe oes': 1) y cyfnod o'r Cread hyd at amser Noa; 2) o Noa hyd Abraham; 3) o Abraham hyd Ddafydd; 4) o Ddafydd hyd y gaethglud ym Mabilon; 5) o'r gaethglud hyd enedigaeth Crist; 6) o amser Crist hyd Ddydd y Farn.[11] Cyn i Awstin Sant ei hun farw, gwelodd fod ei drefniant cronolegol yn ennill poblogrwydd; fe'i defnyddiwyd gan Orosius wrth ysgrifennu'r *Historia adversus paganos* (417–18).[12] A bu poblogrwydd gweithiau Isidore o Seville (*c*.560–636) yn gymorth wrth sefydlu trefniant y *sex aetates mundi* yn nhraddodiad hanesyddiaeth y gorllewin gan iddo yntau gynnwys cronicl ar y patrwm hwnnw yn ei *Etymologiae*.[13]

Roedd Higden felly'n dilyn traddodiad a oedd wedi hen ennill ei blwyf. Ond y *Polychronicon* oedd y cronicl *Seisnig* cyntaf i drafod hanes y byd mewn modd mor gynhwysfawr.[14] Eto i gyd, mae'n debyg fod llwyddiant gwaith Higden yn ddyledus i natur gymysg ei gynnwys: yr oedd yn hanes cynhwysfawr (cronicl-llawer-o-oesoedd yw ystyr *Polychronicon*), ond yr oedd hefyd yn rhagweld tuedd y dyfodol drwy briodoli lle amlwg i hanes Prydain oddi mewn i'r fframwaith cynhwysfawr.[15] Er iddo dorri tir newydd, pwysleisiodd Higden ei hun mai crynhoad oedd ei waith a'i fod yn ddyledus felly i ysgrifau *auctores* eraill.[16] *Compilator* yw'r gair a ddefnyddia Higden tra'n sôn amdano ef ei hun, ac mae'r term hwnnw'n awgrymu ei fod yn gweld ei waith yn wahanol i eiddo'r *auctor*.[17] Yn unol â natur gwaith *compilator*, yr hyn a wnaeth Higden oedd ailadrodd casgliadau'r 'awdurdodau'. Mae Higden yn pwysleisio hyn; mae'n gwadu ei gyfrifoldeb drwy ddweud bod enwau ei *auctores* 'yn darian ac yn amddiffyn' iddo ef.[18]

Gan droi at y fath hanesyddiaeth ag a geir yn y *Polychronicon*, ni rydd gwaith Higden olwg feirniadol ar ei ffynonellau ar y cyfan. Yn gwbl nodweddiadol o'r traddodiad hanesyddol yr oedd yn rhan ohono, disgrifia Hidgen bopeth fel *Gesta Dei*, 'Gweithredoedd Duw'.[19] Mae ymhlyg yng nghynllun Beibl-ganolog Chwe Oes y Byd ragdybiaeth sylfaenol mai Gweithredoedd Duw yw hanes. Ers amser Awstin Sant, roedd trefnu hanes y byd yn ôl y Chwe Oes yn fodd i gyflwyno golwg ddiwinyddol ar yr hanes hwnnw; roedd yn fersiwn o gwrs y byd a ddilynai hanes ysbrydol yr hil ddynol, o'r Cwymp hyd at yr Iachawdwriaeth.[20]

Y *Polychronicon* yw'r amlygiad Seisnig diffiniol o'r hyn a elwir yn 'universal history' (hanes cyffredinol). Mae'n destun sy'n amcanu at adrodd hanes y byd ar raddfa eang a chynhwysfawr. Eto, rhydd Higden ei hun anecdot ynglŷn â tharddiad ei gampwaith sy'n awgrymu bod ganddo amcanion eraill ar un adeg. Dywed ym mhrolog ei gronicl ei fod ar y dechrau'n bwriadu ysgrifennu hanes Prydain a bod ei gyd-fynaich wedi'i ddarbwyllo mai gwell fyddai cyfansoddi testun yn trafod hanes cyffredinol:[21]

> Horum nempe merito provacatus et exemplo, non mea jactanter jaculans nec aliena joculanter jugulans, decrevi, ut potui, geniale solum meum profusioribus extollere laudum titulis, et sic tractatum aliquem, ex variis auctorum decerptum laboribus, de statu insulae Britannicae ad notitam cudere futurorum.
>
> Quod dum sodalibus meis innotesceret, quibus familiare fuit semper facta majorum speculari, importuna eorum instantia sum pulsatus, ut

etiam de famosioribus orbis historiis ab initio macrocosmi usque ad nostram aetatem non solum juxta temporum supputationem congruentem aliqua compilarem.²²

Yng ngeiriau cyfieithiad Saesneg John Trevisa, sef y fersiwn a ddarllenwyd gan Elis Gruffydd yn ôl pob tebyg:

> By þe worþynesse and ensaumple of so worþy writeris i-spiȝt and i-egged, nouȝt bostynge of myn owne dedes noþer skornynge ne blamynge of oþer men dedes, I haue y-kast and y-ordyned, as I may, to make and to write a tretes, i-gadered of dyuerse bookes, of þe staat of þe ylonde of Britayne, to knowleche of me þat comeþ after vs.
>
> þan special frendes þat knewe myn entent and had likynge to knowe greet men dedes, prayed me besiliche, þat I schulde also write þe famous stories and acounte þe ȝeres from þe bygynnynge of þe world anon to oure tyme.²³

Mae'r ffaith fod Higden wedi dewis cyflwyno'i gronicl gyda'r anecdot hwn yn arwyddocaol iawn. Trafod hanes y byd a wna'r cronicl; nid yw'n destun sy'n trafod hanes Prydain yn unig. Ond dywed y mynach mai ysgrifennu *de statu insulae Britannicae* – 'ynghylch cyflwr Ynys Prydain' – oedd ei fwriad gwreiddiol ef, a bod eraill wedi dwyn perswâd arno i ysgrifennu hanes *ab initio macrocosmi usque ad nostram aetatem*, 'o ddechreuad y byd hyd at ein hamser ni'. Gellir cymryd hyn fel cyfeiriad at chwaeth a dylanwad y gymuned fynachaidd yr oedd Higden yn byw ynddi. Dywed Higden wrth ei ddarllenwyr fod chwaeth y gymuned honno – ac felly traddodiad y cronicl mynachaidd – wedi ei ysgogi i ysgrifennu hanes y byd. Drwy ysgrifennu'r *Polychronicon* roedd yn cydymffurfio â disgwyliadau y gymuned yr oedd yn rhan ohoni. Ond, er i Higden ddilyn chwaeth y gymuned fynachaidd drwy gyfansoddi cronicl cynhwysfawr, mae'r anecdot yn awgrymu bod tensiynau rhwng hanesyddiaeth o'r fath a chroniclau Lloegr-ganolog yn dechrau ymddangos mor gynnar â'r bedwaredd ganrif ar ddeg.

Gwelir tystiolaeth i boblogrwydd a dylanwad y *Polychronicon* yn nifer fawr y copïau ohono sydd wedi goroesi; erys dros 100 llawysgrif sy'n cynnwys fersiwn o'r testun Lladin gwreiddiol yn ogystal â llu o gopïau o gyfieithiadau Saesneg diweddarach.²⁴ Enillodd campwaith Higden gydnabyddiaeth swyddogol yn ystod bywyd ei awdur; fel y noda Taylor, galwyd ar y mynach i ymweld â llys Edward III ym 1347 a dangos ei gronicl i'r brenin.[25] Ond er y cysylltiad hwn rhwng Higden, ei waith a llys y brenin, cronicl mynachaidd oedd y *Polychronicon* yn anad dim. Roedd yn sefyll yn gadarn yng nghanol traddodiad hanesyddiaeth y Benedictiaid ac yn defnyddio patrwm y *sex aetates mundi*, sef cronoleg ddiwinyddol a adlewyrchai fyd-olwg Cristnogol mynachaidd rhyngwladol.

Gydag adfeiliad diwylliant mynachaidd ym Mhrydain, dibynnai parhad traddodiad y cronicl Seisnig ar sicrhau tir ffrwythlon newydd iddo mewn cylchoedd lleyg. Roedd cronicl canoloesol arall, y *Brut*, eisoes wedi braenaru'r tir hwnnw.[26] Fel y mae'r enw'n awgrymu, perthyn y cronicl hwn mewn ffordd gwmpasog i'r testunau Cymraeg sy'n defnyddio'r un enw; hanes Prydain ydyw, yn dechrau gyda dyfodiad Brutus i'r Ynys. Ond mae'r *Brut* hwn yn wahanol iawn i Frut y Brenhinedd a thestunau Cymraeg eraill yr Oesoedd Canol; fe'i hysgrifennwyd mewn Ffrangeg yn wreiddiol, ac mae'n adrodd hanes Prydain ar ffurf fydryddol.[27] Yn fuan cafwyd cyfieithiadau ohono i'r Lladin a'r Saesneg. Mae'n anodd olrhain y testun hwn (neu'r grŵp hwn o destunau cysylltiedig), ac ni pherthyn i'r astudiaeth hon fynd ar ôl yr hanes cymhleth hwnnw ychwaith. Digon yw dweud, er gwaethaf peryglon gorsymleiddio, i'r *Brut* Seisnig ymddangos yn ei ffurf ddiffiniol yn gynnar yn y bedwaredd ganrif ar ddeg ac i'w boblogrwydd dyfu yn ystod y blynyddoedd wedyn. Fe erys dros 160 o lawysgrifau heddiw sy'n cynnwys copïau Ffrangeg, Saesneg a Lladin o'r cronicl hwn.[28]

Banerlong llynges o groniclau Prydain-ganolog oedd y *Brut*, a bu i'r llynges honno gipio'r farchnad oddi ar groniclau cyffredinol cynhwysfawr. Fe anelwyd y ddwy ffrwd at ddarllenwyr gwahanol ar y dechrau, ac felly ni ddylid meddwl eu bod yn cystadlu'n uniongyrchol am y farchnad o'r cychwyn cyntaf. Cronicl mynachaidd *par excellence* oedd y *Polychronicon* tra bo'r *Brut* yn apelio'n fawr at gylchoedd lleyg. Dadlennol yw'r ffaith fod un o'r disgrifiadau prin a erys o lyfrgell lleygwr o'r Oesoedd Canol yn rhestru copi o'r *Brut* ymysg cynnwys y llyfrgell honno.[29]

Gellir priodoli poblogrwydd y *Brut* mewn cylchoedd lleyg i'r pwyslais a rydd y testun hwnnw ar hanes Prydain. Fel y noda Levy, rhaid i ddarllenydd dreulio dros 200 dalen o'r *Polychronicon* cyn cyrraedd disgrifiad o ddyfodiad yr Eingl-Sacsoniaid i Ynys Brydain tra bo'r *Brut* yn cyrraedd dechreuad hanes y Saeson ar ôl cwta 33 dalen.[30] Mae'r ddwy ffrwd yn hanfodol Gristnogol, ond mae'r wedd Feiblaidd yn gliriach yn nhestun Higden; gan i'r *Polychronicon* lynu wrth drefniant y *sex aetates mundi* mae hanes Hen Destamentaidd yn hawlio lle amlwg mewn pump o'i chwe llyfr. Roedd natur yr Urddau mynachaidd yn gyffredinol, yn rhyngwladol – neu o leiaf yn ban-Ewropaidd – o ran byd-olwg. Iaith ryngwladol oedd y Lladin, iaith a gynigiai i'r sawl a'i siaradai fynediad i gymuned ryngwladol. Ac yn aml sefydlai mam-fynachdy dai newydd mewn gwledydd eraill. O ran hunaniaeth aelodau o gymuned fynachaidd, gallent uniaethu â'r Benedictiaid neu'r Sistersiaid a theimlo'n rhan o'r gymuned ryngwladol honno yn ogystal ag uniaethu â'u cyd-Saeson, eu cyd-Ffrancwyr neu eu cyd-Gymry. Roedd hanes cyffredinol y Chwe Oes felly'n adlewyrchu byd-olwg rhyngwladol y mynaich. Ar y llaw arall, naratif yn ymwneud â hanes cenedlaethol Lloegr oedd y *Brut*. Ac fel y gwelir isod, roedd poblogrwydd y ffrwd honno o hanesyddiaeth Seisnig yn gysylltiedig â thwf ymwybyddiaeth genedlaethol a geid yn Lloegr ar ddiwedd yr Oesoedd Canol ac ar ddechrau'r cyfnod modern cynnar.

Roedd ymchwydd poblogrwydd y *Brut* yn amlwg erbyn diwedd y bedwaredd ganrif ar ddeg. Ac erbyn diwedd y ganrif ddilynol roedd y poblogrwydd hwnnw wedi esgor ar lwyth o groniclau Saesneg a oedd yn lleyg ac yn Brydain-ganolog. Ysgrifennwyd y cronicl cyntaf gan awdur o leygwr Seisnig, sef *Scalacronica* Syr Thomas Gray, tua chanol y bedwaredd ganrif ar ddeg.[31] Oes aur 'Croniclau Llundain' oedd y bymthegfed ganrif, a gwelid cynhyrchu lliaws o'r testunau hyn gan leygwyr y ddinas â'u bryd ar lwyddo yn y cylchoedd masnachol newydd gyda'r bwriad o wasanaethu'r un math o ddarllenwyr lleyg.[32] Mae rhychwant croniclau Saesneg y bymthegfed ganrif yn eang iawn – yn amrywio o groniclau rhyddiaith byr a dinod i weithiau mydryddol lliwgar megis cronicl John Hardyng – ond er yr holl amrywiaeth, gellid disgrifio'r traddodiad fel un a ddyrchafai hanesyddiaeth Brydain-ganolog yn anad dim.[33] Ac yn fwyaf arwyddocaol, Saesneg oedd iaith y croniclau hyn.

Yn cydgerdded â'r newid o'r mynachdy i dŷ'r lleygwr y daeth newid ieithyddol. Er mai Lladin oedd iaith y naill ac mai Ffrangeg oedd iaith y llall, cyfieithwyd y *Polychronicon* a'r *Brut* ill dau i'r Saesneg erbyn diwedd y bedwaredd ganrif ar ddeg.[34] Nodwyd eisoes i'r cronicl Lladin ddechrau dirywio yn fuan ar ôl dechreuad y ganrif honno. Erbyn y bymthegfed ganrif yr oedd ar ei wely angau. Enillodd y cronicl Saesneg ei dir yn gyflym; disgrifia H. S. Bennett ganlyniad y broses hon wrth sôn am 'a wide diffusion between 1480 and 1530 in ms. and print of a narrative written in English for popular use – such a narrative becomes for the first time an authority on history'.³⁵ Roedd datblygiad y cronicl Saesneg yn ganlyniad uniongyrchol i'r statws uchel newydd a enillai'r iaith Saesneg yn gynyddol ar ddiwedd yr Oesoedd Canol. Buasai nifer o ffactorau – gan gynnwys rhyfela hir â Ffrainc a diddordeb ysgolheigaidd newydd yn Ewrop mewn ieithoedd brodorol – yn cyfuno dros amser hir i hybu twf cenedlaetholdeb ieithyddol yn Lloegr.³⁶ Trafoda Janel Mueller y wedd lenyddol ar y broses o adennill statws i'r Saesneg:

> to students of literature, the most familiar manifestations of the phenomenon are decisions of the two principal court poets of this half century [1350–1400] – the elder, John Gower's, to shift from writing in French to writing in English; the younger, Geoffrey Chaucer's, to write in English alone.³⁷

Yn ogystal â'r dadeni llenyddol Saesneg hwn, fe ddaethpwyd i ddefnyddio Saesneg fwyfwy mewn cylchoedd llywodraetholswyddogol. Fe dderbyniwyd y Saesneg yn iaith y gellid ei defnyddio mewn llysoedd barn ym 1362. Roedd statws newydd yr iaith yn ddiogel erbyn diwedd y bedwaredd ganrif ar ddeg, datblygiad a ddaeth yn amlwg iawn pan ddewisodd Harri IV areithio yn Saesneg wrth dderbyn ei goron ym 1399.³⁸ A bu i'w fab gadarnhau'r statws uchel newydd hwn yn ystod blynyddoedd cynnar y bymthegfed ganrif; drwy gyfuniad o ddeddfwriaethau swyddogol a'r nawdd a roddai i lenorion, sicrhaodd Harri V mai Saesneg oedd prif iaith ei deyrnas.³⁹ Fel y casglodd Derek Pearsall, '[Henry was able to use] English to create a stronger sense of nationhood and, especially, to ensure that his subjects recognized how that sense of nationhood was uniquely embodied in his own person.'⁴⁰

Argraffodd William Caxton, sef argraffydd cyntaf Lloegr, y *Polychronicon* a'r *Brut* yn y 1480au a Saesneg oedd iaith y ddau fersiwn a argraffwyd ganddo.⁴¹ Dyn busnes a allai asesu cyflwr y farchnad lyfrau oedd argraffydd llwyddiannus yn nyddiau Caxton gymaint ag ydyw heddiw, ac felly mae penderfyniad Caxton i argraffu'r croniclau hyn yn Saesneg yn dangos bod ei gyfoeswyr am ddarllen hanes eu gwlad yn Saesneg.

Ond cyn trafod ymhellach ddylanwad y datblygiad technolegol hwn, y wasg argraffu, ar draddodiad y cronicl Seisnig, rhaid ystyried effeithiau datblygiad deallusol cyfoesol – dyfodiad dyneiddiaeth i Brydain. Er bod dyneiddiaeth o'r math a geid yn yr Eidal yn araf iawn i gyrraedd Lloegr, bu iddi yn y diwedd ddylanwadu ar gadarnle testunol Seisnigrwydd – y cronicl. Ond cyn asesu effaith hanesyddiaeth ddyneiddiol ar draddodiad y cronicl Seisnig, rhaid diffinio prif nodweddion y traddodiad dyneiddiol newydd. Erbyn blynyddoedd cynnar y bymthegfed ganrif roedd testunau yn ymddangos yn yr Eidal y gellid eu galw'n enghreifftiau o hanesyddiaeth ddyneiddiol. Un o'r gwahaniaethau rhwng yr hanes a ysgrifennid gan y dyneiddwyr a phrif ffrwd hanesyddiaeth Ewropeaidd oedd eu hawydd i gefnu ar hanes cyffredinol. Mae Historiae Florentini populi gan Leonardo Bruni yn batrwm o hanesyddiaeth ddyneiddiol (1492).[42] Yn hytrach na dilyn hen lwybr treuliedig hanes cyffredinol, fe aeth Bruni i gyfeiriad cwbl wahanol drwy ganolbwyntio ar hanes un gwrthrych yn unig, sef trigolion dinas Fflorens. Fe welir gwedd ddyneiddiol arall yn iaith Bruni; fe ysgrifennai Ladin clasurol cain. Nodweddiadol o hanesyddiaeth ddyneiddiol hefyd ydoedd strwythur ei destun, sef ei rannu yn 'llyfrau'. Felly hefyd ei ddefnydd o areithiau dramatig hirwyntog.[43] Yn fwy arwyddocaol, caiff Bruni y clod am fabwysiadu methodoleg ysgolheigaidd newydd a ddaeth â chywair beirniadol ffres i brif ffrwd hanesyddiaeth Ewrop.[44]

Dylanwadodd hanesyddiaeth ddyneiddiol ar draddodiad y cronicl Seisnig yn ystod degawdau cyntaf yr unfed ganrif ar bymtheg. Dechreuodd Thomas More ysgrifennu ei History of Richard III yn Saesneg ac yn Lladin tua 1513.[45] Gan ei fod yn canolbwyntio ar hanes un unigolyn, saif amcanion y gwaith hwn ar y pegwn eithaf oddi wrth ysgrifennu hanes cyffredinol. O ran natur gyfyngedig ei rychwant, mae History More yn ymdebygu i weithiau dyneiddiol megis Historiae Bruni. Ac felly hefyd mae hanesyddiaeth Thomas More yn wrthwyneb pur i groniclau cynhwysfawr ar batrwm y sex aetates mundi. Yn ôl Breisach, mae More yn gyfrifol am gyflwyno nifer o nodweddion newydd i hanesyddiaeth Seisnig:

> [It was] the first English historical work carrying the marks of humanist historiography: emulation of Roman historians; an elegant Latin; brilliantly constructed speeches; a conscious attempt to compose the narrative rather than to narrate events year by year; a stress on human characteristics and motives and a reaffirmation of history's teaching role.[46]

Safai'r *History of Richard III* ar groesffordd lle y cyfarfu dau fath o hanesyddiaeth, y ffrwd genedlaetholgar Seisnig a roddai bwyslais ar yr iaith Saesneg a hanes Prydain, a'r ffrwd ddyneiddiol a gynhwysai – ymysg nodweddion eraill – awydd i ddefnyddio Lladin clasurol caboledig. Mae'r ffaith i More ysgrifennu dau fersiwn cyfochrog, y naill yn Saesneg a'r llall yn Lladin, yn adlewyrchiad o'i leoliad ar y groesffordd hon gydag un goes ar lwybr Seisnig a'r llall ar drywydd dyneiddiaeth Gyfandirol.[47]

Llyncodd traddodiad y cronicl Seisnig ddogn cryf arall o hanesyddiaeth ddyneiddiol gyda chyhoeddi *Anglica Historia* gan Polydore Vergil ym 1534.[48] Er ei fod yn Eidalwr, trigai Vergil yn Lloegr ers blynyddoedd, a thrwy gyhoeddi testun Prydain-ganolog yr oedd yn apelio'n fwriadol at chwaeth Saeson yr oes. Ond er iddo ddilyn prif ffrwd hanesyddiaeth Seisnig o ran cynnwys ei lyfr, roedd methodoleg Vergil yn arloesol: yn hytrach na dilyn ei gyfoeswyr drwy ailbobi fersiynau o'r *Polychronicon* a'r *Brut*, fe osododd Vergil ymchwil newydd yn sail i'w hanes ef.[49] Ni fyddai pawb yn mynd mor bell â William Trimble a honni i Polydore Vergil ysgrifennu ei hanes 'with the sole intention of presenting an absolutely objective study', ond gellid casglu i'r Eidalwr o leiaf gyflwyno safonau newydd i fethodoleg ysgolheigaidd.[50] Yn fuan y cyfieithwyd yr *Anglica Historia* i'r Saesneg gan sicrhau y byddai'n cyrraedd cynulleidfa ehangach. Mae'r dyfyniad canlynol yn dadlennu rhywfaint ar yr agweddau a'r safonau newydd ynghylch ymchwil ac ysgrifennu yr oedd gwaith Vergil yn eu cyflwyno i ddarllenwyr Saesneg:

> What kinde of people were the first inhabitants of Brittaine, whether thei that were bredde in the contrie or otherwise straungers, it was never yet sufficientlie knowne or determined; wherebie it commethe to passe that of longe season authors have not agreed thereof; as towching which thinge, lest I showlde ether over rashelie plighte mie trouthe in affirminge, or on the other side gette envie bie refutinge or falsifieinge, I thought good in this place to repete there sentences in order, and to laye them beefore the ieys of the reader, to the intent that all things may stande to the arbitrement of other menn (as it is requisite those thingys showlde which are incertaine), bie cause an Historie is a full rehersall and declaration of things don, not a gesse or divination.[51]

Nod ysgrifennu hanes yw cyflwyno 'a full rehearsal of things done' yn hytrach nag 'a guess or divination'. Cafodd awydd Vergil i wahaniaethu rhwng ffeithiau y gellid profi eu bod yn wir a dyfalu di-sail effaith gyrhaeddbell, a hynny'n enwedig am iddo fynd i'r afael â (ffug)hanes Sieffre o Fynwy.

Buasai testun dylanwadol Sieffre o Fynwy, *Historia Regum Britanniae*, dan lach beirniaid ganrifoedd cyn ymddangosiad gwaith Polydore Vergil, ond llwyddasai *Historia* Sieffre i ddal ei dir a'i boblogrwydd er gwaethaf ei feirniaid cynnar. Ond ymosodiad ar raddfa newydd oedd beirniadaeth Vergil, ymosodiad a fyddai'n siglo sylfaen poblogrwydd yr *Historia* unwaith ac am byth.[52] Fe ddaeth cyfnod newydd yn hanes hanesyddiaeth Prydain gyda'r olwg feirniadol a fwrid ar waith Sieffre gan yr Eidalwr.[53] Yn hytrach nag ailgylchu'r testun poblogaidd hwn fel y gwnaeth cynifer o'i ragflaenyddion a'i gyfoedion, ymosododd Vergil ar sylfeini ffeithiol Sieffre drwy archwilio ffynonellau sy'n hŷn na'r *Historia Regum Britanniae*. Yn wir, ymosodiad Vergil ar waith Sieffre yn anad dim a roddodd iddo ei enw academaidd da; oherwydd ei ddull o groesholi hanes Sieffre yn bennaf y cafodd y clod am gyflwyno rhesymeg i hanesyddiaeth Seisnig.[54] Ond wrth i haneswyr eraill – a nifer o Gymry yn eu plith – godi i amddiffyn hanes Sieffre, gwelid defnyddio dysg ddyneiddiol ar ddwy ochr y ddadl. Rhydd Arthur Ferguson y disgrifiad canlynol o'r ymgiprys dros enw da Sieffre – y 'Galfridean controversy' – a nodweddai hanesyddiaeth Ynys Prydain yng nghyfnod y Tuduriaid:

> Both sides shared the desire to rationalize, the same desire that was tending, though much more slowly, to explain the stories of classical mythology in rational terms. But whereas the defenders, especially the Welsh defenders, of the Galfridean tradition sought to make belief reasonable, critics preferred to use rational means to confirm doubts that arose almost as much out of common sense, or a sense of the ridiculous, as out of logic and hard evidence. In pursuit of these aims, both sides used, and often misused, the methods of humanist scholarship.[55]

Mae trafodaethau ar y gweithiau dyneiddiol hyn gan amlaf yn awgrymu eu bod yn bwysig ac yn ddylanwadol oherwydd iddynt gyflwyno methodoleg newydd i hanesyddiaeth Seisnig. Ond gellir edrych ar y modd y dylanwadodd y testunau hyn ar hanesyddiaeth Seisnig mewn ffordd gwbl wahanol. Gweithiau a drafodai hanes Prydain oedd *History of Richard III* Thomas More ac *Anglica Historia* Polydore Vergil fel ei gilydd, ac o'r herwydd roeddynt ill dau yn apelio at chwaeth darllenwyr Saesneg yr unfed ganrif ar bymtheg. Er eu bod o ran methodoleg yn dilyn y llwybr dyneiddiol a arloeswyd gan awduron fel Bruni, roeddynt o ran cynnwys yn perthyn i brif ffrwd y cronicl Saesneg. Felly, yn hytrach na chreu argraff ar ysgrifenwyr eraill oherwydd eu hagweddau dyneiddiol a'u methodoleg newydd, gall mai am y rheswm syml eu bod yn ymwneud â hanes Prydain yn unig y cawsant lwyddiant a dylanwad. Hynny yw, darllenid y fath hanesyddiaeth yn bennaf am ei bod yn cyflenwi'r hyn yr oedd darllenwyr Saesneg am ei gael, sef hanes Prydain, a hanes Lloegr yn fwyaf penodol. Fe ddaeth dylanwad ei methodoleg newydd ar draddodiad hanesyddiaeth Seisnig 'drwy'r drws cefn'.

Ond beth bynnag fo'r rheswm, roedd dylanwad y gweithiau newydd hyn ar hanesyddiaeth Seisnig yr unfed ganrif ar bymtheg yn arwyddocaol. Fel y casglodd Arthur Ferguson:

> Narrative history could never be the same again after [Polydore's] *Anglica Historia* which, together with More's *Richard III*, provided the inspiration and much of the content for that series of more or less innocently plagiaristic chronicles that stretch from Hall to Holinshed.[56]

Dylid priodoli dylanwad hirbarhaol hanesyddiaeth More a Vergil – dylanwad a welir yn y defnydd a wnaeth croniclwyr diweddarach yr unfed ganrif ar bymtheg o'r *Anglica Historia* a'r *History of Richard III* – yn uniongyrchol i'r lledaeniad eang a gawsant drwy gyfrwng y wasg argraffu. Mae astudiaeth o draddodiad y cronicl Seisnig yng nghyfnod y Tuduriaid o reidrwydd yn astudiaeth o'r wasg a'r farchnad lyfrau.

Ni pherthyn trafod dyfodiad y wasg i Brydain yn fanwl i'r drafodaeth hon; rhaid canolbwyntio ar y berthynas uniongyrchol rhwng y wasg a thraddodiad y cronicl. Yn y cyswllt hwn, digon yw crybwyll ffaith seml, sef bod llyfrau'n graddol ddisodli llawysgrifau yn y cyfnod dan sylw. Fel y pwysleisia Walter Ong, testun cynhyrchyddganolog (*producer-oriented*) yw llawysgrif, tra bo llyfr printiedig yn destun prynwr-ganolog (*consumer-oriented*).[57] Ac felly wrth i'r llyfr ddisodli'r llawysgrif, daeth newidiadau ysgubol i ran y cronicl.

Yn gyntaf oll, golygai dyfodiad y cronicl argraffedig y byddai llai o bobl yn ysgrifennu croniclau; gallai pobl â diddordeb mewn hanes a chroniclo brynu llyfr printiedig yn hytrach na chymryd llawer o amser i gadw cronicl neu wario llawer o arian ar gomisiynu copïydd i gynhyrchu un. Gwelir y datblygiad hwn yn glir iawn yn hanes un o brif ffrydiau'r cronicl Seisnig yn yr Oesoedd Canol diweddar, sef traddodiad 'Croniclau Llundain'. Y bymthegfed ganrif oedd oes aur y cronicl dinesig. Dyma gyfnod pan oedd masnachwyr yn fodlon gwario amser ac arian ar gasglu deunydd hanesyddol ar bapur. Ar ôl dyfodiad y wasg i Loegr, gallai masnachwr a fynnai gronicl ddilyn llwybr symlach o lawer a phrynu un gan werthwr llyfrau.[58] I bob pwrpas, felly, fe ddaeth y wasg â diwedd ar esblygiad Croniclau Llundain.

Argraffu a *gwerthu* llyfrau ar raddfa gymharol eang oedd nod yr argraffydd, sef cystadlu'n economaidd mewn marchnad a oedd yn ddwysach o ran cystadleuaeth gyfalafol na'r hen farchnad lawysgrifau ganoloesol. Mewn geiriau eraill, rhyw fath o esblygiad Darwinaidd dwys oedd ail brif effaith dyfodiad y wasg ar y cronicl Seisnig. Ac yn nhermau traddodiad y cronicl, ystyr 'survival of the fittest' oedd yn syml mai'r croniclau mwyaf poblogaidd yn unig a oroesai yn y farchnad gystadleuol. Ac wrth gwrs, y croniclau 'llwyddiannus' oedd y croniclau a apeliai fwyaf at Saeson yr unfed ganrif ar bymtheg. A'r math o gronicl a apeliai fwyaf at Saeson y cyfnod oedd testun Saesneg ei iaith yn ymwneud â hanes Lloegr yn bennaf.

Fe drosglwyddwyd, felly, y datblygiadau a nodweddai hanesyddiaeth yr Oesoedd Canol diweddar i baramedrau marchnad lyfrau cyfnod y Tuduriaid. Er cyhoeddi'r *Polychronicon* a chroniclau cynhwysfawr eraill drwy gydol y ganrif, nid oeddynt mor boblogaidd â thestunau Lloegr-ganolog. Gellir profi'r honiad hwn yn hawdd drwy fwrw golwg dros y llyfrau a argraffwyd – ac a ailagraffwyd – yn y cyfnod. Ac mae arolwg o'r fath yn gymharol hawdd, diolch i'r *Short-Title Catalogue of Books Printed in England, Scotland and Ireland and of English Books Printed Abroad 1475 – 1640*.[59] Fel y nododd William Trimble, mae'r *Catalogue* yn cofnodi 93 o deitlau a ddisgrifir fel llyfrau *history*, ac un argraffiad yn unig a gafodd 26 o'r llyfrau hanes hyn tra bo 67 wedi ymddangos mewn mwy nag un argraffiad.[60] A thrwy graffu ymhellach ar deitlau'r llyfrau a argraffwyd fwy nag unwaith, gwelwn mai croniclau Lloegr-ganolog, ac nid hanes cyffredinol y byd, ydynt. Er enghraifft, argraffwyd y *Chronicles of England* gan Robert Fabyan bedair gwaith – ym 1516, ym 1533 a dwywaith ym 1544.[61] Yn yr un modd, cyhoeddwyd y *Chronycles of Englonde* gan awdur anhysbys ym 1515, ym 1542, ym 1543 ac ym 1544. A daeth penllanw llwyddiant croniclau Lloegr-ganolog y cyfnod gydag argraffiadau niferus clasur Raphael Holinshed, sef *Chronicles of Englond, Scotland, and Ireland*.[62]

Fe ddengys gyrfa yr argraffydd Richard Grafton natur y farchnad groniclau yn glir iawn. Fe lwyddodd Grafton yn y farchnad yn rhyfeddol wrth gyhoeddi cronicl Edward Hall (sef cronicl cyfyngedig ei ffocws sy'n ymwneud â hanes diweddar Lloegr yn unig), ond methodd yn yr un farchnad gyda'i hanes cyffredinol ef ei hun, y *Chronicle at Large* a gyhoeddwyd ym 1569.[63] Er i synnwyr busnes Grafton fethu wrth gyhoeddi'r cronicl cynhwysfawr hwn, roedd ei fusnes argraffu yn llwyddiannus iawn ar y cyfan, a hynny am fod ei yrfa'n frith gan groniclau Lloegr-ganolog, gan gynnwys dau argraffiad o gronicl Edward Hall (1548 a 1550), *An Abridgement of the Chronicles of England* (1562), *A Manuel of the Chronicles of England* (1565), a'r *Chronicle of Breteyn* (1568).[64]

Drwy graffu ymhellach ar gronicl aflwyddiannus Grafton y daw union natur caethder y farchnad yn gliriach fyth. Teitl llawn y cronicl a gyhoeddodd ym 1569 oedd *A Chronicle at Large and Meere History of the Affayres of Englande And Kinges of the Same Deduced from the Creation of the Worlde vnto the First Habitation of thys Islande*.[65] Yn ei lythyr cyflwyniadol i Syr William Cecil y mae'r argraffydd yn cydnabod poblogrwydd croniclau sy'n trafod hanes Lloegr yn bennaf:

> Dovbtless, your Honor and other maye maruayle, or paraduenture mislyke, that after so many books alreadie set forth, bearing the names and tytles of Chronicles of Englande, I should accomber the Readers superfluouslye wyth one mo of the same matter.[66]

Y mae Grafton yn cydnabod ymhellach nad yw darllenwyr Saesneg â llawer o ddiddordeb yn hanes gwledydd eraill gan feirniadu croniclwyr eraill 'who haue intermyngled the affaires of other forreyne Nations with the matters of Englande'.[67]

Fe ddengys Richard Grafton yma ei fod yn ymwybodol o gyflwr y farchnad lyfrau a'i fod yn gwybod mai croniclau sy'n trafod hanes Lloegr yw'r rhai mwyaf poblogaidd. Yn wir, dengys ei fod yn gwybod hyn oll o leiaf deirgwaith ar ddechrau'r cronicl hwn, unwaith yn ei deitl a dwywaith yn y 'dedication'. Eto, gwna hyn er mwyn ymddiheuro am geisio ailgyflwyno math o gronicl sy'n cynnwys dogn o hanes cyffredinol i brif ffrwd hanesyddiaeth Seisnig y cyfnod. Ac mae ail hanner ei deitl yn bradychu'r agenda addysgol hon – 'From the Creation of the World unto the First Habitation of this Island'. Mae'r modd y mae'n cyflwyno ei gronicl yn dangos y gŵyr ef yn iawn ei fod yn gamblo yn erbyn tueddiadau'r farchnad, ac felly ni

Cynrychioli'r Genedl Seisnig   41

ddylid meddwl iddo synnu'n fawr pan fethodd y fenter. Er gwaethaf yr honiadau a geir yn y 'dedication' a'r sôn am Loegr a geir yn y teitl, roedd y *Chronicle at Large* yn rhy *large*, yn rhy eang ei sgôp. Cynhwysai ormod o drafodaeth ar y cyfnod cyn i'r Saeson ddod i Ynys Prydain, ac felly nid oedd at ddant Saeson yr oes. Fe fethodd yn y farchnad lyfrau Saesneg o'r herwydd.

Mae hyn oll yn dangos bod dyfodiad y wasg argraffu i Loegr wedi cadarnhau a dwysáu datblygiadau a oedd eisoes wedi digwydd. Seciwlareiddiwyd prif ffrwd hanesyddiaeth Seisnig yn yr Oesoedd Canol diweddar. Fe ymadawodd y cronicl â'r byd mynachaidd i ymgartrefu mewn cylchoedd lleyg, ac felly hefyd daeth newid ffocws o ran ei gynnwys wrth i'r hanes cyffredinol cynhwysfawr a adlewyrchai fyd-olwg rhyngwladol Cristnogol yr Eglwys Gatholig ildio i hanes cyfyngedig yn ymwneud â Lloegr yn bennaf. Ac wrth iddo gael ei feddiannu gan leygwyr Seisnig, newidiodd prif iaith y cronicl gydag iaith y deyrnas, Saesneg, yn disodli Lladin rhyngwladol yr Eglwys. Dechreuodd y prosesau hyn cyn dyfodiad print i lannau Prydain, ond fe'u cwblhawyd hwy gan y wasg argraffu ac esblygiad economaidd y farchnad lyfrau a ddaeth ar sodlau'r wasg.

Yn ogystal, symudwyd y cronicl oddi wrth ddylanwad systemau nawdd yr Oesoedd Canol wrth iddo fynd yn gaeth i farchnad lyfrau a diwylliant y prynwr (*consumer society*) newydd. Ysgrifennai Ranulf Higden yn bennaf er mwyn ei gymuned fynachaidd. Ysgrifennai'r dyn a gyfieithodd y *Polychronicon* i'r Saesneg, John Trevisia, er mwyn plesio noddwr aristocrataidd.[68] Ond er i lyfrau yn oes y Tuduriaid gael eu cyflwyno'n aml i bwysigion y deyrnas, roedd y darllenwyr *de facto* yr argraffwyd croniclau Saesneg ar eu cyfer yn cynnwys mwy o lawer o boblogaeth y wlad nag ambell aristocrat. Roedd confensiynau'r *genre*, y ffurf lenyddol, yn ddarostyngedig i'r farchnad lyfrau: llwyddo oedd bwriad pob argraffydd; ystyr llwyddo oedd gwerthu nifer fawr o lyfrau; ac er mwyn gwerthu llyfrau yr oedd yn rhaid plesio nifer gynyddol o ddarllenwyr Saesneg.

Ac erbyn tua chanol yr unfed ganrif ar bymtheg yr oedd argraffwyr yn llwyddo drwy argraffu croniclau yn Saesneg a drafodai hanes Lloegr. Roedd pobl Lloegr yn gynyddol ymwybodol o'u hunaniaeth genedlaethol, ac roedd y math o hanesyddiaeth a apeliai atynt – hanesyddiaeth a ganolai ar hanes Lloegr – yn adlewyrchu hinsawdd gymdeithasol-wleidyddol y cyfnod. Llinyn go amlwg mewn gwead o ddisgyrsiau gwlatgarol oedd y cronicl Lloegr-ganolog. 'Cof cenedl yw ei hanes,' meddai J. R. Jones.[69] Roedd argraffwyr Seisnig y cyfnod yn cynhyrchu croniclau a gyflwynai fersiynau o gof cenedl y Saeson a oedd yn hybu eu hunaniaeth genedlaethol. Roedd traddodiad y cronicl Seisnig felly'n chwarae rhan bwysig yn natblygiad cenedlaetholdeb Seisnig. Mae'r hanesydd Liah Greenfeld wedi mynd mor bell â honni mai Lloegr yng nghyfnod y Tuduriaid oedd man geni y ffenomen fodern honno, 'cenedlaetholdeb'.[70] Rhydd Greenfeld y disgrifiad canlynol o'r datblygiad hwnnw yn ei llyfr *Nationalism*:

The new – Henrician – aristocracy differed from the one it replaced both in terms of its functional basis and in terms of the social profile of its members. It was predominantly an official elite. The massive creation of peers among deserving royal servants did not commence until 1530. At this time, however, it coincided with the elimination of clergy from key positions in the administration, which made the Crown dependent on the services of university-trained laymen . . . The redefinition of nobility in the literature as a status based on merit, and not on birth, was a simple acknowledgment of this change, the transfer of authority from one elite to another, which was virtually happening before one's eyes. A fundamental transformation of this kind, however, required a rationalization and a justification which were not to be found in the acknowledgment. *It is at this juncture, I believe, that nationalism was born.* The idea of the nation – of the people as an elite – appealed to the new aristocracy, and the slowness with which the Crown before 1529 confirmed its status by the granting of titles contributed to this appeal.[71]

Noder bod yr 'aristocrasi newydd' a ddisgrifir gan Greenfeld yn ddosbarth ag iddo rychwant cymdeithasol ehangach na'r aristocrasi ganoloesol. Noder ymhellach fod y dosbarth cymdeithasol newydd hwn yn elwa ar y broses o seciwlareiddio Prydain. Hynny yw, roedd yr union ddatblygiadau a ffurfiai draddodiad cronicl Seisnig yr unfed ganrif ar bymtheg ynghlwm wrth y prosesau a ffurfiai gymdeithas Prydain yng nghyfnod y Tuduriaid. A nodweddid y gymdeithas newydd honno gan fath newydd o genedlaetholdeb.

Roedd i awduron Saesneg swyddogaeth ganolog wrth fagu egin y cenedlaetholdeb hwn. Gwêl Richard Helgerson arwyddocâd neilltuol yn apêl y bardd Edmund Spenser am 'a kingdom of our own language', gan awgrymu bod *literati* Saesneg yr oes wedi ymdrechu'n fwriadol 'to articulate a national community whose existence and eminence would then justify their desire to become its literary spokesmen'.[72] Roedd y bardd Saesneg felly'n ieuo'i uchelgeisiau llenyddol â deisyfiad am orseddu hunaniaeth genedlaethol Seisnig newydd. Yn yr un modd, roedd croniclau cyfoes yn cynnig gwedd destunol-ieithyddol ar genedlaetholdeb Seisnig y cyfnod. Ni ellir didoli traddodiad llenyddol a'r gymdeithas yr oedd yn rhan ohoni; ni ellir didoli testun a chyd-destun. O gofio'r drafodaeth uchod ar ddatblygiad y cronicl Lloegr-ganolog, nid yw'n syndod fod Helgerson yn gweld y cronicl Saesneg yn anad pob *genre* arall fel ffurf lenyddol sy'n mynegi hunaniaeth Seisnig y cyfnod:

> The discursive forms of nationhood and the nation's political forms were mutually self-constituting. Each made the other. Something of this reciprocal process can be seen in the sixteenth-century development of chronicle history. Chronicle was the Ur-genre of national self-representation. More than any other discursive form, chronicle gave Tudor Englishmen a sense of their national identity.[73]

Fel y gwelsom yn barod, fe ddaeth y cronicl Seisnig yn fwyfwy Seisnigaidd, yn fwyfwy Lloegr-ganolog. A gellir cyplysu'r datblygiad hwn â datblygiad y wladwriaeth Duduraidd ganolog, fel y dywed Helgerson: 'Chronicle history got more sharply focused because the state was more sharply focused.'[74] Y mae'r ffaith seml fod croniclau â'r geiriau 'England' a 'Britain' yn eu teitlau yn gwerthu'n well yn brawf digonol o hyn. Er mwyn gwerthu'r croniclau hyn, tasg yr argraffydd fel dyn busnes oedd tynnu sylw'r prynwyr at gynnwys eu croniclau Lloegr-ganolog.

Dyma, felly, amlygu'r cysylltiad rhwng datblygiad y gyfundrefn gyfalafol newydd (gwerthu a phrynu, gwerthwyr a phrynwyr), datblygiad y gyfundrefn wleidyddol, twf cenedlaetholdeb Seisnig, ac esblygiad traddodiad y cronicl. Gellid hefyd ychwanegu twf y dosbarth-canol Seisnig newydd. Yn ôl Louis Wright, roedd croniclau Saesneg yr oes yn ymgorffori'r rhinweddau yr oedd y dosbarth-canol newydd yn Lloegr yn eu coleddu:

> History is joyfully hailed by the bourgeois reader as an open sesame to learning and culture, a teacher of virtue and patriotism, an encourager to success, and a help in time of conversational need. The inherent virtues of historical literature are a convention of Renaissance literature ... In no social group was history more highly regarded than among the sturdy middle class of the English Renaissance.[75]

Gan ddychwelyd eto at yrfa yr argraffydd Richard Grafton, gwelir gwedd drawiadol ar y cenedlaetholdeb testunol hwn yn yr argraffiad o *The Chronicle of John Hardyng* a gyhoeddwyd ganddo ym 1543. Cronicl Lloegr-ganolog ydyw, ond ni ddywedir hyn yn blwmp ac yn blaen yn ei deitl. Yn hytrach, mae Grafton yn hysbysu ei ddarllenwyr mewn rhagair fod y llyfr yn ymdrin â hanes Lloegr:

> Chronicles therefore, I can highly commende
> And emong others, this autor John Hardyng
> Who with all his power, to this poinct did conte[n]d
> To the uttermost extent of his learnyng
> That Englishe men might haue understandyng
> Of all affaires, touchyng their owne countree
> Euen to his daies, from old antiquitee.[76]

Mae Grafton yn cymeradwyo croniclwyr fel Hardyng a ysgrifennai er mwyn porthi cenedlaetholdeb eu cyd-Saeson, '[so] that Englishmen might have understanding . . . of all affairs touching their own country'. Roedd darllenwyr, awduron ac argraffwyr fel ei gilydd yn disgwyl i groniclau ymdrin â naratifau a fyddai'n cadarnhau eu hymdeimlad o hunaniaeth genedlaethol. Yng ngeiriau Richard Helgerson, 'chronicle was the Ur-genre of national self-representation'. Drwy ddarllen hanes Lloegr yn Saesneg roedd Saeson yn cyfranogi o lenyddiaeth gymunedol a oedd yn ategu eu hymdeimlad llenyddol o gymuned genedlaethol.

Cyflwynodd Grafton ei argraffiad o gronicl Hardyng i'r Arglwydd Thomas, Dug Norfolk, a oedd newydd ddychwelyd ar ôl ymladd yn erbyn yr Albanwyr ar ran Harri VIII. Dywed Grafton fod Hardyng yntau wedi ymladd yn erbyn yr Albanwyr dros frenin Lloegr gan awgrymu bod y cronicl ei hun yn cynnwys neges ynghylch hawliau brenin Lloegr ar diroedd yr Alban:

> Lorde Thomas of Norffolke duke moste gracious
> Of noble auncestrie and blood disceneded
> A captain right woorthie and auenturous
> And fro[m] Scotlande euen newly retended
> Where Englandes querell ye haue reuenged
> In the behalfe of our noble Kyng Henrye
> I wishe you all health, honour, and victory.
>
> And because it hath pleased almightie God
> In the right title and querele of Englande

Cynrychioli'r Genedl Seisnig 45

> To use your stroke as an iron rod
> Wherewith to scourge the falsehood of Scotlande
> In whom is no truthe ne holde of any bande
> Jhon Hardynges chronicle, as me thought was
> Moste mete to bee dedicated, to your grace.
>
> For hardyng a true herted Englische man
> An esquier valiaunt hardie and bolde
> And not unlearned, as the tyme was than
> Serched out of chronicles, bothe late an olde
> All that euer by the same hath bee tolde
> How fro[m] the beginnyng, Scotlande dooth reigne
> Under Kynges of Englande, as their Souereigne
>
> And Hardynges owne self, hath the partie bee
> That from Scotlande, oft tymes hath brought
> Their seales of homage and feaultee
> Unto the Kyng of Englande, as he ought
> Unto whom the Scottes then sued and faught
> Yeldyng to liue in humble subieccion
> Of Englandes gouernaunce and proteccion.⁷⁷

Mae cyflwyniad yr argraffydd yn awgrymu bod traddodiad y cronicl Seisnig yn gyfrwng sy'n trosglwyddo dull achyddol o drafod a chynnal hunaniaeth genedlaethol Seisnig. Dywed fod cyfres o groniclau Seisnig yn gwarantu hawliau a chyfansoddiad y genedl, a hynny'n bennaf drwy gyfeirio at brif gynrychiolydd y genedl, y brenin. Dywed yr argraffydd, Grafton, fod awdur y cronicl, Hardyng, wedi chwilio hen groniclau yn ogystal â chroniclau newydd i brofi bod brenhinoedd Lloegr wedi teyrnasu dros yr Alban erioed ('hath bee tolde How . . . Scotlande dooth reigne under Kynges of Englande as their Souereigne'). Mae Grafton yn cymeradwyo cronicl Hardyng i Ddug Norfolk ac i ddarllenwyr Saesneg cyfoes yng nghyd-destun y rhyfel diweddar rhwng Harri VIII a'r Albanwyr. Hynny yw, mae'n gwneud yn union yr hyn y mae'n ei honni i Hardyng ei wneud ganrif ynghynt; mae'n defnyddio hen gronicl er mwyn cyfiawnhau 'hawliau' brenin Lloegr a chadarnhau unbennaeth Lloegr dros ei chymdogion.

Yn anad pob un traddodiad llenyddol arall, y cronicl oedd y ffurf a gynigiai bortreadau testunol o hunaniaeth genedlaethol Lloegr. Ond fel y gwelir yn rhagymadrodd Grafton i gronicl Hardyng, nid cynnig gwedd destunol ar genedlaetholdeb Seisnig yn unig a wnaeth y croniclau hyn. Gall hanesyddiaeth hefyd gynnig parhad testunol o ymgyrchoedd milwrol i ymestyn grym a chyfoeth teyrnas Lloegr. Nid hunangynrychiolaeth, 'self-representation', yn unig a gynigiai'r croniclau hyn i Saeson y cyfnod. Rhôi'r croniclau hyn hefyd wedd destunol ar genedlaetholdeb ymosodol, parhad llenyddol o'r ymdrechion gwleidyddol a milwrol i ymestyn a chyfoethogi'r genedl Seisnig. Cydgerddai traddodiad y cronicl Saesneg â thwf cenedlaetholdeb Seisnig. Yn wir, dwy ran o'r un broses oedd y ddau beth.[78]

Nodiadau

[1] Arthur Ferguson, *Clio Unbound* (Durham, 1979), 6.
[2] F. J. Levy, *Tudor Historical Thought* (San Marino, 1967), 167.
[3] Ernst Breisach, *Historiography Ancient, Medieval and Modern* (Chicago a Llundain, 1983), 144–5.
[4] John Taylor, *The Universal Chronicle of Ranulf Higden* (Rhydychen, 1966), 1–16.
[5] Ibid., 16–17.
[6] Ibid., 33–49.
[7] Breisach, *Historiography*, 148; Ferguson, *Clio Unbound*, 7–8.
[8] Taylor, *The Universal Chronicle of Ranulf Higden*, 17 a 33.
[9] Breisach, *Historiography*, 81–2; Taylor, *The Universal Chronicle of Ranulf Higden*, 34.
[10] Breisach, *Historiography*, 81–2; Taylor, *The Universal Chronicle of Ranulf Higden*, 34.
[11] Breisach, *Historiography*, 84–8; Taylor, *The Universal Chronicle of Ranulf Higden*, 35.
[12] Taylor, ibid., 35–6.
[13] Isidori Hispalensis Episcopi, *Etymologiarum Sive Originum*, gol., W. M. Lindsay (Rhydychen, 1911).
[14] Taylor, *The Universal Chronicle of Ranulf Higden*, 39.
[15] Gw., Peter Brown, 'Higden's Britain', yn Alfred P. Smyth (gol.), *Medieval Europeans: Studies in Ethnic Identity and National Perspectives in Medieval Europe* (Llundain ac Efrog Newydd, 1998).
[16] Taylor, *The Universal Chronicle of Ranulf Higden*, 47–8; A. J. Minnis, *Medieval Theory of Authorship* (Caerwrangon, 1984), 10.
[17] Minnis, ibid.
[18] Ibid., 193; Churchill Babington (gol.), *Polychronicon Ranulphi Higden Monachi Cestrensis* (Llundain, 1865), 20.
[19] Taylor, *The Universal Chronicle of Ranulf Higden*, 48.
[20] Breisach, *Historiography*, 86–8.
[21] Taylor, *The Universal Chronicle of Ranulf Higden*, 49.
[22] Babington (gol.), *Polychronican*, 6–7.
[23] Ibid.
[24] Taylor, *The Universal Chronicle of Ranulf Higden*, 16.

[25] Ibid., 1.
[26] Mae hanes y *Brut* yn dra chymhleth; mae llawer o wahanol destunau yn dwyn y teitl hwn ac mae'n anodd olrhain y cysylltiadau rhyngddynt yn aml. Cyfieithodd Wace ran o waith Sieffre o Fynwy, *Historia Regum Britanniae*, i Ffrangeg Normanaidd tua chanol y ddeuddegfed ganrif. Cyfieithodd Laȝamon yntau destun Wace i'r Saesneg tua diwedd y ganrif. Rhoddwyd yr un teitl ar nifer o groniclau Saesneg diweddarach – yn ganlyniad, mae'n debyg, i boblogrwydd *Brut* Laȝamon. Priodolir un testun cynnar pwysig i William Packington, trysorydd i'r Tywysog Du. Gw., Taylor, *The Universal Chronicle of Ranulf Higden*, 13–16; Francoise H. M. Le Saux, *Lazamon's Brut: the Poem and its Sources* (Caergrawnt, 1989), 26.
[27] Cafwyd llawer ymdrech i ymestyn y testun, ac mae gwahanol lawysgrifau yn gorffen gyda blynyddoedd gwahanol o'r herwydd. Mae nifer o'r fersiynau sydd wedi goroesi yn gorffen gyda'r flwyddyn 1333. Gw., Taylor, *The Universal Chronicle of Ranulf Higden*, 13–16.
[28] Taylor, ibid., 15.
[29] Ibid.
[30] Levy, *Tudor Historical Thought*, 10.
[31] Taylor, *The Universal Chronicle of Ranulf Higden*, 30.
[32] Charles Lethbridge Kingsford (gol.), *Chronicles of London* (Rhydychen, 1905).
[33] Am enghreifftiau nodweddiadol, gw., James Gairdner (gol.), *Three Fifteenth-Century Chronicles* (Llundain, 1880).
[34] Levy, *Tudor Historical Thought*, 10.
[35] H. S. Bennett, *Chaucer and the Fifteenth Century* (Rhydychen, 1947), 122.
[36] Kingsford, *Chronicles of London*, 7.
[37] Janel Mueller, *The Native Tongue and the Word* (Chicago, 1984), 7–8.
[38] Ibid., 9.
[39] Gw., Derek Pearsall, 'Hoccleve's *Regement of Princes*: The Poetics of Royal Self-Representation', *Speculum*, 69 (1994), 386–410.
[40] Ibid., 397.
[41] Charles Lethbridge Kingsford, *English Historical Literature in the Fifteenth Century* (Rhydychen, 1913), 113; Levy, *Tudor Historical Thought*, 10.
[42] Leonardo Bruni, *Historiae Florentini populi* (Fflorens, 1492).
[43] Gw., A. J. Woodman, *Rhetoric in Classical Historiography* (Llundain a Sydney, 1988); Breisach, *Historiography*, 155.
[44] Ibid.
[45] Richard Sylvester (gol.), *The History of King Richard III* (New Haven, 1976), xi.
[46] Breisach, *Historiography*, 165–6.
[47] Sylvester, *The History of King Richard III*, xi.
[48] Denys Hay, *Polydore Vergil: Renaissance Historian and Man of Letters* (Rhydychen, 1952), 79. Yn ôl Hay, gellir dyddio'r llawysgrif i'r cyfnod 1512–13; cyhoeddwyd y llyfr am y tro cyntaf yn Basle ym 1534.
[49] Dywed Polydore Vergil ei hun ei fod wedi treulio chwe blynedd yn darllen croniclau a llyfrau hanes yn Saesneg ac mewn ieithoedd eraill. Ar gyfer hanes diweddar Prydain, seiliodd ei waith ar gyfweliadau â 'hen bobl' yn ogystal ag ar yr hyn a welodd ef â'i lygaid ei hun ar ôl dod i Loegr ym 1501. Gw., Levy, *Tudor Historical Thought*, 55–6.

[50] William Raleigh Trimble, 'Early Tudor Historiography 1485-1548', *Journal of the History of Ideas*, 11 (1950), 35.
[51] Henry Ellis (gol.), *Anglica Historia: An Early English Translation* (adargraffiad: Efrog Newydd, 1968), 26.
[52] Ymosodwyd ai waith Sieffre mor gynnar â'r ddeuddegfed ganrif. Awgrymodd Gerallt Gymro mai celwydd oedd ei 'hanes'; gw., Lewis Thorpe, trans., *Gerald of Wales: The Journey Through Wales and the Description of Wales* (Efrog Newydd, 1978), 117–18. Er nad yw mor adnabyddus â Gerallt Gymro heddiw, bu ymateb beirniadol William o Newborough i waith Sieffre yn ddylanwadol yn yr Oesoedd Canol. Gw., Hans Claude Hamilton (gol.), *Historia Rerum Anglicarum* (Llundain, 1856), Cyf. 7, vii a 4.
[53] Levy, *Tudor Historical Thought*, 57.
[54] Ibid., 58. Fe esgorodd ymosodiadau Polydore Vergil ar ymdrechion i amddiffyn Sieffre. Er enghraifft, cyhoeddwyd traethawd yn amddiffyn 'hanes' Arthuraidd Sieffre gan John Leland ym 1544, *Assertio inclytissimi Arturij Regis Britanniae*.
[55] Arthur Ferguson, *Utter Antiquity: Perceptions of Prehistory in Renaissance England* (Durham a Llundain, 1993), 91.
[56] Ferguson, *Clio Unbound*, 7.
[57] Walter Ong, *Orality and Literacy* (Llundain ac Efrog Newydd, 1991), 122.
[58] Levy, *Tudor Historical Thought*, 21.
[59] A. W. Pollard, G. R. Redgrave *et al* (goln.), *Short-Title Catalogue of Books Printed in England, Scotland and Ireland and of English Books Printed Abroad 1475–1640* (Llundain, 1926, 1956 a 1986). Gwnaethpwyd yr un math o arolwg gan William Raleigh Trimble, 'Early Tudor Historiography, 1485-1548', 30–41.
[60] Trimble, ibid., 30–1.
[61] Pollard a Redgrave, *Short-Title Catalogue*, 232–3. Roedd gan waith Fabyan deitl arall hefyd, sef *The Concordance of Histories*, ac mae'n debyg iddo gael ei gyhoeddi eto nifer o weithiau o dan y teitl hwn. Gw., Henry Ellis (gol.), *Fabyan's Chronicle* (Llundain, 1811).
[62] Breisach, *Historiography*, 174.
[63] Pollard a Redgrave, *Short-Title Catalogue*, 167–8; Breisach, *Historiography*, 173–4.
[64] Pollard a Redgrave, *Short-Title Catalogue*, 267–8.
[65] Ibid., 167.
[66] Ibid., vii.
[67] Ibid., vii-viii.
[68] Taylor, *The Universal Chronicle of Ranulf Higden*, 136.
[69] J. R. Jones, *Gwaedd yng Nghymru* (Llansawel, 1970).
[70] Fel gwrthbwynt i awgrym Greenfeld, dylid ystyried dadl R. M. Jones dros leoli dechreuad cenedlaetholdeb Cymreig yn yr Oesoedd Canol cynnar; *Ysbryd y Cwlwm: Y Ddelwedd o'r Genedl yn ein Llenyddiaeth* (Caerdydd, 1998). Gw., hefyd J. E. Caerwyn Williams, 'Cenedlaetholdeb yng Nghymru'r Oesoedd Canol', yn *Cof Cenedl* 8 (Llandysul, 1993).
[71] Liah Greenfeld, *Nationalism* (Cambridge, Massachusetts, 1992), 47.
[72] Richard Helgerson, *Forms of Nationhood: The Elizabethan Writing of England* (Chicago a Llundain, 1992), 1. Dylid nodi nad yw'r ffenomen hon yn

dechrau'n gyfan gwbl gyda chyfnod y Tuduriaid. Dywed Derek Pearsall fod Hoccleve yn gynnar yn y bymthegfed ganrif yn cyfeirio at Chaucer a'i waith fel 'a national poet and a national literature'. Pearsall, 'Hoccleve's Regement of Princes', 400.

[73] Helgerson, Forms of Nationhood, 11.
[74] Ibid., 12.
[75] Louis B. Wright, 'The Elizabethan Middle-Class Taste for History', The Journal of Modern History 3 (1931), 175.
[76] Argraffiad Richard Grafton o The Chronicle of Jhon Hardyng (Llundain, 1543), 6r–7v. Hoffwn ddiolch i geidwaid Llyfrgell Houghton, Prifysgol Harvard, am adael imi ddefnyddio copi prin o'r argraffiad gwreiddiol hwn.
[77] Ibid., 2r–2v.
[78] Cymharer y drafodaeth ar genedlaetholdeb Seisnig a geir yn R. M. Jones, Ysbryd y Cwlwm, yn enwedig 163–4.

3

Difyrrwch y Bobl, Soffestri'r Bobl Seisnig: John Rastell ac Elis Gruffydd

Mae cronicl Elis Gruffydd – ond odid y testun naratifol hwyaf yn yr iaith Gymraeg – yn trafod miloedd o flynyddoedd o hanes y byd. Wrth gyfansoddi'r testun hirfaith hwn fe ddefnyddiodd Elis Gruffydd amrywiaeth eang o ffynonellau, gan ddefnyddio traddodiadau llafar Cymru a Lloegr, llyfrau a llawysgrifau Cymraeg, Saesneg – ac o bosibl – Ffrangeg a Lladin. Ond mae'n debyg mai croniclau Saesneg oedd y ffynonellau a ddylanwadodd fwyaf arno. Fel yr awgrymwyd yn y bennod gyntaf, gellir edrych ar y cronicl hwn fel ymdrech i fewnforio teithi traddodiad y cronicl Saesneg i'r traddodiad llenyddol Cymraeg.

Er ysgrifennu hanes cyffredinol yn null y *sex aetates mundi*, roedd Elis Gruffydd hefyd yn gweithio dan ddylanwad croniclau Lloegrganolog y dydd. Dewisodd ysgrifennu math o gronicl cynhwysfawr canoloesol nad oedd yn boblogaidd iawn yn Lloegr bellach, ond cynhwysodd loffion croniclau Lloegr-ganolog cyfoes oddi mewn i'r patrwm cynhwysfawr hwnnw. Yn wir, gellir awgrymu bod *naws* y croniclau hyn wedi dylanwadu ar y testun Cymraeg. Dyma ddisgrifiad Elis Gruffydd ei hun o ddechreuad ei waith fel croniclwr:

> Ac ynn ol J mi breseddu ynghalais, myui a ddechreuais nodi kwrs y byd ac ynn vnwedig tyrnas loegyr, brenin yr honn a oedd yn parhau ynni gariad vyth hryngtho ef a nann bwlen, yr hon a oedd yn llidiog jawn wrth y kardnnal o loeger.[1]

Dywed ei fod wedi 'nodi cwrs y byd *ac yn enwedig [cwrs] teyrnas Loegr*'. Fe ymddengys y frawddeg hon yn adran olaf y gwaith, sef y rhan

John Rastell ac Elis Gruffydd   51

sy'n cynnwys llawer o hanes cyfoes Calais a Lloegr.[2] Y mae darnau maith – cannoedd o ddalennau – yn ail hanner y testun yn ymffurfio yn rhywbeth y gellid ei alw'n 'gronicl teyrnas Loegr'.[3] Croniclodd y Cymro hanes teyrnas Loegr gan elwa'n fawr ar groniclau'r deyrnas honno. Fe geir drwy gydol y cronicl liaws o gyfeiriadau megis 'neithyr etto j mai y kronick Seissnig ynn dangos', 'ynn ol y kronick Seisnig', a 'medd y Kronickyl Seissnick'.[4] Cyfeiria'r croniclwr ar adegau'n fwy penodol at rai o'i ffynonellau, gan enwi awduron cyfoes megis Edward Hall a John Rastell. Wrth ddarllen y cronicl Cymraeg, fe ddaw'n gynyddol amlwg fod yr hanes a gyflwynai Elis Gruffydd i ddarllenwyr Cymraeg yn dibynnu i raddau helaeth ar y testunau Saesneg hyn.

Wrth drafod gwybodaeth a oedd o'r pwys mwyaf i'r modd yr oedd Cymry'r oes yn synio am eu hanes hwy eu hunain – ac felly'n synio am eu hunaniaeth hwy eu hunain – roedd y croniclwr Cymraeg yn mynd i'r afael â golwg croniclwyr Saesneg ar yr hanes hwnnw. Mae trafodaethau Elis Gruffydd ar hanes cynnar Ynys Brydain, hanes y rhyfeloedd canoloesol rhwng Cymru a Lloegr, hanes Rhyfeloedd y Rhos a hanes diweddar yr unfed ganrif ar bymtheg yn tynnu'n helaeth ar wybodaeth a gafodd mewn croniclau Saesneg. Diben y bennod hon yw archwilio'r modd yr oedd Elis Gruffydd felly'n canoli ac yn cyfryngu rhwng y testunau Saesneg hyn a'i ddarllenwyr Cymraeg.

Fel yr awgrymwyd yn y bennod ddiwethaf, nid yn unig roedd traddodiad y cronicl Saesneg yn cydgerdded â thwf cenedlaetholdeb Seisnig; yr oedd y ddau beth yn weddau gwahanol ar yr un broses. Mae testun a chyd-destun yn effeithio ar ei gilydd mewn perthynas â'i gilydd.[5] Mae'r gwaith llenyddol yn rhan o blethwaith ideolegol ei gyfnod; mae'n cynnwys disgyrsiau sydd yn adlewyrchu ideolegau'r cyfnod neu'n ymateb iddynt.[6]

Beth, felly, oedd ymateb croniclwr o Gymro i ddisgyrsiau ideolegol ei ffynonellau Seisnig? Beth oedd strategaeth awdur(dod)ol Elis Gruffydd wrth drosi testunau a berthyn i gyd-destun (cymdeithasol, gwleidyddol, economaidd, ieithyddol) Seisnig i gyd-destun(au) Cymreig cyfoes? Fe edrychir ar y cwestiynau hyn drwy drafod defnydd Elis Gruffydd o un cronicl Saesneg cyfoes, sef *Pastyme of the People* gan John Rastell.[7] O graffu'n fanwl ar ddarnau o'r cronicl Cymraeg sydd wedi eu seilio ar y cronicl Saesneg hwn fe geir cyfle i edrych ar swyddogaeth Elis Gruffydd fel canolwr diwylliannol, fel awdur sydd yn cyfieithu o'r naill iaith i'r llall tra'n cyfieithu hefyd o'r naill gyd-destun i gyd-destun cymdeithasol arall.

Mae dadansoddi'r berthynas rhwng cronicl Elis Gruffydd a chronicl Rastell felly'n faen prawf a eill ddadlennu cryn dipyn ar weithgareddau awdur(dod)ol Elis Gruffydd. Byddai astudio ei ddefnydd o nifer o destunau eraill hefyd yn dwyn ffrwyth, ond gan fod cwmpas yr astudiaeth bresennol yn gyfyngedig, barnwyd mai gwell fuasai edrych ar ei ymateb i destun Rastell yn unig yma, a hynny am sawl rheswm. Yn gyntaf, *Pastyme of the People* oedd un o'r croniclau Saesneg a ddylanwadodd fwyaf ar Elis Gruffydd. Yn wir, o'r holl ffynonellau ysgrifenedig a ddefnyddiwyd ganddo wrth gyfansoddi'i gronicl, mae'n bosibl mai *Pastyme of the People* oedd yr un y glynodd ati agosaf, gan gyfieithu talpiau swmpus ohoni bron air am air. Mae'n cyfeirio at y cronicl wrth ei deitl – gan ei gyfieithu yn 'Ddifyrrwch y Bobl' – ac mae hefyd yn cyfeirio at Rastell wrth ei enw. Fe ddefnyddiodd gronicl Rastell wrth ysgrifennu hanes cynnar Prydain ac fe elwodd ar y *Pastyme* wrth drafod hanes yr Oesoedd Canol diweddar a chyfnod y Tuduriaid.

Mae dylanwad *Pastyme of the People*, felly, i'w weld yn drwm ar rannau helaeth o gronicl Elis Gruffydd. Gellir yn aml weld cysgod naratif Rastell ar ryddiaith y Cymro. Dyna'r rheswm cyntaf dros ganolbwyntio ar ei ddefnydd o'r ffynhonnell hon. Yn ail, cyhoeddodd Rastell ei gronicl ym 1529, sef tair neu bedair o flynyddoedd yn unig cyn i Elis Gruffydd ddechrau ar ei gronicl Cymraeg.[8] Felly wrth ddefnyddio'r *Pastyme* yr oedd yn defnyddio ffynhonnell Saesneg a oedd yn gyfoes iawn. Drwy edrych ar ei ymateb i hanesyddiaeth John Rastell, fe welwn ymateb y Cymro i ddisgyrsiau diweddar; gwelwn ei ymateb i syniadau a oedd yn cylchredeg yn Lloegr ar y pryd.

Mae'n wir nad oedd y *Pastyme* ei hun mor llwyddiannus yn y farchnad lyfrau â chroniclau Lloegr-ganolog eraill, a hynny, mae'n debyg, oherwydd i Rastell arbrofi gormod gyda strwythur y gwaith. Cyflwynodd ei hanes mewn colofnau syncronig dryslyd sy'n gofyn am ormod o waith canolbwyntio gan y darllenydd.[9] Roedd Saeson y cyfnod am ddarllen hanes eu cenedl yn iaith eu cenedl, ond nid oeddynt am weithio'n galed yn ddeallusol i gael yr hanes hwnnw. Eto, o ran ei gynnwys, saif gwaith Rastell yn gadarn yn nhraddodiad y cronicl Lloegr-ganolog. Fe wnaeth Rastell ddefnydd helaeth o waith poblogaidd Robert Fabyan, y *Chronicles of England*; ni ellir disgrifio darnau swmpus o'r *Pastyme* ond fel fersiwn Rastell o hanes Fabyan. A chan i Fabyan yntau ddefnyddio nifer o groniclau poblogaidd eraill – gan gynnwys croniclau a gyfieithwyd i'r Saesneg megis (ffug)hanes Sieffre o Fynwy a'r *Brut* – rhaid casglu bod y *Pastyme* yn rhan o brif

John Rastell ac Elis Gruffydd 53

ffrwd y cronicl Seisnig ac yn ymgorffori prif nodweddion a disgyrsiau'r traddodiad hwnnw er bod ei strwythur hynod wedi sicrhau na fyddai'n gwerthu cystal â chroniclau eraill. Yn wir, dengys ymdrechion 'Rastell Printers', cwmni Rastell a'i fab, i lwyddo yn y farchnad lyfrau mai strwythur – ac nid cynnwys – gwaith Rastell ei hun oedd y broblem; cyhoeddwyd argraffiad o gronicl Robert Fabyan yn ddiweddarach gan y cwmni.[10]

Dewisodd Elis Gruffydd, felly, destun nad oedd yn dra phoblogaidd yn Lloegr ar y pryd, er ei fod yn cynnwys prif elfennau'r cronicl Lloegr-ganolog cyfoes. Ac o'n safbwynt ni, ni waeth beth fo dylanwad y *Pastyme* ar groniclau Saesneg diweddarach; yr hyn sydd yn bwysig yw'r ffaith ei fod yn rhan o'r ffrwd, fod testunau nodweddiadol eraill – megis cronicl poblogaidd Fabyan – wedi dylanwadu arno yntau. Ceir yr un themâu a disgyrsiau – adlewyrchiad o'r un ideolegau – yn y *Pastyme* ag a geir mewn croniclau Saesneg eraill o'r cyfnod, ac felly wrth edrych ar ymateb Elis Gruffydd iddo cawn weld ei ymateb i'r math o syniadaeth a oedd yn cylchredeg yn Lloegr ar y pryd.

Yn wir, mae'n bosibl ei fod wedi dewis cronicl Rastell am fod hwnnw yn cynrychioli dau beth yr un pryd, sef ei fod yn rhan o brif ffrwd y cronicl Seisnig tra hefyd yn ymgorffori teithi traddodiad arall. Yn ogystal â gweld ymateb Elis Gruffydd i ddisgyrsiau Seisnig cyfoes, drwy archwilio ei ddefnydd o gronicl Rastell gwelwn ymateb y Cymro i rai agweddau ar hanesyddiaeth o fath newydd. Nid oedd John Rastell yn groniclwr cyffredin; roedd yn Siôn-bob-swydd, yn enghraifft ragorol o 'Ddyn y Dadeni'. Fe argraffodd ei waith ei hun ac felly'n ogystal ag ysgrifennu roedd hefyd yn ymwneud â'r farchnad lyfrau yn rhinwedd ei swydd fel argraffydd. Ac roedd ganddo gysylltiadau dylanwadol mewn cylchoedd pwysig gan ei fod yn frawd yng nghyfraith i Syr Thomas More.

Fe gynnwys *Pastyme of the People* y prif nodweddion a drafodwyd yn y bennod ddiwethaf: mae'n gronicl Saesneg ei iaith sy'n canolbwyntio ar hanes Lloegr ac sydd hefyd yn adlewyrchu cysyniadau'r oes ynghylch hunaniaeth genedlaethol Lloegr. Mewn geiriau eraill, mae'n enghraifft dda o gronicl Lloegr-ganolog.[11] Ac mae'n gronicl sydd hefyd yn dadlennu dylanwad hanesyddiaeth ddyneiddiol. Cofier i Thomas More ddechrau cyfansoddi ei *History of Richard III* tua 1513. Fel y gwelwyd yn y bennod ddiwethaf, mae'r testun hwn yn garreg filltir yn hanes hanesyddiaeth Saesneg y cyfnod: mae'n Lloegr-ganolog iawn – hanes diweddar Lloegr yn unig a drafodir ynddo – ac mae hefyd yn arddangos clustnodau hanesyddiaeth ddyneiddiol. Yn ôl Breisach, dyma '[t]he first English historical work carrying the marks of humanist historiography'.[12] Drwy gyfrwng ei gysylltiad agos â More, roedd gan Rastell, felly, fforwm i drafod safonau a methodoleg yr hanesyddiaeth ddyneiddiol newydd. Yn wir, er i destun Rastell gael ei gyhoeddi cyn ymddangosiad *Anglica Historia* Polydore Vergil ym 1534, mae'n ymosod ar hanes Sieffre o Fynwy mewn modd cyffelyb. Fel y mae Arthur Ferguson yn awgrymu:

> When John Rastell, a member of Thomas More's circle . . . took pains in his *Pastime of Pleasure* [sic] . . . to disprove certain aspects of Geoffrey's story, one might guess that some discussion had taken place within that influential humanist community.[13]

Yn ogystal â bod yn frodyr yng nghyfraith, roedd Rastell a More yn perthyn i'r un teulu deallusol. Tybir bod Rastell yn aelod o 'gylch Thomas More', sef cylch o ddyneiddwyr dylanwadol a gynhwysai – yn ogystal â More ei hun – Erasmus, Linacre a Colet.[14] Rhaid cyfaddef mai Rastell yw'r lleiaf adnabyddus o'r enwau hyn heddiw, ond nid oedd yn llai o ddyneiddiwr yn ei ddydd. Yn ôl Peter Ackroyd, 'John Rastell . . . could lay claim to the title of "Renaissance man" with greater plausibility than most of his more famous contemporaries.'[15] Mae gyrfa Rastell yn enghreifftio diddordebau cylch More, medd Ackroyd:

> The details of his career can be summarised here as an indication of the range of interests associated with the 'More circle' itself. John Rastell was a play-wright, theologian and compiler of English history; he was a maker of pageants, a mathematician and a student of cosmography; he was an engineer, a legal theorist and a putative religious reformer; he constructed the first public London stage and proposed to set up a colony in the New World; he was an MP, a printer and publisher. It was Rastell (and, later, his son) who published More's polemical works.[16]

Yn olaf yn y rhestr syfrdanol hon o weithgareddau John Rastell fe ddywedir ei fod yn argraffydd ac yn gyhoeddwr. Fe welir y cysylltiad rhwng prosesau cyfalafol newydd a chenedligrwydd Seisnig newydd yn glir iawn yng ngyrfa John Rastell. Fel y dywed Albert Geritz wrth drafod un o gyhoeddiadau eraill Rastell, '[d]esigned to remedy his financial troubles, his printing scheme of 1534 also intended to accomplish what most of his projects did: serve the commonwealth'.[17]

A rhoddodd yr un agenda wlatgarol ar waith wrth ysgrifennu a chyhoeddi *Pastyme of the People*. Wedi trafod ymdriniaeth Rastell â hanes cynnar Prydain, mae Geritz yn casglu:

> Therefore, Rastell the historian is still the patriot . . . As he reasons with his countrymen regarding the legend of Albion, his methods are not so much the historian's as the propagandist-patriot's who merely used history to achieve his goals.[18]

Mae gweithgareddau John Rastell ym myd argraffu yn crisialu'r datblygiadau a drafodir yn y bennod ddiwethaf, datblygiadau a nodweddai'r berthynas rhwng traddodiad y cronicl Seisnig a'r *status quo* Tuduraidd. Roedd Rastell yn cyfuno dysg ddyneiddiol, menter gyfalafol a gwasanaeth i'r Goron ac i'w gyd-Saeson:

> printing usually combined 'a learned profession and a capitalistic venture' for early English printers, and Rastell fits this description well as the middle-class professional whose humanistic ideas of disdain for the clerical and aristocratic monopolies previously held in education, diplomacy, law, and the arts, bring him to printing as a profitable way to educate the public.[19]

Fe welir hyn oll ar waith yn y *Pastyme*. Fe berthyn y gwaith i brif ffrwd y cronicl Saesneg, ond ceir ynddo hefyd elfen o'r hanesyddiaeth ddyneiddiol newydd a oedd yn dechrau cymysgu â'r ffrwd honno. A chan mai'r un dyn oedd ei awdur a'i argraffydd, fe ellir gweld y llyfr argraffedig ei hun fel modd o ddiriaethu'r cysylltiad rhwng llenyddiaeth a buddiannau economaidd, rhwng ysgrifennu'r fath hanesyddiaeth wlatgarol a'r ymdrech i elwa arni.

Wrth ystyried defnydd Elis Gruffydd o gronicl John Rastell gellir archwilio ymateb y Cymro i ddisgyrsiau gwlatgarol cronicl Lloegr-ganolog cyfoes. Gellir hefyd drafod ei ymateb i fethodoleg yr hanesyddiaeth ddyneiddiol newydd. Ac mae cymharu'r ddau gronicl yn esgor ar fyfyrio ynghylch y gwahanol gyd-destunau yr oeddynt yn perthyn iddynt. Ysgrifennodd y Cymro ei gronicl yn Gymraeg ar gyfer darllenwyr Cymreig, ond defnyddiodd groniclau a ysgrifenn-wyd yn Saesneg ar gyfer darllenwyr pur wahanol eu gorwelion cymdeithasol. Fe ysgrifennodd ei gronicl ar ffurf llawysgrif, yn gyfraniad at ddiwylliant llawysgrifol Cymru Gymraeg a oedd ar drothwy dyfodiad y wasg argraffu ond heb groesi'r trothwy hwnnw eto. Ond defnyddiodd groniclau Saesneg argraffedig a gynhyrchwyd er mwyn cystadlu yn y farchnad lyfrau Saesneg. Ac felly wrth ystyried ymateb Elis Gruffydd i destun John Rastell, gwelir ei ymateb ef i gynnyrch cyd-destunau cymdeithasol, ieithyddol, gwleidyddol ac economaidd a oedd yn wahanol iawn i'r cyd-destun Cymreig yr ysgrifennodd ar ei gyfer. Nid trosi o'r Saesneg i'r Gymraeg yn unig yr oedd Elis Gruffydd wrth gyfieithu talpiau o gronicl John Rastell; roedd hefyd yn cyfieithu o'r naill gyd-destun cymdeithasol i'r llall. Roedd yn ganolwr diwylliannol, yn cyfryngu rhwng cynnyrch y farchnad lyfrau Saesneg a darllenwyr llawysgrifau Cymraeg.

Yn baradocsaidd, er trafod defnydd Elis Gruffydd o waith Rastell, trafodir *gwahaniaethau* rhwng y ddau destun i raddau helaeth yn y bennod hon. Ond cyn ymhelaethu ar yr hyn sy'n gwahaniaethu'r Cymro a'r Sais o ran byd-olwg, gorwelion cymdeithasol a chwaeth lenyddol, rhaid pwysleisio eu bod ill dau yn gynnyrch yr un oes a bod rhai profiadau tebyg wedi dod i ran y ddau. Er enghraifft, profodd y Cymro a'r Sais fel ei gilydd dröedigaeth Brotestannaidd.[20] Tra'n ysgrifennu'i gronicl, roedd Elis Gruffydd yn filwr cyflogedig yng ngarsiwn Calais; un o swyddi Rastell tra'n gwasanaethu'r llywodraeth oedd goruchwylio dadlwytho offer milwrol a ddaeth i Lundain o Galais.[21] Ac roedd y ddau – eto wrth wasanaethu buddiannau'r Goron – yn llygad-dystion i'r *tour de force* defodol-ddiplomyddol hwnnw, 'The Field of the Cloth of Gold'.[22]

Nid anodd yw canfod darnau o'r ddau gronicl sy'n adlewyrchu buddiannau'r Goron yr oedd y ddau groniclwr yn ei gwasanaethu. Er enghraifft, fe aeth y ddau i'r afael â llofruddiaeth Edward V a'i frawd gan weision Richard III. Roedd yr hanes hwn yn chwarae rhan bwysig ym mhropaganda'r Tuduriaid cynnar; defnyddid llofruddiaeth y ddau fachgen ifanc er mwyn pwysleisio anghyfiawnder a llygredd y brenin a orchfygwyd gan Harri Tudur ar faes Bosworth. Mae'r ffaith fod John Rastell ac Elis Gruffydd – sef croniclwyr a wasanaethai fab Harri Tudur mewn gwahanol ffyrdd – yn manylu ar y digwyddiad yn gwbl naturiol.

Mae disgrifiad Elis Gruffydd o'r llofruddiaeth ddwbl yn ymylu ar fod yn gyfieithiad air am air o'r *Pastyme*. Dyma ran o ymdriniaeth Rastell â'r hanes:

> But of the maner of the dethe of this yonge kynge, and of his brother, there were dyuers opinyons; but the most commyn opinyon was, that they were smolderyd betwene two fetherbeddes, and that, in the doynge,

the yonger brother escaped from vnder the fetherbeddes, and crept vnder the bedstede, and there lay naked a whyle, tyll that they had smolderyd the yonge kyng so that he was surely dede; and, after yt, one of them toke his brother from vnder the bedstede, and hylde his face downe to the grounde with his one hande, and with the other hande cut his throte bolle a sonder with a dagger.[23]

A dyma gyfieithiad – neu drosiad – Elis Gruffydd:[24]

Onid pa ffuryf a ffa uodd i dienyddasant twy y brenin a'i vrawd j mae soon ac ymrauael mawr ymysc y bobyl, pawb ynn i opiniwn a'i chwedyl ganttho, kanis hraii a ddengys i opiniwn ac a dywaid ynn gryf ac yn gadarn mae i mygv wynt aa wnaethbwyd hrwng dau wely pluf. O'r man j diengis y Duwk o Jork ac a foes dan y gwely. Yr hyn a ganuu gwaas anhrugarog, y neb a hennwid Shion adychdyn, yr hwn a ddug ruthyr ac a dynnodd yr engil oddi dan y gwely erbyn i draed ac ar naill law yvo a ddaliodd wynneb a gennau yr angel tu a'r llawr ac a'i gyllell ynn y llaw arall yvo a dores vreuant yr angel diargoedd. Ac ynn y modd hwn j diennyddwyd y brenin Edwart y Pumed a'i vrawd.[25]

Mae'r Cymro yn cyfieithu'r rhan fwyaf o naratif Rastell air am air, ond mae hefyd yn crwydro oddi wrth ei ffynhonnell Saesneg ar adegau. Mae cyflwyniad Elis Gruffydd i'w ddisgrifiad o lofruddiaeth y plant yn dilyn Rastell ar y cyfan, ond mae hefyd yn wahanol mewn dwy ffordd arwyddocaol. Yn gyntaf, mae brawddeg gyntaf y Cymro yn disgrifio'r lluosogrwydd barn a gylchredai ynghylch y digwyddiad gyda mwy o fanylder. Tra bo Rastell yn bodloni ar nodi bod 'dyuers opinyons' ynghylch y llofruddiaeth, dywed Elis Gruffydd fod yna 'soon ac ymrauael mawr ymysc y bobyl, pawb ynn i opiniwn a'i chwedyl ganttho'. Ac mae'r mân newidiadau hyn yn cyflyru'r modd y mae'r darllenydd yn ymateb i'r naratif; yn ogystal â dilyn Rastell drwy ddweud bod gwahanol opiniynau parthed y digwyddiad, mae hefyd yn pwysleisio bod anghytundeb ynghylch y ffeithiau (mae 'ymrafael mawr ymysg y bobl').

Mae hyn yn nodweddiadol o'r modd y mae Elis Gruffydd yn ymdrin â'i ffynonellau. Fel y nodwyd yn y bennod gyntaf, mae'n ymdrechu'n barhaol i bwysleisio wrth ei ddarllenwyr fod gwahanol ffynonellau yn aml yn gwrth-ddweud ei gilydd a bod cofnodi hanes felly'n weithred a ddylai amlygu amrywiaeth barn. Un o'r pethau sydd yn nodweddu hanesyddiaeth Elis Gruffydd yw'r gofal hwn i ddangos a thrafod lluosogrwydd barn; mae'n rhan ganolog o'i fethodoleg ef.[26] Ac mae'r wedd hon ar ei hanesyddiaeth yn awgrymu ei fod yn effro i ddatblygiadau'r hanesyddiaeth ddyneiddiol newydd – neu ei fod o leiaf yn arddel cyfuniad o synnwyr cyffrcdin a chrafftcr naturiol a arweiniai at ddaliadau methodolegol tebyg.

Wrth drafod nodweddion dyneiddiol gwaith More, *History of Richard III*, mae Ernst Breisach yn tynnu sylw at y pwyslais a rydd More ar 'human characteristics and motives and a reaffirmation of history's teaching role'.[27] Rastell oedd y croniclwr â chanddo gysylltiadau personol â chylch More, a thrwy gynnwys adran ar hanes Richard III yn ei gronicl yr oedd yn mynd i'r afael â'r union bwnc a drafodwyd yng ngwaith arloesol ei frawd yng nghyfraith. Ond wrth drosi'r stori i'r Gymraeg mae Elis Gruffydd yn dwysáu'r wedd addysgol arni gan hefyd ddwysáu'r modd y portreadwyd y prif gymeriadau gan Rastell; mae'r Cymro felly'n dod â'r naratif yn nes at y naws a wêl Breisach yng ngwaith dyneiddiol More. Fe welir hyn yn y modd y mae'n ychwanegu ansoddeiriau, neillebau ac ebychiadau at naratif ei ffynhonnell Saesneg.

Fe ychwanega arlliwiau moesol at ei fersiwn ef o'r digwyddiad, gan ddefnyddio llais awdur(dod)ol y croniclwr i gyfuno'r naratif â neillebau emosiynol sy'n treiddio'n ddyfnach i gymeriadau Richard III a'i was ac felly hefyd bwysleisio'r gwersi moesol sy'n ymhlyg yn yr hanes. Bodlona Rastell ar gyfeirio at was Richard III, llofrudd uniongyrchol y plant, fel 'one of them'. Ond defnyddia Elis Gruffydd ei enw, 'Shion Adychdyn', gan ychwanegu ei fod yn 'was anhrugarog'. A thra bo Rastell yn cyfeirio at y plant fel 'this yonge kynge and his brother' neu drwy ddefnyddio rhagenwau syml, defnyddia Elis Gruffydd ddisgrifiadau trosiadol – 'yr angel' – gan ychwanegu'r ansoddair 'diar[gyh]oedd', sef 'dieuog, diniwed'. Y mae felly'n lliwio'r naratif drwy wrthgyferbynnu'r 'gwas anhrugarog' â'r 'angel diargyhoedd'. A thrwy arfer y strategaeth rethregol hon mae'n ychwanegu at gelfyddyd ddramatig y darn tra ar yr un pryd yn ei drwytho â goslef foesol ddigamsyniol.

Ar un pwynt yn ei naratif mae Rastell ei hun yn cynnwys neilleb foesegol sydd yn ymdebygu i'r dicter a welir yn y fersiwn Cymraeg. Yn dilyn ei grynodeb o un opiniwn ynglŷn â'r llofruddiaeth, dywed:

> It is a meruayle that any man coude haue so harde a harte to do so cruell a dede, saue onely that necessyte compelled them, for they were so charged by the duke, the protectour, that if they shewed nat to hym the

bodyes of bothe those chylderne dede, on the morowe after they were so
commaunded, that than they them selfe shulde be put to dethe.
Wherfore they that were so commaunded to do it, were compelled to
fullfyll the protectours wyll.[28]

Ac fel y gellid disgwyl wedi gweld dechreuad fersiwn Elis Gruffydd,
caiff ebychiad moesegol y Sais – '[i]t is a meruayle that any man coude
haue so harde a harte to do so cruell a dede' – ei chwyddo a'i ymestyn
gan y Cymro:

> Ac ynn wir hryueddod mawr ydiw alleel o ddynnion ar a uai ynn kreddu
> i'r Taad ac j'r Mab ac j'r Ysbryd Glaan wneuthud gweithred mor greulon
> ac mor anhrugarog a hon. Neithyr os opiniwn y bobyl a goelir hraid a
> oedd vddunt twy wneuthud y kyuriw gyulauan a dangos j kyrf wynt ynn
> veirw erbyn y bore drannoeth i'r protector ne odde maruolaeth i
> hunnaint. O'r achos hrag ovyn am j hoedyl i goruu arnunt twy gyulownni
> ywyllys y protector anhrugarog.[29]

Tra bo Rastell yn disgrifio'r digwyddiad fel 'a meruayle', mae'n *'wir
hryueddod mawr'* yn fersiwn Elis Gruffydd, a thra bo'r Sais yn
rhyfeddu 'that any man coude haue so harde a harte to do so cruell a
dede', mae'r Cymro yn mynd ymhellach gan gwestiynu bod 'dynion a
fai'n credu yn y Tad, y Mab a'r Ysbryd Glân' yn gallu cyflawni
'gweithred mor greulon ac mor anhrugarog â hon'. Wrth ddyfynnu un
o ddaliadau sylfaenol y Gristnogaeth a lywiai'i fywyd ef – sef credu
yn y Drindod – mae'n pwysleisio bod ymddygiad y llofrudd yn mynd
yn gyfan gwbl groes i Gristnogaeth a gwerthoedd dynol hanfodol.

A thra bo Rastell yn disgrifio'r llofruddiaeth ddwbl fel 'so cruell a
dede', 'gweithred mor greulon ac mor anhrugarog' ydyw i Elis
Gruffydd. Mae'r ansoddair 'anhrugarog' yn allweddair i foeswers y
fersiwn Cymraeg. Cyfeiria Rastell at Richard III wrth y teitl syml 'the
protectour', ond mae'r Cymro yn ei bardduo yn gyson gyda'r ymadrodd 'y protector anhrugarog'. Yn wir, fe ymddengys y gair 'anhrugarog' deirgwaith ar un ddalen yn y llawysgrif, a gwelir yn y modd y
mae'r ansoddair hwn yn britho'r testun gymeriadu moeswersol Elis
Gruffydd. Yn ôl Breisach, mae pwyslais ar nodweddion a chymhellion
dynol a swyddogaeth addysgol hanes ymysg y nodweddion dyneiddiol
a welir yn ymdriniaeth Thomas More â hanes Richard III. Os gwir
hynny, rhaid casglu bod Elis Gruffydd yn dwysáu nodweddion
dyneiddiol ymdriniaeth John Rastell â'r hanes wrth ei drosi i'r Gymraeg.
Yn yr un modd, gwelwyd bod y Cymro yn dwysáu cyfeiriad Rastell at

yr amrywiaeth barn a gylchredai ynghylch y digwyddiad drwy drosi 'dyuers opinyons' yn 'sôn am ymrafael mawr ymysg y bobl, pawb yn ei opiniwn a'i chwedl ganddo'. Ac felly wrth fewnosod 'cyfieithiad' o gronicl Saesneg yn rhan o'i destun ef, mae Elis Gruffydd yn cyflyru'r cyfieithiad â'r un ymdrech i amlygu lluosogrwydd barn ag a welir drwy gydol ei gronicl. Dyma ran bwysig o'r broses o gymathu deunydd a gafodd mewn ffynonellau eraill â'i lais awdur(dod)ol ef ei hun. Cofier mai mewn ychwanegiadau bach o eiddo'r Cymro y gwelir y broses hon ar waith. Nid ymdrafferthodd Elis Gruffydd ag ailysgrifennu swmp testun Rastell. Nid yw'r enghreifftiau uchod yn ddim amgenach nag ambell ansoddair neu gymal a impiodd ar frawddegau Rastell wrth eu trosi i'r Gymraeg. Ar y cyfan fe ddilyn Elis Gruffydd ei ffynhonnell Saesneg yn agos iawn. Eto, er dibynnu cymaint ar y cronicl Saesneg a chyfieithu darn sylweddol ohono air am air wrth adrodd hanes y llofruddiaeth, nid yw'n sôn am John Rastell wrth ei enw. Nid yw'n dyfynnu *Pastyme of the People* wrth ei deitl yma ychwaith. Ni fyddai darllenydd Cymraeg diarwybod yn sylwi mai trosiad o gronicl Saesneg yw'r rhan hon o'r cronicl. Ond nid yw Elis Gruffydd yn esgeuluso cyfeirio at Rastell drwy gydol ei gronicl. Yn gynharach yn y gwaith cyfeiria at 'Ddifyrrwch y Bobl' – cyfieithiad hylaw o *Pastyme of the People* – ac mae hefyd yn dweud ei fod yn dilyn 'Prolog Rastel'. Mae'r prolog hwn yn bwrw amheuaeth ar gwpl o 'hanesion' am wladychu Ynys Brydain a oedd yn bur boblogaidd ar y pryd, sef 'Ystoria'r Llong Foel' a hanes dyfodiad Brutus i'r Ynys.[30] Gwaith dylanwadol Sieffre o Fynwy, *Historia Regum Britanniae*, oedd ffynhonnell fwyaf adnabyddus hanes Brutus, hanes a oedd o'r pwys mwyaf i'r modd yr oedd y Cymry yn synio am eu gorffennol a'u hunaniaeth hwy eu hunain.[31] Yn gysylltiedig â'r hanes hwn yr oedd termau megis 'hil Brutus', 'Y Brytaniaid' a 'Brytaniaith'. Cyfeiriai'r termau hyn at genedl y Cymry a'r iaith Gymraeg mewn modd ystyrlon iawn. Drwy alw'r Cymry'n Frytaniaid a chysylltu'r enw hwnnw â'r gwladychwr arwrol, Brutus, gellid pwysleisio'r ffaith fod eu cyndeidiau wedi ymsefydlu ym Mhrydain ymhell cyn dyfodiad cyndeidiau'r Saeson. Ceir yn rhagymadrodd John Rastell feirniadaeth ar yr hanes pwysig hwn, a throsodd Elis Gruffydd y feirniadaeth hon i'r Gymraeg.

Nid yw'n syndod fod y croniclwr o Gymro yn trafod rhinweddau a diffygion (ffug)hanes Sieffre yn fanwl. Wrth gyfansoddi'i gronicl fe aeth i'r afael â manylion hanes cynnar Prydain a fersiwn Sieffre o'r hanes hwnnw oedd y fersiwn mwyaf adnabyddus ohono. Yn ogystal, ysgrifennai Elis Gruffydd mewn cyfnod a welodd ddadlau ffyrnig ynghylch rhinweddau a diffygion gwaith Sieffre.[32] Ac oherwydd pwysigrwydd yr *Historia Regum Britanniae* a'i drosiad Cymraeg, *Brut y Brenhinedd*, i hunanddelwedd y Cymry, roedd nifer o haneswyr Cymreig y cyfnod yn mynd benben â Polydore Vergil a'i debyg wrth amddiffyn enw da Sieffre o Fynwy.

Nid yw'n syndod, felly, fod Elis Gruffydd yn trafod hygrededd a methodoleg Sieffre. Ond byddai rhai'n synnu at ffynhonnell ei drafodaeth, sef cronicl John Rastell.[33] Wrth drafod ffaeleddau awdur a oedd yn dra phwysig i'r Cymry mae Elis Gruffydd yn dibynnu'n helaeth ar groniclwr o Sais! Eto, fel y gwelir yn y modd y mae'n trosi disgrifiad Rastell o lofruddiaeth Edward V a'i frawd, nid yw'n gadael ei ffynhonnell Saesneg yn ddigyfnewid. Yn yr un modd, tra'n dilyn beirniadaeth Rastell ar waith Sieffre, mae'n ychwanegu haenau newydd o ystyr, myfyrdod a beirniadaeth nas ceir yn y fersiwn Saesneg. Wrth gyflwyno gwybodaeth a gafodd yn y *Pastyme* i'w ddarllenwyr mae'n ychwanegu ei lais awdur(dod)ol ei hun, llais sydd yn newid cywair ei ffynhonnell ar adegau ac felly'n canoli rhwng disgyrsiau ac ideoleg y testun Saesneg a darllenwyr Cymraeg.

Er enghraifft, tra'n trafod y llyfr 'Cymraeg' a oedd yn sail honedig i waith Sieffre mae Rastell yn ei feirniadu'n llym gan ddweud 'he writith not ye name of ye boke, nor who [was] ye auctor therof'.[34] Rhydd Elis Gruffydd y cyhuddiad hwn yn erbyn Sieffre mewn ffordd dra gwahanol:

> Neithyr etto er hynn ni ddangosses galfreidws yr vn or ddav na henwi hennw'r llyuyr na hennwe neb or ysgriuenyddion nar awdurion ar a ysgriuenasa yr ysdori yma ynghymraeg, yr hynn ynn wir ydoedd ac etto yssydd ymyssg gwyr o ddysg ynni gyuri ac yni gymerud yn vai mawr ar ysgolhaig kysdal ac mor barrod o ssynnwyr ac mor huodyl o ymadrodd ac j mae'r llyure yn dangos j vod ef.[35]

Gellir yn hawdd briodoli'r sylwadau hyn i'r hinsawdd ddeallusol a amgylchai ymddangosiad *Anglica Historia* Polydore Vergil ym 1534. Mae Elis Gruffydd yn adleisio gogwydd ysgolheigaidd testun Rastell drwy feirniadu Sieffre'n hallt. Yn wir, fe wna hynny ar raddfa ehangach na'i ffynhonnell Saesneg. Mae naws ôl-feddwl i'r modd y mae Rastell yn cwestiynu Sieffre; nid yw'r sylw ond neilleb mewn brawddeg faith:

> & as it aperyth by his prologe he dyrectid his booke to Robert yerle of Glocester which was vncle to the seyd kyng He[n]ry affermyng in the

same prologe that one walter Archedeacon of Oxforde brought hym a[n] olde boke write[n] in ye briteyn speche which he translatyd into late[n] co[n]prehendi[n]g ye seyd story of Brute *albeit he writith not ye name of ye boke nor who ye auctor therof.*

O'i throsi o'r Saesneg i'r Gymraeg chwydda Elis Gruffydd y neilleb hon gan gynhyrchu'r ebychiad hirwyntog a ddyfynnir uchod. Mae'n dwysáu'r feirniadaeth ar Sieffre a gafodd yn ei ffynhonnell Saesneg. Ond er beirniadu Sieffre, mae'r croniclwr o Gymro yn talu teyrnged iddo a'i bwysigrwydd i draddodiad hanesyddiaeth Lloegr a Chymru. Mae'n chwyddo cyhuddiad Rastell, ond mae hefyd yn sodro canmoliaeth wrth y cyhuddiad hwnnw. Dywed ei fod yn 'ysgolhaig cystal ac mor barod o synnwyr ac mor huawdl o ymadrodd ag y mae'r llyfrau yn dangos ei fod ef'. Roedd awduron Cymreig eraill yn rhuthro i amddiffyn Sieffre yn wyneb ymosodiadau Polydore Vergil a'i debyg.[36] Nid yw Elis Gruffydd yn cynnig amddiffyniad llawn o Sieffre – i'r gwrthwyneb, mae'n tynnu sylw'r darllenydd at feirniadaeth Rastell ohono. Ond er gwaethaf y feirniadaeth honno, mae'n sicrhau nad yw'n gadael ei ddarllenwyr gydag argraff hollol negyddol o'r awdur Cymreig enwog. Drwy graffu ar adeiledd brawddeg Elis Gruffydd, gwelir ei fod yn dilyn ergyd neilleb Rastell wrth nodi bod 'bai mawr' ar fethodoleg Sieffre tra ar yr un pryd yn dweud bod 'y llyfrau' yn 'dangos' bod Sieffre'n 'ysgolhaig da, parod ei synnwyr a huawdl ei ymadrodd'. Mae Elis Gruffydd yn chwarae'r ffon ddwybig yma; mae'n dangos ei fod yn arddel safonau ysgolheigaidd uchel drwy feirniadu Sieffre tra ar yr un pryd yn cadarnhau rhinweddau'r awdur poblogaidd. Gwelir felly ei fod yn trosi ffynhonnell 'estron' mewn modd sy'n bodloni gofynion deallusol hanesyddiaeth gyfoes heb dramgwyddo yn erbyn balchder cenedlaethol y Cymry.

Ond mae testun gwreiddiol Rastell yn ymosod yn uniongyrchol ar y balchder cenedlaethol hwnnw. Ar un adeg mae'n cyfeirio at farn haneswyr cyfoes eraill am waith Sieffre gan nodi eu bod yn cyplysu ei ddiffygion ffeithiol â'i Gymreictod:

> Therefore some men at this day therbe, which, what for these resons and dyuers other, take that story of Galfridus but for a feyned fable; sypposyng that because this Galfridus was a welchman born, that he shuld fayn that story himself for the only pryes of his contremen; because we rede of no writer of storis before his dais that euer wrot therof, or spekith of this Brutus, nor makith therof no mencion.[37]

Ac mae'r modd y mae Elis Gruffydd yn trosi'r frawddeg hirwyntog hon yn arwyddocaol iawn:

> Ac yn wir oblegid y hressyme hyn ai kyuriw j mae y hrann vwiaf o wyr disgedig y byd yn kymerud ysdori galffreidws yn lle ffuent a masswedd. Ac ynn unwedic am i uod ef yn gymro j mae y Saesson a nashiwn[s] eraill [yn honni] mae jr klod a moliantt yw genhedleth jr ysgriuenodd ef yr ysdori yma oi ben ac oi awdurdod j hun oherwydd na uedrant weled llyuyr or ysdori yma yn ysgriuenedig o waith neb or awdurion ymlaen galffreidws.³⁸

Mae'r sylwebaeth a ychwanegir ganddo yn newid ergyd y frawddeg yn sylweddol. Dywed y croniclwr fod Sieffre dan lach haneswyr cyfoes 'yn enwedig am ei fod ef yn Gymro'. Dywed hefyd fod beirniaid Sieffre yn 'Saeson a nasiynau eraill'. Fe bwysleisia'r wedd wleidyddol-ethnig ar y drafodaeth gan awgrymu bod tensiynau rhwng y Cymry a'r Saeson yn effeithio ar y modd y mae aelodau o'r ddwy genedl yn cofnodi hanes.

Dyna gwpl o sylwadau a ychwanegir gan Elis Gruffydd at y sylfaen feirniadol a gafodd yng ngwaith John Rastell. Mae'r ychwanegiadau hyn yn newid naws a goslef y testun, ond ychwanegiadau'n unig ydynt; maent yn addasu'r wybodaeth a'r drafodaeth ar gyfer darllenwyr Cymraeg, ond nid ydynt yn ychwanegu at y ffeithiau sylfaenol. Defnyddia Elis Gruffydd eirfa sy'n fwy lliwgar na'i ffynhonnell Saesneg wrth foesoli ynghylch troseddau Richard III ac mae'n ymhelaethu ar y modd y mae Rastell yn beirniadu methodoleg Sieffre, ond er iddo grwydro oddi wrth destun y *Pastyme*, man cychwyn y crwydro bob amser yw'r hyn a gafodd yn y testun hwnnw. Mae'n ychwanegu neillebau moesegol at ebychiadau a geir yn fersiwn Rastell ac mae'n chwyddo disgrifiad y Sais o ddiffygion Sieffre (tra'n ychwanegu canmoliaeth ohono yr un pryd). Ond er hyn i gyd, nid yw'r ychwanegiadau hyn yn cyflwyno disgwrs sy'n gyfan gwbl newydd; nid yw'n cynnig trafodaeth na chafodd ei man cychwyn yn ei ffynhonnell Saesneg.

Nid felly pob brawddeg a geir yn y rhan hon o gronicl Elis Gruffydd. Mae'n cyflwyno un disgwrs nad oes iddo unrhyw fath o sail yn nhestun Rastell:

> Onid etto er hyn oll o ymrauaelion ac o wrthnebion mewn ysdoriae, yvo allai j waith galffreidws vod yn wir, namyn bod y bobyl seissnig drwy j

souesdri yn hroddi yr achoshion hyn gar yn bron ni megis bryche j ddalu yn koel an meuerdod ni ac j geisshio genym ni gredu a choelio megis ac j mae y hran vwia o honaunt twy yn koelio ac yn kredu na bu nar merched a dreithir ynn y blaen nar bruttus a dreithir vchod jrmoed o vewn y dyrnas hon.[39]

Trafod camddefnyddio tystiolaeth hanesyddol a wna Elis Gruffydd yma. Ar un olwg, gellir gweld y drafodaeth hon fel enghraifft arall o'r modd y mae'n ymdrechu i amlygu amrywiaeth barn. Fe ymddengys yn yr un rhan â'r crynodeb manwl o'r cyhuddiadau yn erbyn gwaith Sieffre, ac felly mae'n ychwanegu at yr olwg feirniadol gyffredinol a rydd y croniclwr ar y modd y buasai 'ysgolheigion' yn cofnodi hanes cynnar Prydain. Ond nid parhau â'r ymosodiad ar Sieffre o Fynwy y mae Elis Gruffydd yma, eithr bwrw amheuaeth ar feirniadaeth Rastell a'i debyg arno. Mae'n ymdrafferthu i ailadrodd ymosodiadau Rastell – gan yn wir ymhelaethau arnynt ar o leiaf un pwynt fel y gwelwyd eisoes – ond mae hefyd yn agor drws deongliadol arall i'r darllenydd: 'eto er hyn oll o ymrafaelion ac o wrthwynebion mewn ystoriâu, efo a allai i waith Galffreidws fod yn wir.'

Nid bwrw amheuaeth ar feirniadaeth Rastell yn unig y mae; mae'n cyfeirio at nifer o destunau, neu 'ystoriâu'. Defnyddia'r lluosog o'r gair 'ystoria' yma. Dyma un ffurf ymysg llawer a ddaeth i'r Gymraeg o'r Lladin *historia*. Mewn erthygl ddadlennol ar hanes y gwahanol ffurfiau hyn, mae Brynley Roberts yn casglu bod i *ystoria* ddau ystyr mewn Cymraeg Canol, sef (1) unrhyw destun ysgrifenedig yn gyffredinol neu (2) testun ysgrifenedig o natur hanesyddol.[40] Ond mae datblygiad y gair yn gymhleth:

> Erbyn tua'r xvi ganrif mae'n bosibl mai gair â naws hynafol neu ddysgedig oedd ystoria. Ymddengys ei fod yn cael ei ddisodli gan air benthyg o'r Saesneg, sef (y)stori, a oedd â rhychwant tebyg o ystyron, o 'history' at 'story'. I raddau helaeth yr oedd modd defnyddio ystori yn holl gysylltiadau ystoria, ond er bod ystyron ystoria wedi'u trosglwyddo i ystori, gellid disgwyl i'r ystyr gyfyng 'chwedl ysgrifenedig' ymehangu a thyfu'n 'chwedl' yn syml tan ddylanwad ystyr fwy cyffredinol 'story'.[41]

Fe ellir synhwyro 'naws ddysgedig' yn nefnydd Elis Gruffydd o'r gair; wedi'r cwbl, sôn am fethodoleg ysgolheigion y mae yma. Fe ymddengys fod ei ddefnydd o'r gair yn adleisio hen ystyron y gair gan ei fod yn cyfeirio at destunau *ysgrifenedig* sy'n trafod *hanes*.[42]

Ond mae hefyd yn arwyddocaol nad yw'n cyfeirio at ysgrifenwyr

John Rastell ac Elis Gruffydd 65

yr 'ystoriâu' hyn fel 'awduron';[43] nid oes awdurdod diamheuaeth gan y testunau beirniadol y cyfeiria atynt. Er ei fod yn defnyddio'r gair 'awdur' wrth gyfeirio at wahanol ysgrifenwyr yn aml yn y cronicl, nid yw'n priodoli'r testunau hyn i awduron. Byddai hynny, mae'n debyg, yn tanseilio'i awgrym: 'Er hyn oll o ymrafaelion ac o wrthwynebion, fe allai fod gwaith Sieffre yn wir.'
Wedi awgrymu i'w ddarllenwyr y gallai gwaith Sieffre fod yn wir, fe â Elis Gruffydd ymlaen gan eu rhybuddio hwy. Mae'n bosibl, meddai, fod croniclwyr Seisnig yn ceisio eu camarwain drwy ddefnyddio 'soffestri'. Roedd gan y gair *sophistry* rychwant o ystyron mewn Saesneg Canol a Saesneg Modern Cynnar yn ymwneud â thwyll a dichell. Rhydd *The Oxford English Dictionary* yr ystyron hyn: 'specious or oversubtle reasoning, the use of intentionally deceptive arguments; the use or practice of specious reasoning as an art or dialectic exercise.'[44] Defnydd Elis Gruffydd o *souesdri* yw un o'r enghreifftiau cynharaf o'r benthycair hwn yn yr iaith Gymraeg.[45] Ac mae ei ddefnydd ohono yn adleisio'r ystyron a briodolir i'r gair Saesneg 'sophistry'; mae'n defnyddio'r gair er mwyn disgrifio rhesymeg wyneb-deg dwyllodrus, math o drafodaeth sy'n fwriadol gamarweiniol. A dywed fod ysgrifenwyr Saesneg yn defnyddio'r rhesymeg gamarweiniol hon er mwyn twyllo'r Cymry. Drwy gyfrwng y soffestri hon y geill Saeson ddallu'r Cymry – dyna'r ergyd.

Un o'r pethau sy'n drawiadol yma yw'r modd y mae Elis Gruffydd yn cyplysu soffestri â hanesyddiaeth. Er mentro ymhellach i fyd hanesyddiaeth gyfoes na'r un Cymro arall, roedd y croniclwr yn feirniadol iawn o'r byd testunol hwnnw. Yn wir, gellid dweud ei fod yn feirniadol o fyd hanesyddiaeth gyfoes oherwydd iddo fentro mor bell iddo. Ni ddylid camgymryd yr amheuaeth yr oedd y Cymro yn ei bwrw ar haneswyr Seisnig yr oes fel awydd i ymwrthod â safonau methodolegol uchel; nodweddir ei ddefnydd o wahanol ffynonellau gan obsesiwn â chrediniaeth a gwirionedd. Ac fel y gwelwyd droeon yn barod, yn hytrach na chuddio'r ffaith fod opiniynau gwrthwyneb i'w cael, mae'n gyson yn ymroi i amlygu'r fath luosogrwydd barn. Fodd bynnag, wrth awgrymu y gellid cyplysu beirniadaeth â soffestri mae Elis Gruffydd yn rhybuddio'i ddarllenwyr. Ac mae ergyd ei rybudd yn syml: gwyliwch – gellir camddefnyddio ysgolheictod; geill yr hyn a ymddengys yn fethodoleg gydwybodol fod yn ffugesgus, yn llen sy'n cuddio agenda gudd.

Yn yr achos hwn, mae'r agenda y mae Elis Gruffydd yn ei drwgdybio yn ymhlyg yn yr holl densiynau a nodweddai berthynas

Cymru a Lloegr ers canrifoedd. Fel y gwelwyd yn y bennod gyntaf, er bod rhai haenau cymdeithasol yng Nghymru yn elwa ar ddatblygiadau'r cyfnod, nid oedd ôl y rhyfeloedd a'r gwrthryfeloedd rhwng Cymry a'r Goron wedi pylu'n gyfan gwbl. Fe ddengys y sylwadau cyfoes ar ddienyddiad Syr Rhys ap Gruffydd nad anodd oedd darllen digwyddiad o'r fath yn nhermau tensiynau rhwng y Cymry a'r Saeson, neu o leiaf rhwng y Cymry a'r Wladwriaeth Seisnig. Ac fel yr awgrymwyd yn y bennod ddiwethaf, gellir gweld croniclau Saesneg y cyfnod fel estyniadau testunol amlwg o ddisgyrsiau gwleidyddol y wladwriaeth honno. Nid yw'n rhyfedd, felly, fod croniclwr o Gymro yn ychwanegu'r rhybudd hwn wrth osod trosiad o gronicl Saesneg gerbron darllenwyr Cymraeg. Amheuaeth yw naws lywodraethol neilleb awdur(dod)ol Elis Gruffydd. Dywed y geill 'y bobyl Seissnig' gamarwain y Cymry 'drwy j souesdri', drwy eu soffestri. Mae ei ddefnydd o'r rhagenw meddiannol lluosog j, 'eu', yn awgrymu nad enghraifft ynysig o dwyllo sydd yma, ond yn hytrach fod gan 'y bobl Seisnig' duedd i ddefnyddio 'eu soffestri'. Mae rhesymeg dwyllodrus wedi'i hen sefydlu'n draddodiad y geill awduron Seisnig ei ddefnyddio er mwyn hyrwyddo agenda wleidyddol benodol. Gellir darllen 'y bobl Seisnig . . . drwy eu soffestri', felly, fel cyfeiriad at 'soffestri cydnabyddedig y Saeson'.

Mae Elis Gruffydd yn rhybuddio'i ddarllenwyr ymhellach fod y Saeson yn defnyddio'u soffestri er mwyn rhoi 'achosion' gerbron y Cymry. Ac mae'n disgrifio'r achosion camarweiniol hyn fel 'brychau' sy'n dallu 'coel' a 'myfyrdod' y Cymry. Mae ei drosiad yn adleisio cerydd Matthew 7:3, 'a phaham yr wyt yn edrych ar y brycheuyn sydd yn llygad dy frawd, ac nad ydwyt yn ystyried y trawst sydd yn dy lygad dy hun?' Ac mae'r union drosiad y mae wedi'i ddewis yn cryfhau ei neges parthed y modd y gellir troi methodoleg hanesyddiaeth yn soffestri. Mae brycheuyn yn rhywbeth nad yw'n achosi problem cyn belled â'i fod yn aros yn ei gyd-destun naturiol. Mewn geiriau eraill, newid cyd-destun yw'r hyn sy'n ei wneud yn frycheuyn. Darn bach o bren neu lwch ydyw fel arall, ond try'n frycheuyn unwaith y mae'n mynd i lygad rhywun. Drwy newid cyd-destun mae'n troi'n nam sy'n amharu ar y gallu i weld. Yn yr un modd, gellir cyflwyno 'achosion' – sef yr ymresymu sy'n rhan naturiol o waith hanesydd fel arall – i gyd-destun amhriodol ac felly amharu ar y gallu i weld hanes yn glir. Geill ysgolhaig gamddefnyddio 'achosion'. Nid y deunydd crai ei hun yw'r broblem, eithr y *defnydd* ohono.

Mae arddull Elis Gruffydd yn amlhaenog yma. Fe gyflwyna'i

John Rastell ac Elis Gruffydd 67

rybudd drwy gyfrwng plethwaith o droëllau ymadrodd ffigurol. Ar y lefel drosiadol fwyaf syml, disgrifia resymeg a gamddefnyddir fel 'brychau' sy'n dallu'r Cymry, ond mae hefyd yn lapio haenau rhethregol eraill o gwmpas y trosiad sylfaenol hwn. Sylwer nad 'ni' (hynny yw, y Cymry) sydd yn dioddef oherwydd soffestri'r Saeson, eithr 'ein coel a'n myfyrdod'. Mae'n disgrifio credu a myfyrio – hynny yw, y prosesau deallusol sy'n ganolog i ddehongli testunau a ffeithiau'n gyffredinol – fel prosesau torfol a berthyn i'r genedl gyfan. Bwriad soffestri awduron Seisnig yw dallu coel a myfyrdod y Cymry, sef crediniaeth a myfyrdod torfol y genedl gyfan. Ergyd y fath rethreg drosiadol yw pwysleisio mai agenda wleidyddol sy'n ceisio hyrwyddo buddiannau Seisnig ar draul y Cymry sydd y tu ôl i'r soffestri bondigrybwyll. Gwyddom heddiw o safbwynt ein doethineb trannoeth mai dilys oedd awydd Rastell i gwestiynu ffeithiau Sieffre o Fynwy. Ond er y gallwn ddweud y dylai Elis Gruffydd fod wedi rhoi'i rybudd am 'soffestri'r bobl Seisnig' mewn darn arall o'i gronicl ac mai 'gwell tewi' fyddai orau yn achos Sieffre, mae'r pwynt cyffredinol yn ddilys. Fe welir yn rhybudd Elis Gruffydd ddisgrifiad ffigurol o'r gwrthdaro rhwng gwahanol fuddiannau sy'n nodweddu hanesyddiaeth. Mae'r modd y mae'n darlunio camddefnyddio 'achosion' felly'n cynnwys gwireb ysgolheigaidd: nid yw hanesydd yn ddiduedd; mae agendâu gwleidyddol yn cyflyru'r modd y caiff hanes ei ysgrifennu. Caiff gwrthdaro yn y cyd-destun hanesyddol ei adlewyrchu yn y testun sy'n rhan ohono.

Nid yw disgrifiad Elis Gruffydd o'r gwrthdaro hwn yn bell o fod yn ddisgrifiad o ymladd. Mae'r ddelweddaeth yn waedlyd-dreisgar, a hynny oherwydd y modd y mae'n personoli'r cysyniadau haniaethol dan sylw. Er nad yw'r wedd hon ar ei arddull yn amlwg o bosibl ar y darlleniad cyntaf, mae'n personoli 'coel a myfyrdod' y Cymry, ac felly'r agendâu cenedlaethol sy'n gwrthdaro:

> namyn bod y bobyl seissnig drwy j souesdri yn hroddi yr achoshion hyn gar yn bron ni megis bryche j ddalu yn koel an meuerdod ni ac j geisshio genym ni gredu a choelio megis ac j mae y hran vwia o honaunt twy yn koelio ac yn kredu.

Dywed fod y modd y mae'r 'bobl Seisnig' yn camddefnyddio ysgolheictod 'megis [gosod] brychau [ger ein bron] i ddallu ein coel a'n myfyrdod ni'. Drwy gyfrwng y personoli, ymrithia'r prosesau haniaethol hyn – y modd y mae'r Cymry yn coelio ac yn myfyrio – yn gymeriadau ag iddynt y gallu i weld tra bo'r 'bobl Seisnig' yn ceisio dwyn y gallu hwnnw oddi arnynt; maent yn ceisio eu 'dallu'. *Tour de force* trosiadol yn wir! Ond mae Elis Gruffydd yn dirwyn ei rybudd ffigurol cymhleth i ben gydag iaith sy'n gymharol syml. Dibcn dallu'r Cymry drwy gyfrwng y soffestri Seisnig yw 'i geishio genym ni gredu a choelio megis ac j mae[nt hwy] yn koelio ac yn kredu'. Wedi awgrymu bod agendâu cenedlaethol gelyniaethus yn cyflyru rhai testunau Saesneg a bod brwydr rhwng buddiannau gwahanol genhedloedd i'w chanfod weithiau ar faes testunol hanesyddiaeth, mae Elis Gruffydd yn gorffen ei rybudd drwy ddweud mai dileu gwahaniaethau cenedlaethol yw bwriad y soffestri Seisnig. A dywed hyn mewn iaith blaen.

Eto, er ymadael â'i orchestion trosiadol yn y rhan hon o'r frawddeg, nid yw'n gwbl ddiaddurn. Defnyddia gyfochredd, sef dweud yr un peth gyda dau air neu ymadrodd, a hynny ddwywaith: credu a choelio, coelio a chredu. Dyna bwysleisio'r pwynt mewn modd effeithiol: credu, crediniaeth, sydd yn y fantol yma. Perswadio'r Cymry 'i gredu a choelio megis ac y maent hwy yn coelio ac yn credu' yw bwriad yr awduron bondigrybwyll, sef dwyn perswâd ar y Cymry i ymadael â fersiwn nodweddiadol Gymreig o hanes Prydain a Seisnigeiddio o ran byd-olwg deallusol-hanesyddol. Rhydd rhybudd Elis Gruffydd ogwydd ideolegol i'w destun sy'n gyfan gwbl wahanol i ogwydd ideolegol ei ffynhonnell Saesneg.

Cofier mai glynu'n agos wrth destun Rastell a wna Elis Gruffydd ar y cyfan. Fe ymdrafferthodd y Cymro i gyfieithu darnau helaeth o *Pastyme of the People* air am air. Eto, nid yw'n cyflwyno i'w ddarllenwyr fersiwn cwbl ddigyfnewid o destun Rastell, ac yn sicr nid yw'n gadael i holl oblygiadau ideolegol gwreiddiol y cronicl Saesneg gyrraedd ei ddarllenwyr heb eu golygu a'u cyflyru. Er ailgylchu cynnwys naratif Rastell ynghyd â'i sylwebaeth awdur(dod)ol parthed hanesyddiaeth Sieffre, mae'r Cymro hefyd yn cynnwys ei sylwebaeth ef ei hun. Ac mae'r sylwebaeth hon yn gweithredu fel hidlen awdur(dod)ol sy'n sefyll rhwng ffynhonnell Saesneg Elis Gruffydd a'i gynulleidfa Gymraeg. Mae'n hidlo disgyrsiau ideolegol Rastell wrth eu cyflwyno i gyd-destun cymdeithasol Cymreig.

Yn ôl Albert Geritz, gwelir yn y modd y mae Rastell yn archwilio (ffug)hanes Sieffre ddylanwad yr hanesyddiaeth ddyneiddiol newydd.[46] Wedi'r cwbl, dyma feirniadaeth sy'n debyg iawn i'r hyn a geir yn *Anglica Historica* Polydore Vergil. Cyhoeddwyd testun arloesol

Vergil rai blynyddoedd ar ôl ymddangosiad y *Pastyme*, a rhaid casglu felly fod John Rastell – diolch mae'n debyg i'w gysylltiadau â chylch dyneiddiol Thomas More – ar flaen y gad ddeallusol. Eto, wedi dadansoddi'r rhan hon o'r *Pastyme*, gwêl Geritz ddisgwrs gwlatgarol Seisnig ar waith hefyd. 'Rastell the historian is still the patriot', medd ef, gan ychwanegu:

> Consequently, he remains the humanist seeking, through his talents and press, to educate in order to improve his country. As he reasons with his countrymen regarding the legend of Albion, his methods are not so much the historian's as the propagandist-patriot's who merely used history to achieve his goals.[47]

Amddiffyn hanesyddiaeth Seisnig rhag ymosodiadau'r dyneiddwyr drwy ymbellhau oddi wrth (ffug)hanes Sieffre, mae'n debyg, oedd y nod. A rhan o strategaeth Rastell er cyrraedd y nod hwnnw oedd pwysleisio Cymreictod Sieffre:

> Therefore some men at this day therbe, which, what for these resons and dyuers other, take that story of Galfridus but for a feyned fable; sypposyng that because this Galfridus was a welchman born, that he shuld fayn that story himself for the only pryes of his contremen.[48]

Dyma Rastell y 'propagandist-patriot', chwedl Geritz. Mae'n hyrwyddo'i agenda wlatgarol drwy ieuo diffygion testun Sieffre â'i Gymreictod. Nid yw Rastell yn cymryd y clod i gyd am wneud y fath gysylltiad; awgryma'r frawddeg hon mai un llais (Saesneg) ymysg llawer ydyw. Mae'n sôn am ddaliadau 'some men at this day', ac yn y modd y mae'n adrodd y cyhuddiadau yn erbyn Sieffre mae'n ei osod ei hun yn un o'r 'dynion' hyn. Mae geiriau'r croniclwr ei hun yn awgrymu bod disgwrs ideolegol ei gronicl yn rhan o rwydwaith ehangach o ddisgyrsiau testunol cyfoes.

Mae Rastell yn cyplysu diffygion Sieffre â'i Gymreictod, ac mae'n awdurdodi'r fath farn drwy alw ar opiniynau nifer o 'ddynion' eraill. Ac mae Elis Gruffydd yn ymateb i'r wedd hon ar ei ffynhonnell drwy newid trafodaeth Rastell ar genedligrwydd Sieffre wrth ei drosi i'r Gymraeg. Tra bo Rastell yn sôn am 'some men at this day', mae Elis Gruffydd yn pwysleisio mai 'y Ssaeson a nashiwn[s] eraill' yw'r beirniaid. A thra bo Rastell yn ysgrifennu 'that because this Galfridus was a welchman born', mae Elis Gruffydd yn ychwanegu elfen adferfol – 'ac *yn enwedig* am ei fod ef yn Gymro' – sy'n cryfhau'r awgrym mai oherwydd ei genedligrwydd y mae'r 'Saeson a nasiwns eraill' yn ymosod arno. Gellid awgrymu felly nad amddiffyn ffeithiau Sieffre a wna yma eithr ymateb i'r is-destun gwleidyddol. Yn ogystal â phwysleisio'r wedd ethnig ar y ddadl, y mae'n awgrymu bod arfer soffestri yn rhan o'r wedd honno. Er glynu'n agos at drafodaeth Rastell gan gyfieithu rhan helaeth ohoni air am air, mae Elis Gruffydd yn chwistrellu'i sylwebaeth awdur(dod)ol ei hun i mewn i'r drafodaeth. Ac mae sylwebaeth y Cymro'n newid naws ac ergyd testun Rastell mewn modd sylfaenol.

Gwelwn yn y sylwebaeth hon ôl y broses o gyflwyno deunydd a berthyn i un cyd-destun cymdeithasol i gyd-destun cymdeithasol gwahanol. Cyfieithodd Elis Gruffydd dalpiau o gronicl Rastell i'r iaith Gymraeg, ac wrth gyfieithu i'r Gymraeg yr oedd hefyd yn cyfieithu i gyd-destun diwylliannol Cymreig. Gwelir yr un broses ar waith yn ei ddefnydd o destunau Saesneg eraill. Er ei fod yn defnyddio ffynonellau Saesneg yn aml – gan ddangos parch tuag at eu hawdurdod a'u dysg – y mae hefyd yn eu Cymreigeiddio. A hynny o ran byd-olwg yn ogystal ag iaith.

Ac yn achos ei ddefnydd o gronicl John Rastell, mae'r broses o'i Gymreigeiddio'n golygu ei ailysgrifennu yn nhermau gwrthdaro ideolegol rhwng y Cymry a'r Saeson. Mae'r deunydd yn cyrraedd darllenwyr Elis Gruffydd lawlaw â thrafodaeth ar y tensiynau rhwng y ddwy genedl. Mae'n hydreiddio'r rhan hon o'i gronicl â gwrthgyferbyniad rhwng y 'ni' a'r 'hwy', rhwng 'ein coel a'n myfyrdod ni' a'r modd 'y maent hwy yn coelio ac yn credu'. O dderbyn rhybudd trosiadol Elis Gruffydd, crediniaeth a choel ei genedl – y modd y mae'r Cymry yn synio am eu byd, eu hunaniaeth a'u hanes – sydd yn y fantol. Ac yn y modd y mae'n trafod crediniaeth a myfyrdod y gwelwn yn glir ei fod yn ailysgrifennu'i ffynonellau yn greadigol gan roi gwedd Gymreig arnynt.

Cofier nad croniclwr cyffredin oedd John Rastell. Roedd yn aelod o gylch dyneiddiol Syr Thomas More, ac mae'r *Pastyme* yn arddangos syniadau a daliadau a gysylltir â'r cylch dylanwadol hwnnw.[49] Nodwyd yn y bennod ddiwethaf fod y ddadl ynghylch (ffug)hanes Sieffre wedi chwarae rhan amlwg yn natblygiad hanesyddiaeth ddyneiddiol ym Mhrydain. Yn ei gyfrol *Utter Antiquity*, gwêl Arthur Ferguson y ddadl honno fel catalydd a oedd yn ganolog i ddatblygiad hanesyddiaeth yng nghyfnod y Tuduriaid. Yn ei dyb ef, un o'i

John Rastell ac Elis Gruffydd 71

chanlyniadau oedd dwyn 'tension between belief and skepticism into sharper focus'.⁵⁰ Mae'n werth ailystyried yma ddisgrifiad Ferguson o'r ymgiprys dros enw da Sieffre:

> Both sides shared the desire to rationalize, the same desire that was tending, though much more slowly, to explain the stories of classical mythology in rational terms. But whereas the defenders, especially the Welsh defenders, of the Galfridean tradition sought to make belief reasonable, critics preferred to use rational means to confirm doubts that arose almost as much out of common sense, or a sense of the ridiculous, as out of logic and hard evidence. In pursuit of these aims, both sides used, and often misused, the methods of humanist scholarship.⁵¹

Gellir cymharu brawddeg olaf Ferguson â'r modd y mae Elis Gruffydd yn rhybuddio'i ddarllenwyr. Er bod y naill yn ysgrifennu ar ddechrau'r 1990au a'r llall yn ysgrifennu mewn cronicl a gyfansoddwyd rhwng 1532 a 1552, mae trafodaethau'r ddau awdur yn debyg. Mae'r ddau yn disgrifio'r cyfuniad o ymresymu dilys a soffestri a welir yn y ddadl ynghylch (ffug)hanes Sieffre. Gwêl Ferguson 'ddefnyddio – a mynych gamddefnyddio – methodau ysgolheictod dyneiddiol', gan adleisio disgrifiad Elis Gruffydd o'r modd y geill 'soffestri' droi 'achosion' yn 'frychau'.

Ond rhaid cwestiynu'r modd y mae Ferguson yn manylu ar y gwahaniaeth rhwng y 'rational critics' a'r 'Welsh defenders'. Nod yr amddiffynwyr Cymreig, yn ôl Ferguson, oedd 'to make belief reasonable'. Fel Sieffre o Fynwy ei hun, nid yw methodoleg Arthur Ferguson yn gwbl ddi-fai. Mae'n gyfarwydd ag awduron Cymreig a ysgrifennai mewn Saesneg ac mewn Lladin (megis Syr John Price), ond nid yw'n gwybod dim am ffynonellau Cymraeg y cyfnod. Ac mae'i ddisgrifiad o'r ddadl ynghylch gwaith Sieffre yn ddiffygiol o'r herwydd. Yn ogystal ag anwybyddu cronicl Hywel ap Mathew, cronicl Ifan Llwyd ap Dafydd, nifer helaeth o gyfeiriadau at hanes Sieffre ym marddoniaeth Gymraeg y cyfnod, a lliaws o lawysgrifau sy'n cynnwys deunydd achyddol a thrioedd perthnasol, nid yw'n gwybod dim am waith Elis Gruffydd.

Rhydd ymateb Elis Gruffydd i drafodaeth Rastell ar ddiffygion Sieffre olwg bur wahanol, golwg nad yw'n rhan o ddisgrifiad Ferguson o'r 'Galfridean controversy'. Nid enghraifft arall o 'amddiffynnydd Cymreig a geisia wneud crediniaeth resymegol [yng ngwaith Sieffre]' ydyw. I'r gwrthwyneb, fel y gwelwyd eisoes, mae

Elis Gruffydd yn dwysáu'r feirniadaeth ar Sieffre a gafodd yn ei ffynhonnell Saesneg gan dynnu sylw ei ddarllenwyr at ddiffygion ei (ffug)hanes. Ar ben cyhuddiad Rastell fod Sieffre'n methu ag enwi'i ffynhonnell mae Elis Gruffydd yn ychwanegu bod hyn yn 'fai mawr' arno ef.

Eto, gwna hyn tra ar yr un pryd yn atgyfnerthu statws Sieffre yn nhraddodiadau'r Cymry. Dywed ei fod hefyd yn 'ysgolhaig cystal ac mor barod o synnwyr ac mor huawdl o ymadrodd ag y mae'r llyfrau yn dangos ei fod ef'. Drwy gyfansoddi'i gronicl hirfaith roedd Elis Gruffydd yn cyflwyno testun o fath newydd i'r traddodiad Cymraeg. Ond er cyflwyno darllenwyr Cymraeg â'r newyddbeth hwn, yr oedd hefyd yn ailddatgan eu gwerthoedd diwylliannol traddodiadol hwy. Yn y rhan hon o'i gronicl y cyflwynodd hwy â'r syniadau diweddaraf ar y pwnc dan sylw. Fe'u cyflwynodd hefyd â methodoleg ysgolheigaidd o'r safon uchaf. Roedd yn addysgu'i gydwladwyr yn unol â safonau'r hanesyddiaeth ddiweddaraf, ac roedd yr ymroddiad addysgol hwn yn golygu ei fod yn feirniadol iawn o Sieffre o Fynwy. Ond mae'n cyflyru'r feirniadaeth hon drwy ddatgan bod Sieffre yn 'ysgolhaig ... huawdl'. Mae'n gosod yr olwg feirniadol newydd hon yn gadarn y tu mewn i orwelion diwylliannol Cymreig.

Roedd fersiwn Sieffre o Fynwy o 'hanes' Brutus o'r pwys mwyaf i hunaniaeth Cymry'r cyfnod. Ac felly nid yw'n syndod fod Elis Gruffydd yn ailysgrifennu trafodaeth Rastell arno. Yn ogystal â'u rhybuddio ynghylch soffestri'r Saeson, bu trosi darn o gronicl Rastell i'r Gymraeg yn gyfle iddo rybuddio'r Cymry bod gwynt deallusol yr oes yn chwythu yn erbyn yr hanes hwnnw a bod dyfodol y rhan honno o'u traddodiad mewn perygl. Ond fel y gwelir yn y bennod nesaf, roedd ffyrdd traddodiadol o weld hanes y Cymry yn gysylltiedig â ffyrdd traddodiadol o weld eu dyfodol. Rhydd yr enw Brutus y ddwy ffurf gysylltiedig: *brut*, hanesyddiaeth draddodiadol, a *brud*, proffwydoliaeth draddodiadol. Ac fel y gwelir yn y bennod olaf, fe aeth Elis Gruffydd i'r afael â'r cysylltiad traddodiadol hwn rhwng gorffennol a dyfodol y Cymry gyda chryn ofal. Yr un gofal awdur(dod)ol a welir yn ei ymdriniaeth â dienyddiad Syr Rhys ap Gruffydd, yr un gofal a welir yn ei ymdriniaeth â'r ymosodiadau ar waith Sieffre o Fynwy. Gwelir ei fod yn defnyddio sylwebaeth awdur(dod)ol wrth drafod proffwydoliaethau Cymreig sy'n debyg o ran rhethreg ac o ran neges i'r sylwebaeth a impiodd ar ei drosiad o destun Rastell. Mae'n cyflwyno darllenwyr Cymraeg â rhesymeg ysgolheigaidd yn unol â safonau diweddaraf yr oes, ond mae hefyd yn atgyfnerthu agweddau ar draddodiadau'r Cymry a oedd yn ganolog i'w hanes a'u hunaniaeth.

Nodiadau

[1] Mostyn 158, 487v.

[2] Ysgrifennodd Elis Gruffydd rai tudalennau'n gynharach (485v): 'ynn y vlwydd o wladychiad y brenin vgain mlynned kyua, y niwedd yr hron, yr hrynn ysydd yw ddywedud ar y seithued ddydd ar hugain o vis Jonnawr j doethum j mewn waedgys o rettunw Kalais, ynn y mann j trigais j o hynny allann ynn y lle i bum i ynn dwyn vy mowyd y hran v[w]yaf o hynny allan ynn gweled ymrauaelion o bethau ar a uai gymhesur j roddi wynt mewn ysgriuen.'

[3] Ond dylid nodi bod y cronicl fel cyfanwaith, er ymagweddu dan ddylanwad croniclau Lloegr-ganolog, yn hanes cyffredinol. Patrwm Chwe Oes y Byd sy'n llywodraethu yn y diwedd. Ceir y sylw hwn ei fod yn ysgrifennu 'cronicl teyrnas Lloegr' ar dudalen y ceir y pennawd 'Y Chweched Oes' ar ei frig. Noder hefyd ei ddefnydd o'r gair 'cwrs'; mae'r benthycair hwn – a ddaw o'r Saesneg Canol 'course' – ar gael mor gynnar â'r bedwaredd ganrif ar ddeg gyda'r ystyr 'cyfnod o amser'. Gellir felly ei gymryd fel gair cyfystyr ag 'oes'. Hynny yw, drwy ddweud ei fod yn cofnodi 'cwrs y byd' mae'n bosibl fod Elis Gruffydd yn dweud ei fod yn cofnodi hanes oes(oedd) y byd. Fodd bynnag, dywed yma ei fod yn ysgrifennu 'cwrs y byd' gan ychwanegu 'ac yn enwedig teyrnas Lloegr', gan awgrymu ei fod yn cyfuno'r ddwy ffrwd, hanes cyffredinol a'r cronicl Lloegr-ganolog.

[4] Er enghraifft Mostyn 158, 109r: 'Ynn y gyngrair, medd y Kronickyl Seissnick, j goruu ar yr arglwydd Lywelynn wneuthud llw'; Ibid., 308r: 'Neithyr etto j mae y kronick Seissnig ynn dangos '; Ibid., 316r: 'Yn y pryd a'r amser ynn ol y kronick Seisnig'.

[5] Mae'r modd yr wyf yn disgrifio cydberthynas testun â'i gyd-destun yn ddyledus i sawl meddyliwr yn gysylltiedig â'r hyn a elwir yn *New Historicism*. Cymreigir y term fel 'Hanesyddiaeth Newydd' gan M. Wynn Thomas; er nad oes gennyf gynnig gwell, nid yw'r cyfieithiad hwn yn gwbl foddhaol gan fod 'hanesyddiaeth' yn cyfieithu ' *historiography* ' hefyd. Fodd bynnag, mae'r erthygl yn gyflwyniad da i'r maes yn Gymraeg: M. Wynn Thomas, 'Pwys Llên a Phwysau Hanes', yn John Rowlands (gol.), *Sglefrio ar Eiriau* (Llandysul, 1992). Am ysgrifau pwysicaf y *New Historicists* (yn ogystal â beirniadaethau ar eu syniadau) gw., *The Forms of Power and the Power of Forms in the Renaissance*, gol., Stephen Greenblatt, rhifyn arbennig o *Genre*, xv, 1/2 (Gwanwyn/Haf 1982); Stephen Greenblatt, *Renaissance Self-Fashioning from More to Shakespeare* (Chicago a Llundain, 1980); Stephen Greenblatt, *Shakespearean Negotiations* (Rhydychen, 1990); Richard Wilson a Richard Dutton (goln.), *New Historicism and Renaissance Drama* (Harlow ac

Efrog Newydd, 1992); *English Literary Renaissance*, 16, rhif. 1 (Gaeaf 1986), rhifyn arbennig ar yr Hanesyddiaeth Newydd.

[6] Ceir nifer o wahanol ddiffiniadau o'r gair 'ideoleg'; gellir yn fras ei gymryd i olygu 'byd-olwg' neu 'syniadaeth lywodraethol'. Mae'r cysyniad yn ganolog i feirniadaeth Farcsaidd gan olygu'r casgliadau o syniadau, profiadau a dulliau meddwl sy'n rhan o gymdeithas benodol. Gw., Louis Althusser, *For Marx* (Harmondsworth, 1965); Louis Althusser, *Lenin and Philosophy, and Other Essays* (Llundain, 1971); Raymond Williams, *Marxism and Literature* (Rhydychen, 1977); Cliff Slaughter, *Marxism, Ideology and Literature* (Llundain, 1980); Terry Eagleton, *Criticism and Ideology* (Llundain, 1976); Pierre Macherey, *A Theory of Literary Production* (Llundain, 1978).

[7] John Rastell, *Pastyme of the People*; adargraffiad wedi'i olygu gan T. F. Dibdin (Llundain, 1811); ceir ffacsimili a golygiad yn Albert J. Geritz (gol.), *The Pastyme of People and A New Boke of Purgatory by J. Rastell with a facsimile of The Pastyme: A Critical Edition* (Efrog Newydd a Llundain, 1985).

[8] Ar ddyddiad cyhoeddi'r gwaith, gw., May McKisach, *Medieval History in the Tudor Age* (Oxford, 1971) 97; Geritz, *The Pastyme of People*, 15.

[9] Geritz, *The Pastyme of People*, 16.

[10] Ibid., 32.

[11] Ond nid oedd yn gwerthu mor dda â chroniclau eraill a aeth i'r afael â'r un hanes; rhaid pwysleisio mai strwythur y gwaith, ac nid ei gynnwys, sydd ar fai am ei fethiant yn y farchnad.

[12] Ernst Breisach, *Historiography Ancient, Medieval and Modern* (Chicago a Llundain, 1966), 165–6.

[13] Arthur Ferguson, *Utter Antiquity: Perceptions of Prehistory in Renaissance England* (Durham a Llundain, 1993), 90–1.

[14] Geritz, *The Pastyme of People*, 4–5 a 15–16.

[15] Peter Ackroyd, *Sir Thomas More: A Life* (Llundain, 1998), 74.

[16] Ibid., 74–5.

[17] Geritz, *The Pastyme of People*, 13.

[18] Ibid., 23.

[19] Ibid., 6; cymharer y drafodaeth yn y bennod ddiwethaf ar 'yr aristocrasi newydd'.

[20] Geritz, *The Pastyme of People*, 13: 'From 1529 to 1533, [Rastell] gradually broke with the Catholicism of the More family and aligned himself with the Protestantism of Cromwell.' Dyma un o'r pethau mwyaf hynod am fywyd Rastell; wedi mynd i drafferth i gefnogi safiad Catholig ei frawd yng nghyfraith, profodd dröedigaeth gan fynd i'r pegwn eithafol arall. Argymhellwyd gwahardd cyhoeddiadau Rastell ym 1536 gan ei enwi mewn rhestr o Brotestaniaid radicalaidd, rhestr sy'n cynnwys neb llai na Wycliff, Tyndale a Luther ei hun (Geritz, *The Pastyme of People*, 14). Am dröedigaeth Brotestannaidd Elis Gruffydd gw., Prys Morgan, 'Elis Gruffydd of Gronant – Tudor chronicler extraordinary', *Journal of the Flintshire Historical Society*, 25 (1971–2), 15–16.

[21] Geritz, *The Pastyme of People*, 5: 'In December 1514, Rastell supervised the unloading "at the tower of eighteen hoyes lately comen from Calais with the kinges ordenance and fare cartes".'

[22] Ibid., 11.

[23] Rastell, *Pastyme of the People*, adargraffiad 1811, 292.
[24] Mae ysgrifau ar theori cyfieithu'n prysur luosogi'r dyddiau hyn. Gw., Eugene Chen Eoyang, *The Transparent Eye* (Honolulu, 1993). Am drafodaeth ddiweddar yn Gymraeg, gw., Angharad Price, 'Cyfoeth Cyfieithu', *Taliesin*, 100 (Gaeaf 1997).
[25] Mostyn 158, 339v.
[26] Ceir cyfeiriadau mynych at y gwahanol opiniynau y mae'n eu mesur a'u pwyso, er enghraifft Mostyn 158, 306v: 'ynn ol opiniwn hraii or llyure ... yn opiniwn hrai or bobyl ... ynn ol opiniwn hraii eraill o'r bobyl.'
[27] Breisach, *Historiography*, 165–6.
[28] Rastell, *Pastyme of the People*, 292.
[29] Mostyn 158, 339v.
[30] LlGC 5276D, 76R; gw., Brynley F. Roberts, 'Ystori'r Llong Foel', *Bwletin y Bwrdd Gwybodau Celtaidd*, 18 (1961), 337–62.
[31] Gw., Dafydd Glyn Jones, *Gwlad y Brutiau* (Abertawe, 1991) a *Cyfrinach Ynys Brydain* (Caerdydd, 1992).
[32] Gw., Ferguson, *Utter Antiquity*, yn enwedig 84–105.
[33] Cymharer y rhan o'r cronicl sy'n trafod 'hanes' Arthur, sydd hefyd yn ddyledus i Rastell. Gw., golygiad Ceridwen Lloyd-Morgan o hanes Arthuraidd Elis Gruffydd (yn y wasg).
[34] Rastell, *Pastyme of the People*, 5.
[35] LlGC 5276D, 81r.
[36] Er enghraifft, John Price (m. 1550), awdur y llyfr Cymraeg cyntaf i gael ei argraffu, *Yny lhyvyr hwnn*. Ysgrifennodd Price amddiffyniad manwl o 'hanes' Sieffre; fe'i cyhoeddwyd rai blynyddoedd ar ôl ei farwolaeth gan ei fab: *Historiae Brytannicae Defensio* (Llundain, 1573). Am drafodaeth ar y *Defense* a gweithiau perthnasol eraill, gw., Ceri Davies, *Latin Writers of the Welsh Renaissance* (Caerdydd, 1981), 16–26. Ceir 'Pryse' a 'Prys' hefyd yn ffurfiau ar ei enw.
[37] Rastell, *Pastyme of the People*, 7.
[38] LlGC 5276D, 82v–83r.
[39] LlGC 5276D, 81r.
[40] Brynley F. Roberts, 'Ystoria', *Bwletin y Bwrdd Gwybodau Celtaidd*, 26 (1974), 17.
[41] Ibid., 19.
[42] Cymharer 'Llyfr Siôn Morfol' (Llawysgrif Havod 8), c.1561–77. Cynhwysa eitemau â phenawdau megis: *Hystori Sylvester, Hystori y Llong Voel, Hisdori Addaf*, a *Hystori Yddnabod Dyn Wrth y Wyneb*. Mae'r ffaith fod yr olaf – sydd wrth gwrs yn destun an-naratifol – yn dwyn y teitl 'hystori' yn ddadlennol; rhaid mai 'testun ysgrifenedig' oedd yr ystyr.
[43] A. J. Minnis, *Medieval Theory of Authorship* (Caerwrangon, 1984), 10.
[44] *Oxford English Dictionary*, 16 (Rhydychen, 1989), 10.
[45] Cymharer 'Cywydd y Fost' gan Ieuan ap Rhydderch (y bymthegfed ganrif): 'Yn registr soffistr sywfferm'; Henry Lewis, Thomas Roberts ac Ifor Williams (goln.), *Cywyddau Iolo Goch ac Eraill* (Caerdydd, 1937), 228. Dyma ffurf Gymraeg ar y gair 'sophister' – sef term ar gyfer math o fyfyriwr prifysgol y gellir ei olrhain i'r un tarddiad; *Geiriadur Prifysgol Cymru* LIII (Caerdydd, 1999), 3317.
[46] Geritz, *The Pastyme of People*, 16–19.

[47] Ibid., 23.
[48] Rastell, *Pastyme of the People*, 7.
[49] Geritz, *The Pastyme of People*, 16–19.
[50] Ferguson, *Utter Antiquity*, 84.
[51] Ibid., 91.

4

Deall Dull y Byd: Trosglwyddo Brut a Brud

Gellir yn hawdd olrhain tarddiad y ddwy ffurf gysylltiedig, *brut* a *brud*, i'r enw ystyrlon hwnnw *Brutus*. Mater gwahanol yw manylu ar y berthynas rhwng brut a brud a gwahaniaethu'n daclus rhyngddynt. Ai dau air sy'n gysylltiedig â'i gilydd o ran tarddiad yw brut a brud, ynteu dwy ffurf ar yr un gair? Ar ryw adeg yn y cyfnod ar ôl yr Oesoedd Canol y daethpwyd i ddefnyddio -t a -d i wahaniaethu rhyngddynt gan rannu'r ddwy ffurf yn ddau air: bru*t*, yn golygu hanes ysgrifenedig, rhyw fath o destun hanesyddol neu hanesyddiaeth Gymreig draddodiadol, a bru*d*, yn golygu proffwydoliaeth. Mae'n debyg mai yng nghyswllt 'y cywydd brud', sef proffwydoliaeth ar ffurf cywydd, y caiff y gair brud ei ddefnyddio gan amlaf. Ond, fel y gwelir isod, nid oedd y modd hwn o wahaniaethu rhwng brut a brud wedi'i sefydlu yn oes aur y cywydd brud, sef ail hanner y bymthegfed ganrif. Mae'n debyg y dylid priodoli'r gwahaniaeth i waith ysgolheigion cymharol ddiweddar.

Mae *Dictionarium Duplex* John Davies – a gyhoeddwyd ym 1632 – yn rhestru brut a brud yn un cofnod gyda dwy ystyr. Dywed fod y ddau air yn cyfieithu Lladin *historica, chronica* yn ogystal â *sumitur & pro vaticinio*.[1] Er bod geiriadur John Davies felly'n rhoi'r ddwy ystyr, nid yw'n cofnodi brut a brud yn ddau air ar wahân. Yn yr un modd, defnyddir y ddwy ffurf yn ddiwahân yn *The Myvyrian Archaiology of Wales* (1801–7):

> Gwybydded y Darllenydd nad oes bwys ar yr enwau a ddoded ar y ddau vrud uchod, sef Brut Tysylio a Brut G. ab Arthur.[2]

---

78   *Deall Dull y Byd:*

'Dau fru*d*,' felly, yw Bru*t* Tysylio a Bru*t* Gruffudd ab Arthur i olygyddion y gwaith hwn. Nid yw'r gwahaniaeth -t/-d yn ystyrlon iddynt.

Ac mae'r amwysedd hwn yn adlewyrchu arfer cywyddwyr yr Oesoedd Canol diweddar a'r copïwyr a drosglwyddodd eu gwaith ar ffurf ysgrifenedig yn yr unfed ganrif ar bymtheg a'r ail ganrif ar bymtheg. Ond fel y gwelir maes o law, mae'r gair 'amwysedd' yn y cyswllt hwn yn adlewyrchu ein hawydd ni heddiw i bennu ystyr yn glir a chloriannu'n eiriadurol; mae'n debyg fod methu â gwahaniaethu rhwng y ddwy ffurf yn rhan bwysig o'r traddodiad cyn-fodern a'n bod ni wrth geisio gwahaniaethu rhyngddynt yn gwthio meddylfryd ar y traddodiad sy'n ei gymylu yn hytrach na'i oleuo. Oherwydd dengys tystiolaeth y cywyddwyr nad oeddynt yn gwahaniaethu'n haearnaidd rhwng bru*t* a bru*d*. Golygai'r ddwy ffurf y ddau beth, hanesyddiaeth a phroffwydoliaeth, fel ei gilydd iddynt. Gofynion y gynghanedd a'r brifodl yn anad dim a effeithiai ar yr union ffurf a ddewisid mewn llinell o gywydd. Eto, rhywbeth i'r glust yw'r gynghanedd, ac mae'n debyg nad oedd clustiau Cymraeg yn yr Oesoedd Canol yn gwahaniaethu'n hawdd rhwng -t a -d ar ddiwedd geiriau bob amser. Cymhlethir y cwestiwn ymhellach gan y llawysgrifau y ceir y cerddi hyn ynddynt; maent yn anghytuno â'i gilydd yn aml o ran orgraff.

Er enghraifft, ysgrifennwyd Llawysgrif B. 35 (=Ychw. 14,887) tua 1600. Ceir yn y llawysgrif hon gasgliad helaeth o gywyddau, 91 o ddalennau o hyd. Ac mae'r copïydd yn disgrifio cerddi y byddai ysgolheigion heddiw yn eu galw yn gywyddau brud fel 'cywyddeu brut'. Gallai bru*t* gyfeirio at destun proffwydol, o leiaf yn ôl tystiolaeth Llawysgrif B. 35. Fel y gellid disgwyl, cynhwysa'r llawysgrif hon gywyddau brud gan Ddafydd Llwyd o Fathafarn, ond odid brudiwr mwyaf adnabyddus y bymthegfed ganrif. Yn ei gywydd 'Ymddiddan â'r Wylan', defnyddia Dafydd y ffurf bru*d* wrth sôn am broffwydoliaeth:

> Ac Adda Fras, *gywydd frud,* –
> Didwyll y mae'n dywedyd,
> Proffwydoliaeth maith i'n mysg
> O waith Ddewi, ddoeth wiwddysg.
> Deall y *brud*, dwyllaw brudd,
> E'th goeliaf edn doeth gelfydd.[3]

Dengys odl y cwpled cyntaf uchod, fru*d* – dywed*yd*, mai -d sydd yma.

Trosglwyddo Brut a Brud

Ac felly dyma enghraifft sy'n rhagweld yr arfer ddiweddar; mae Dafydd Llwyd o Fathafarn yn trafod ei 'gywydd [b]rud' ei hun a'r modd y mae'n dadansoddi 'proffwydoliaeth' Dewi Sant, gweithred a ddisgrifir ganddo fel ceisio 'deall y brud'. Felly hefyd, mewn cywydd i Harri VII, dywed Dafydd Llwyd fod y brud, sef proffwydoliaeth, yn rhagweld trechu'r Sais:

> Brud ar Sais mewn brwydr y sydd
> Brad yn gwylad ei gilydd.[4]

Tystia'r gynghanedd mai bru*d* sydd yma: *brud* ar *S*ais mewn *brwydr* y *s*ydd. Ac nid oes amheuaeth nad sôn am broffwydoliaeth a wna'r bardd yma; cyfeiria Dafydd Llwyd o Fathafarn yn gynharach yn y cywydd at broffwydoliaeth yr angel i Gadwaladr:

> Ei dynged yw myned i'r môr
> Ac angel yn ei gyngor.[5]

Gwelir yn y cywydd hwn y cysylltiad rhwng hanesyddiaeth draddodiadol a phroffwydoliaeth draddodiadol. Mae'r brudiwr yn cyfeirio at broffwydoliaeth a geir yn y testun y daethpwyd i'w alw yn Frut y Tywysogion. Disgrifia yrfa Harri VII yn nhermau'r 'Brut' (sef math arbennig o hanesyddiaeth Gymreig draddodiadol) gan gyfeirio at 'frud', sef proffwydoliaeth yr angel, sy'n rhan o'r 'brut' hwnnw. Ond noder eto mai arfer ddiweddar yw gwahaniaethu'n haearnaidd rhwng 'brut = hanesyddiaeth' a 'brud = proffwydoliaeth'. Ac oherwydd amwysedd seinyddol ac amrywiaeth y traddodiad llawysgrifol, nid yw'n bosibl penderfynu o gwbl weithiau beth oedd y ffurf wreiddiol. Mewn cywydd arall gan yr un bardd gwelir defnyddio bru*d* tra'n cyfeirio at hanes ysgrifenedig:

> Siasbar a fag in ddragwn,
> Gwaed Brutus hapus yw hwn.
> Gwers yr angel ni chelir,
> Hwyntau biau tyrau'r tir.
> Tarw o Fôn yn digoni, –
> Hwn yw gobaith ein iaith ni.
> Mawr yw'r gras eni Siasber,
> Hil Cadwaladar paladr pêr.
> Hors a Hengestr oedd estron
> I Frud Groeg ac i'r Ford Gron;

Gwrtheyrn a wnaeth gwarth â ni,
Rhoi rhan o'n tir i'r rheini.⁶

Wrth ganmol Siasbar Tudur a phroffwydo ynghylch ei swyddogaeth i'r achos wrth fagu Harri, mae Dafydd Llwyd o Fathafarn yn elwa ar yr hanes adnabyddus am Frutus; disgrifia Siasbar (a/neu Harri) fel 'Gwaed Brutus hapus'. Rhydd grynodeb o fersiwn Sieffre o Fynwy o hanes hil Brutus, o ymadael â Groeg hyd y rhyfeloedd yn erbyn y Saeson ym Mhrydain. A dywed fod y Saeson – 'Hors a Hengestr' – yn estron i'r hanes hwn, yn estron 'i Frud Groeg ac i'r Ford Gron'. Dengys y gynghanedd yn y llinell hon mai bru*d* yw'r ffurf er bod y bardd yn cyfeirio at yr hyn a elwir heddiw yn 'fru*t*', sef (ffug)hanes ysgrifenedig y Brytaniaid.

Dylid ategu'r hyn a ddywedwyd eisoes am amwysedd y traddodiad llawysgrifol drwy nodi un ffaith seml: W. Leslie Richards, golygydd *Gwaith Dafydd Llwyd o Fathafarn*, sydd wedi ffurfio'r testunau hyn; ef sy'n gyfrifol am ddewis y ffurfiau, safoni'r testun a moderneiddio'r orgraff. Wrth ddewis y ffurfiau 'i *Frud* Groeg ac i'r *Ford* Gron' yr oedd yn dilyn un o'r llawysgrifau cynharaf (Llansteffan 136, *c.* 1625). Ceir y ffurfiau hyn mewn llawysgrif arall o'r un cyfnod (LlGC 3077B), ond ceir llawysgrif arall o'r ail ganrif ar bymtheg gyda'r llinell 'i *friwtt* groeg ag i'r *fort* gron' (LlGC 6499B). Mewn llawysgrif a ysgrifennwyd tua 1674 (LlGC 13069B) – llawysgrif nas defnyddiwyd gan W. Leslie Richards o gwbl – ceir llinell ddadlennol, 'i *vriyt* groeg ar y *vord* grom'. Mae -*d* (bor*d*) yn ateb -*t* (briy*t*) yn fersiwn y copïydd hwn.⁷ Yn yr un modd, gellid darganfod hanes llawysgrifol tebyg y tu ôl i'r cywyddau brud eraill a olygwyd gan W. Leslie Richards. Mae amwysedd yn nodweddu'r traddodiad llawysgrifol; y golygydd modern sy'n gyfrifol am wahaniaethu rhwng bru*t* a bru*d*.

Fodd bynnag, fel y gwelir yn y llinellau uchod, wrth drafod y 'Brut' mae'r brudiwr hefyd yn trafod proffwydoliaeth a oedd yn rhan o'r traddodiad hwnnw. Mae Dafydd Llwyd o Fathafarn yn cyfeirio yma at broffwydoliaeth yr angel i Gadwaladr: 'Gwers yr angel ni chelir.' Er ei fod yn defnyddio bru*t* a bru*d* fel ei gilydd wrth drafod hanes y Brytaniaid, gwelir bod y drafodaeth honno ar hanes hil Brutus hefyd yn cynnwys trafodaeth ar broffwydoliaeth ynghylch dyfodol yr hil honno. Ac felly hefyd er bod cywyddwyr a'u copïwyr yn defnyddio bru*t* a bru*d* fel ei gilydd wrth drafod proffwydoliaethau traddodiadol y Cymry, gwelir bod trafodaeth ar y proffwydoliaethau hynny hefyd yn cynnwys trafodaeth ar hanesyddiaeth draddodiadol y genedl.

Trosglwyddo Brut a Brud 81

Roedd cywyddau brud y bymthegfed ganrif – fel y dengys gwaith Dafydd Llwyd o Fathafarn mor glir – yn gyfrwng grymus i fynegi hunaniaeth Gymreig.[8] Seiliwyd grym y cywyddau brud hyn i raddau helaeth ar y ffaith eu bod hwy hefyd yn gywyddau brut. Roedd y cywyddau hyn yn rhan o draddodiad a drafodai ddyfodol cenedl y Cymry mewn perthynas â thrafodaeth ar hanes y genedl honno. Ac ochr arall i'r geiniog ddeongliadol hon oedd dadansoddi hanes y genedl yn nhermau ei dyfodol.

Gellir priodoli'r wedd hon ar y traddodiad Cymreig i'r ffaith fod i broffwydoliaeth le amlwg yn *Historia Regum Britanniae*. Nid Sieffre o Fynwy oedd yr unig awdur na'r awdur cyntaf i ymdrin â rhai o'r elfennau chwedlonol hyn, ond cynhwysa ei *Historia* ef y fersiynau ohonynt a ddylanwadodd fwyaf ar ddychymyg y Cymry yn yr Oesoedd Canol a'r cyfnod modern cynnar. Wedi olrhain hanes Brutus o gwymp Caer Droea at yr ynys a gaiff ei henwi'n Ynys Brydain ar ei ôl ef, mae Sieffre'n dilyn hynt ei ddisgynyddion gan ganolbwyntio felly ar hanes brenhinoedd y Brut-aniaid. Dyma, wrth gwrs, sy'n egluro teitl y cyfieithiad Cymraeg o'r *Historia Regum Britanniae*: Brut y Brenhinedd. Mae'n manylu ar yr enwocaf ohonynt, Arthur, cyn symud ymlaen drwy hanes y goresgyniad Seisnig i gloi â'r brenin olaf o waed y Brytaniaid, Cadwaladr.

Brithir y (ffug)hanes hwn gan broffwydoliaethau sy'n crisialu trobwyntiau tyngedfennol yn hanes y Brytaniaid.[9] Y bwysicaf ohonynt oedd y broffwydoliaeth a roddwyd gan Ambrosius Merlin (Myrddin Emrys) i Vortigern (Gwrtheyrn). Wrth weld y ddraig goch yn ymladd â'r ddraig wen mae Myrddin yn darogan y bydd y ddraig goch yn fuddugoliaethus yn y diwedd. Dyma'r 'Broffwydoliaeth Fawr' yr oedd copïwyr llawysgrifau'r Oesoedd Canol a'r cyfnod modern cynnar mor hoff ohoni, cyfuniad o chwedl a darogan sydd wedi chwarae rhan amlwg yn y modd y mae'r Cymry yn synio am eu hunaniaeth hyd heddiw. Wedi'r cwbl, y 'Broffwydoliaeth Fawr' yw ffynhonnell y ddelwedd weledol Gymreig fwyaf adnabyddus, y Ddraig Goch. A cheir proffwydoliaeth bwysig arall ar ddiwedd 'hanes' brenhinoedd y Brytaniaid. Mae Cadwaladr, yr olaf ohonynt, yn gorfod gadael ei Ynys yn wyneb goresgyniad yr estroniaid. Tra'n ffoi dros y môr fe ddaw angel ato a phroffwydo ynghylch dyfodol ei genedl. Dyma 'broffwydoliaeth yr angel' y mae Dafydd Llwyd o Fathafarn yn cyfeirio ati yn ei gywyddau brud. Ac oherwydd ei gysylltiad â'r broffwydoliaeth hon, fe gysylltid Cadwaladr â'r Broffwydoliaeth Fawr hefyd; cyfeirir at y Ddraig Goch weithiau fel

'Baner Cadwaladr'. Wrth gyhwfan baner y Ddraig Goch ar faes Bosworth roedd Harri Tudur yn ymwybodol ieuo grym symbolaidd y traddodiad Cymreig hwnnw â'i gais am y goron.[10] Ni cllir enghreifftio'n well y cysylltiad agos rhwng hanesyddiaeth Gymreig a phroffwydoliaeth na dyfynnu cofnod cyntaf Brut y Tywysogion. Estyniad o hanes Sieffre yw'r Brut hwn, testun hollbwysig a ddisgrifiwyd yn ddiweddar fel 'prif orchest hanesyddiaeth Cymru annibynnol'.[11] Dechreua Brut y Tywysogion gyda'r cyfnod olaf a drafodir ar ddiwedd Brut y Brenhinedd, sef cyfnod Cadwaladr. Dyma linellau cyntaf fersiwn Llyfr Coch Hergest ohono:

> Petwarugeint mlyned a wechant oed oet Crist pan vu uarwolaeth vawr drwy holl ynys Prydein. Ac o dechreu byt hyt yna yd oedd blwydyn eisseu o petwarugein mlyned ac wyth cant a phumil. Ac yn y flwyddyn hono y bu varw Katwaladyr Uendigeit vab Catuan, brenhin y Bryttanyeit, yn Rufein y deudecuet dyd o Vei, megys y proffwydassei Vyrdin kyn no hyny vrth Wrtheyrn Gortheneu. Ac o hynny allan y colles y Brytanyeit goron y deyrnas; ac yd enillawd y Saesson hi.[12]

Fe egyr 'prif orchest hanesyddiaeth Cymru annibynnol', felly, drwy gyplysu marwolaeth brenin olaf y Brytaniaid â'r Broffwydoliaeth Fawr, a hyn oll yng nghyd-destun 'colli coron y deyrnas' i'r Saeson.

Ysgrifennwyd Brut y Tywysogion yn yr Oesoedd Canol, ond parhai'n dra phoblogaidd drwy gydol cyfnod y Tuduriaid. Dywed David Powel iddo weld mwy na 100 copi ohono tra'n ymchwilio ar gyfer ei *Historie of Cambria, Now Called Wales* (1584).[13] Ac nid yw haeriad Powell yn anghredadwy; yn ogystal â nifer o lawysgrifau o'r bedwaredd ganrif ar ddeg a'r bymthegfed ganrif sy'n cynnwys copi o Frut y Tywysogion, gwnaethpwyd copïau eraill yn ystod yr unfed ganrif a'r ail ganrif ar bymtheg.[14] Tystia'r nifer helaeth o gopïau sydd wedi goroesi yn ogystal â'r defnydd a wneid ohono fod Brut y Tywysogion ymysg y naratifau Cymraeg mwyaf dylanwadol yn y cyfnod c.1300–c.1700. Ac mae'r ffaith fod y testun pwysig hwn yn waith o hanesyddiaeth sy'n agor â chyfeiriad at y Broffwydoliaeth Fawr yn arwyddocaol iawn. Roedd hanesyddiaeth a phroffwydoliaeth yn annatod, yn ddwy wedd gysylltiedig ar yr un traddodiad. Erbyn cyfnod Elis Gruffydd, roedd cofnodi a thrafod hanes y Cymry wedi'i hen gysylltu â thrafod dyfodol y genedl.

Dengys cofnod agoriadol Brut y Tywysogion wedd bwysig arall ar y traddodiad hwn. Roedd y drafodaeth ddwyffordd ar hanes a dyfodol cenedl y Cymry yn ymhlyg yn y modd y cafodd hunaniaeth y genedl honno ei diffinio yn nhermau gwrthdaro â'r Saeson. Ceir yn llawysgrifau'r Oesoedd Canol a'r cyfnod modern cynnar gannoedd ar gannoedd o gyfeiriadau at draddodiad deuol y brut/brud, a chyddestun llawer iawn o'r cyfeiriadau hyn yw gwrthdaro neu densiwn rhwng y Cymry a'r Saeson. Fel y pwysleisia Dafydd Glyn Jones, naratif o golli i'r Saeson yw hanes Brut y Tywysogion; fe egyr â Chadwaladr, y brenin olaf o hil y Brytaniaid, ac mae'n cloi â chwymp Llywelyn y Llyw Olaf ym 1282.[15] Roedd y cysylltiad rhwng hanesyddiaeth a phroffwydoliaeth yn rhan o rwydwaith cysyniadol cymhleth a ddefnyddid er mwyn trafod tensiynau rhwng y Cymry a'r Saeson.

Ac yn anhrefn Rhyfeloedd y Rhos y câi beirdd Cymraeg gyfle gwych i amlygu'r hen rwydwaith cysyniadol hwn. Wrth i bleidiau Lancastr a Iorc ymrafael â'i gilydd am y goron yn ystod ail hanner y bymthegfed ganrif, gallai brudwyr megis Dafydd Llwyd o Fathafarn bortreadu ymgeiswyr Cymreig yn nhermau'r Broffwydoliaeth Fawr ac episodau proffwydol eraill yn 'hanes' y genedl. Gallai'r beirdd yn hawdd ddisgrifio Harri Tudur, er enghraifft, yn nhermau delweddaeth y traddodiad deuol hwnnw, y brut/brud. 'Mab *Darogan*' oedd yr achubwr cenedlaethol y canai'r beirdd iddo, a phroffwydoliaeth yn unol â'r traddodiad Sieffreaidd oedd y *ddarogan* honno.[16]

Yn y cyswllt hwn, mae'n werth oedi ynghylch y berthynas rhwng canu brud cyfnod Rhyfeloedd y Rhos a hen destunau proffwydol megis y Broffwydoliaeth Fawr. Sut yr oedd beirdd y cyfnod yn rhoi'r rhwydwaith cysyniadol hwn ar waith wrth drafod materion y dydd? O graffu ar gywyddau a briodolir i Ddafydd Llwyd o Fathafarn, yr enwocaf o'r brudwyr, gwelir bod y bardd yn rhoi lle amlwg i astudio hen ddaroganau. Yn wir, gellir disgrifio 'barddoneg frud' Dafydd Llwyd o Fathafarn: dengys ei eiriau ei hun ei fod yn gweld astudio proffwydoliaethau'r hen oesoedd, gan gynnwys testunau ar ffurf rhyddiaith fel y Broffwydoliaeth Fawr, yn rhan o'r farddoneg honno, yn rhan o'i grefft fel brudiwr.

Ceir yn aml yng ngwaith Dafydd Llwyd o Fathafarn a brudwyr eraill awgrym fod yn rhaid wrth ddarllen ac astudio'r hen broffwydi er mwyn cynhyrchu canu brud newydd. Ac mae'r testunau y mae'r brudwyr yn cyfeirio atynt yn y cyswllt hwn yn cynnwys y Brutiau yn ogystal â'r daroganau; fe seiliwyd eu 'barddoneg frud' ar hanesyddiaeth Gymreig draddodiadol yn ogystal â phroffwydoliaeth Gymreig draddodiadol – brut a brud. Yn ei gywydd brud i'r Wylan a ddyfynnwyd uchod, disgrifia Dafydd Llwyd y modd y daeth ef o hyd i'w ddeunydd crai:

> Wrth ddarllen y sen y sydd
> O waith Robin, ddoeth rybudd,
> A Thaliesin, ddewin ddoeth,
> A Merddin burddysg mawrddoeth,
> Ac Adda fras, gywydd frud,
> Didwyll y mae'n dywedyd
> Proffwydoliaeth maith i'n mysg
> O waith Ddewi, ddoeth wiwddysg.
> Deall y *brud*, dwyllaw brudd,
> E'th goeliaf edn doeth gelfydd.[17]

Dywed ei fod wedi *darllen* gwaith y proffwydi enwog, gan gynnwys Myrddin, Taliesin, Adda Fras, Dewi Sant ac – mae'n debyg – Robin Ddu, cyfoeswr hŷn i Ddafydd Llwyd ei hun. Mae'r llinellau hyn yn cynnwys gwybodaeth amhrisiadwy am y modd yr aeth Dafydd Llwyd ati i gyfansoddi cywyddau brud: 'wrth ddarllen', medd y brudiwr, y 'sen', y 'rhybudd', a'r 'ddysg' sydd yng ngwaith y proffwydi enwog, mae'n sicrhau bod ei 'gywydd frud' ef ei hun yn traethu'n 'ddidwyll'.

Yn yr un modd, ceir mewn cywydd arall ganddo:

> Deall y bûm dull y byd,
> Cael f'addysg mewn celfyddyd
> Yng ngherdd Taliesin winfaeth,
> Y mae yn ôl am a wnaeth.
> O wawd Merddin frenhinol,
> O chair in, mae chware'n ôl.[18]

Yn ôl Dafydd Llwyd o Fathafarn mae myfyrio ynghylch 'cerdd Taliesin' a 'gwawd Myrddin' wedi bod yn gyfrwng iddo 'ddeall dull y byd'. Disgrifia astudio'r hen broffwydoliaethau fel 'cael f'addysg mewn celfyddyd'. Mae'r neges yn glir: er mwyn meithrin dawn y brudiwr, rhaid darllen, astudio a dehongli hen ddaroganau. Wrth gwrs, mae'r cyfeiriadau hyn hefyd yn fodd i'r bardd gyfleu awdurdod i'w ganu brud ei hun. Fel y mae'r hanesydd Elis Gruffydd yn dilysu'i hanesyddiaeth drwy gyfeirio at waith yr 'awduron' – sef awduron awdurdodol – felly hefyd y mae'r brudiwr yn dilysu'i gywyddau brud drwy faentumio'i fod yntau wedi mynd at waith yr awdurdodau.[19]

Fe ddisgrifia Dafydd Llwyd o Fathafarn ei 'farddoneg frud' eto mewn trafodaeth neu ymryson â bardd arall. Cyflwynodd Gruffudd ap Llywelyn Fychan gywydd iddo gan ei gyfarch a'i holi ynghylch y brudiau. Atebodd Dafydd Llwyd â'i gywydd ei hun gan ddisgrifio'i grefft mewn ffordd gwmpasog:

> Dull sy, nis dywedwn i neb.
> Darllen di wersi'r Priawr,
> A'r broffwydoliaeth faith fawr
> Yno cei, enwog gywydd,
> Wybod bod y rhod yn rhydd.[20]

Er dweud na fydd yn egluro'i union 'ddull . . . i neb', mae'n cynnig cyngor i'r darpar frudiwr. Dywed y dylid darllen 'gwersi'r Priawr' (sef 'chwedl Gwido', mae'n debyg, testun ag iddo oblygiadau proffwydol) 'a'r broffwydoliaeth faith fawr'. 'Yno', meddai, 'cei . . . wybod bod y rhod yn rhydd'. Fe ymddengys delwedd 'Rhod Ffawd' neu Olwyn Ffortiwna yn fynych yng ngwaith y cywyddwyr.[21] Dull o ddisgrifio datblygiad hanes – ar lefel yr unigolyn ac ar lefel y genedl – oedd delwedd y Rhod. Hysbysa Dafydd Llwyd y gellir dysgu 'bod y rhod yn rhydd' – dysgu bod ffawd yn newid – drwy astudio hen destunau proffwydol.

Mae ateb Dafydd Llwyd o Fathafarn i gywydd Gruffydd ap Llywelyn Fychan yn adleisio'r modd y mae cywyddau eraill ganddo yn cyfeirio at bwysigrwydd astudio gwaith Myrddin, Taliesin, Adda Fras a phroffwydi eraill. Drwy ddarllen, astudio a myfyrio ynghylch hen broffwydoliaethau y caiff bardd ddysgu sut mae canu cywyddau brud. Ac mae'r cysylltiad ystyrlon hwn rhwng hen broffwydoliaethau a phroffwydoliaethau newydd yn ddrych i'r cysylltiad rhwng y gorffennol, y presennol a'r dyfodol sydd wrth wraidd traddodiad y brut/brud. Yn wir, mae'n rhan o'r un rhwydwaith cysyniadol.

Awgrymwyd ar ddechrau'r bennod hon y dylid priodoli'r arfer o ddefnyddio brut/brud i wahaniaethu rhwng y fath hanesyddiaeth a'r fath broffwydoliaeth i waith ysgolheigion cymharol ddiweddar. Eto i gyd, gellir synhwyro hyd yn oed yng ngweithiau academaidd mwyaf awdurdodol yr ugeinfed ganrif fod yr hen amwysedd ystyrlon yn parhau. Mae *Geiriadur Prifysgol Cymru* yn rhestru brut a brud fel dwy ffurf wahanol o dan yr un cofnod.[22] Dywed fod y gyntaf ohonynt, (a) – sy'n cymryd y ffurf 'brut' fel rheol – yn golygu:

Deall Dull y Byd:

cronicl, hanes, cofnodiad o ddigwyddiadau hanesyddol mewn trefn amseryddol, stori: *brut, chronicle, history, record or historical account of events in chronological order, story.*

A dywed fod yr ail, (b) – sy'n cymryd y ffurf 'brud' fel rheol – yn golygu:

darogan, proffwydoliaeth, dewiniaeth, dyfaliad ynghylch y dyfodol (am fod elfen ddaroganol yn y Brutiau Cymraeg); adfyd: *prediction, prophecy, prognostication, divination, conjecture as to the future; affliction.*

Sylwer bod *Geiriadur Prifysgol Cymru* yn defnyddio'r ystyr gyntaf, (a), i esbonio'r ail ystyr, (b); mae brud yn 'ddyfaliad ynghylch y dyfodol', meddai, 'am fod elfen ddaroganol yn y Brutiau Cymraeg'. Mae'n rhaid i'r darllenydd fynd yn ôl at ystyr (a) er mwyn deall ystyr (b) yn llawn.

Caiff ymchwilydd a fyn eglurhad yn nhudalennau *Geiriadur Prifysgol Cymru* ei ddal mewn cylch deongliadol. Gwêl fod i'r gair ddwy ffurf a dwy ystyr (neu ddau rychwant o ystyron), ond wrth geisio amgyffred y naill mae'n rhaid iddo fynd at y llall. Ac mae'r cylch deongliadol hwn i'w briodoli i natur y traddodiad canoloesol. Hyd y gellir barnu heddiw, nid oedd y traddodiad hwnnw'n gwahaniaethu'n haearnaidd rhwng brut a brud, rhwng hanesyddiaeth a phroffwydoliaeth. Yn hytrach na gweld brut/brud fel un elfen eiriadurol ac iddi ddwy ystyr sy'n wahanol i'w gilydd (er yn gysylltiedig yn hanesyddol), gwell fyddai ei weld fel *un* term sy'n agor cil y drws i rwydwaith cymhleth o ystyron. Nid yw brut/brud yn arwyddo dau ddynodiad syml y gellir gwahaniaethu rhyngddynt yn hawdd; mae'n fynegbost i rwydwaith o wahanol gynodiadau, rhwydwaith syniadaethol a ddefnyddid yn yr Oesoedd Canol a'r cyfnod modern cynnar er mwyn trafod gorffennol cenedl y Cymry mewn perthynas â'i dyfodol. Mae ysgolheigion yr ugeinfed ganrif yn awyddus i bennu ystyron yn glir ac felly i weld cyfeiriadau syml at y fath hanesyddiaeth neu'r fath broffwydoliaeth. Ond mae'n debyg y byddai Cymry gynt yn deall bod brut a brud fel ei gilydd yn cyfeirio at yr un traddodiad organig, traddodiad cymhleth cyfan a roddai iddynt gyfrwng grymus er mwyn trafod eu hunaniaeth hwy.

Fel y gwelir yn y bennod olaf, fe aeth Elis Gruffydd i'r afael â chymhlethdodau cyfoethog y traddodiad hwnnw yn ei gronicl ef. Wrth gyflwyno teithi hanesyddiaeth estron newydd i'r traddodiad Cymraeg fe gymysgodd elfennau o'r newydd-estron ag elfennau o'r traddodiad 'brodorol'. A rhan bwysig o'r traddodiad hwnnw oedd y cysylltiad ystyrlon rhwng haneyddiaeth a phroffwydoliaeth. Eto, nid yw orgraff Elis Gruffydd yn gwamalu rhwng 'brud' a 'brut' yn yr un modd â rhai o'r cywyddwyr neu eu copïwyr. Defnyddia'r ffurf 'bru*d*' wrth drafod proffwydoliaeth. Ond mae awduron eraill o'r un cyfnod yn defnyddio'r ffurf 'bru*t*' yn y cyd-destun hwn, fel y gwelwyd uchod. Diddorol yw tystiolaeth geiriadur William Salesbury, *A Dictionary in Englyshe and Welshe*, a gyhoeddwyd ym 1547. '*Walshe prophecies*' – nid '*Walshe histories*' – yw'r modd y mae Salesbury'n cyfieithu 'brut'.[23] O ddadansoddi'r cofnod geiriadurol hwn ar ei ben ei hun, gellid awgrymu i Salesbury yn gyntaf anwybyddu'r hanesyddiaeth a gysylltid â'r traddodiad proffwydol, ac yn ail fod ei orgraff hynod ef felly yn peri iddo ysgrifennu 'bru*t*' tra'n trafod proffwydoliaethau. Ond dengys cofnod nesaf Salesbury ei fod yn ymwybodol o gymhlethdodau'r traddodiad; mae'n cyfieithu'r enw personol 'Brutus' â'r ffurf Saesneg '*Brute*'. Nid yw geiriadur Salesbury yn cynnwys enwau personol ar y cyfan, ac felly rhaid casglu bod ymddangosiad yr enw hwn yn arwyddocaol. Bodlonodd y dyneiddiwr ar gyfieithu 'brut' fel '*Welsh prophecies*' yn unig, ond gwnaeth hynny yng nghyd-destun enw Brutus/Brute, enw a oedd yn adnabyddus i'r Saeson a'r Cymry fel ei gilydd.[24] Mewn geiriau eraill, nid aeth Salesbury i'r afael â chymhlethdod ac arwyddocâd y gair 'brut' yn y traddodiad Cymreig wrth ei drosi i'r Saesneg, ond achubodd ei gam rywfaint drwy gynnwys enw personol mwyaf arwyddocaol y traddodiad hwnnw, enw sy'n dwyn hanesyddiaeth Gymreig i gof.

Roedd y cysylltiad ystyrlon hwn rhwng hanesyddiaeth a phroffwydoliaeth yn fyw iawn yn y dychymyg a'r meddwl Cymreig drwy gydol cyfnod y Tuduriaid, ond roedd y wedd danbaid ar y traddodiad hwnnw a welir yn y cywyddau brud wedi pylu erbyn oes Elis Gruffydd a William Salesbury. Yng ngwaith Dafydd Llwyd o Fathafarn y gwelir penllanw traddodiad y cywydd brud. Cafwyd yn amgylchiadau cyfnod Rhyfeloedd y Rhos hinsawdd ffrwythlon ar gyfer ei ffyniant. Wrth i ymgeiswyr Cymreig gamu i'r llwyfan wleidyddol a hawlio coron Ynys Brydain, câi'r beirdd gyfle euraid i roi eu dysg draddodiadol ar waith a chanu cerddi a gyfunai ddatblygiadau gwleidyddol cyfoes â'r hen drafodaeth ddwyffordd ar orffennol a dyfodol cenedl y Cymry. Wrth i gefnogwyr Iorc a Lancastr dynnu gwaed, defnyddiai'r brudwyr gyfoeth y brut/brud er mwyn cyflwyno'r ymrafael dros y goron yn nhermau yr hen wrthdaro rhwng y Cymry a'r Saeson.[25]

Beth a ddigwyddodd i'r canu hwn ar ôl i'r hinsawdd wleidyddol a chymdeithasol yr oedd yn ffynnu ynddi newid? Fel y gellid disgwyl, fe ddiflannodd i raddau helaeth. Wrth goroni Harri Tudur yn Harri VII cafwyd dau reswm amlwg dros beidio â chynhyrchu rhagor o ganu brud. Yn gyntaf, fe ddaeth cyfnod o sefydlogrwydd cymharol gyda goruchafiaeth y Tuduriaid. Er gwaethaf ambell wrthryfel a chynllwyn, ni fyddai Cymru'n rhan o ryfel ar lefel Brydeinig tan ganol yr ail ganrif ar bymtheg. Buasai'r canu brud yn cydgerdded â rhyfel ar raddfa eang, yn enwedig rhyfel y gellid ei ddehongli fel gwrthdaro rhwng y Cymry a'u gormeswyr hanesyddol. Yn ail, roedd gan Harri Tudur ei linach Gymreig. Ef oedd y mab darogan y buasai'r brudwyr yn proffwydo ei ddyfod, ac felly ni fyddai gan y beirdd hynny reswm i barhau â'u canu brud wedi'i goroni'n frenin. Yng ngeiriau R. M. Jones, 'Harri VII a laddodd y canu brud wrth ei gyflawni'.[26]

Gwobrwyai Harri VII yr uchelwyr Cymreig hynny a'i helpai ar ei ffordd i faes Bosworth. Tystia'r swyddi bras a ddaliai Syr Rhys ap Thomas yn glir i haelioni'r brenin newydd wrth gydnabod gwerth ei gefnogwyr selocaf.[27] Ond erbyn teyrnasiad ei fab, Harri VIII, roedd yn eglur na fyddai'r Tuduriaid yn mynd ymhellach i helpu cenedl y Cymry. Yn wir, fel y gwelwyd yn y bennod gyntaf, y gwrthwyneb a gafwyd mewn sawl ffordd. Er y gellid dadlau i'r 'Deddfau Uno' ddod â rhai manteision i rai haenau cymdeithasol yng Nghymru, fe ddaeth y broses o ganoli grym y Goron Duduraidd hefyd â bygythiadau eraill i hunaniaeth a thraddodiadau'r Cymry.[28] Gwelir y broses hon ar waith yn y modd y dienyddiwyd Syr Rhys ap Gruffydd, yr uchelwr a ddisgrifir gan John Gwynfor Jones fel 'the last overpowerful Welsh nobleman who might have caused an uprising in Wales'.[29]

Ac fel yr awgrymwyd yn y bennod gyntaf, er bod gweledigaeth hanesyddol Elis Gruffydd yn perthyn i'r cyfnod ar ôl oes aur y canu brud, mae'r modd y mae'n trafod yr 'edliwiaeth' a fwriodd Saeson 'yn nannedd y Cymry' ar adeg dienyddiad Syr Rhys ap Gruffydd yn arwyddocaol. Awgrymwyd bod disgrifiad Elis Gruffydd o'r digwyddiad yn dangos ei fod yn ymwybodol o statws symbolaidd teulu Dinefwr fel teulu uchelwrol a allai ganoli'r un grymoedd symbolaidd a geid yn y canu brud hanner canrif ynghynt. Ac wrth drafod 'y gigfran wen' a gafodd Harri VIII yn anrheg yn yr un flwyddyn â dienyddiad Syr Rhys ap Gruffydd, defnyddia'r croniclwr ddelweddaeth y canu brud hwnnw. Mewn geiriau eraill, er bod gwybodaeth am draddodiad y canu brud ar led yn oes Elis Gruffydd roedd y traddodiad byw o gyfansoddi a chanu'r cerddi hyn wedi diflannu. A gwelir yn y modd y mae'r croniclwr yn trafod dienyddiad yr uchelwr ifanc enghraifft o'r newid byd a ddaeth rhwng gobeithion brudiol beirdd y bymthegfed ganrif a *status quo* teyrnasiad Harri VIII. Yn wir, cafwyd yn yr ymdrechion i ddiogelu'r *status quo* Tuduraidd rwystr arall a fyddai'n gweithio yn erbyn canu cerddi proffwydol. Datganodd senedd y brenin mai brad oedd proffwydo ynghylch dyfodol y goron.[30] Ac fel y gwelir yn achos Syr Rhys ap Gruffydd, roedd cyhuddo deiliad y goron o ymhél â phroffwydoliaeth yn aml yn rhan o'r broses o'i ddwyn o flaen y dienyddiwr. Roedd ffactorau eraill yn gweithio yn erbyn parhad traddodiad y canu brud. Fe ellir dweud bod hinsawdd ddiwylliannol y cyfnod yn ei erbyn. Er bod canu brud o'r math a welir yng ngwaith Dafydd Llwyd o Fathafarn yn draddodiad Cymreig unigryw, roedd traddodiadau proffwydol eraill ar gael ar draws Ewrop yn y cyfnod ac roedd gwahanol sefydliadau ar draws Ewrop yn eu condemnio. Condemniwyd proffwydo gan yr Eglwys Gatholig yng Nghyngor Trent. Rhoddwyd testunau proffwydol – gan gynnwys rhai yn llinach y brud Sieffreaidd – ar restr y *Librae prohobitorum*, y llyfrau gwaharddedig.[31] Ac er gwaethaf ymdrechion y Catholigion i ymosod ar draddodiadau proffwydol, roedd diwinyddion Protestannaidd yn awyddus i gysylltu proffwydoliaeth ag Eglwys y Pab a'i chondemnio fel un ymysg llu o arferion 'anwaraidd y Pabyddion'. Ymosodai eraill ar broffwydoliaethau o safbwynt dysg a deall; cafwyd dyneiddwyr ar draws Ewrop – gan gynnwys dyneiddwyr Cymreig – a ysgrifennai yn eu herbyn.[32]

Roedd yn Ewrop ar y pryd draddodiadau proffwydol eraill nad oeddynt mor wleidyddol â'r canu brud Cymreig, y 'prognosticasiwns' a drafodai'r tywydd a materion anegsotig eraill. Fe ddaeth y proffwydoliaethau dof hyn i Gymru hefyd, a gwelir prognosticasiwns mewn llawysgrifau Cymraeg o'r unfed ganrif ar bymtheg ymlaen.[33] Ond er hyn, nid oedd beirdd yn canu proffwydoliaethau yn null Dafydd Llwyd o Fathafarn a'r brudwyr mwyach. Daeth diwedd ar y traddodiad, diolch i gyfuniad o wahanol ffactorau. Rhoddwyd yn ei erbyn rai agweddau ar ddysg y dyneiddwyr, awdurdodau crefyddol ar ddwy ochr rhwyg y Diwygiad, a deddfwriaethau llywodraeth y brenin. Ac ar ben hyn oll dyna'r ffaith seml mai gwireddu'r canu brud a wnaeth Harri VII. Bu cynifer o feirdd pwysig chwarter olaf y bymthegfed ganrif yn portreadu Harri Tudur fel y mab darogan ac felly byddai canu brud ar ôl ei orseddu yn golygu mynd yn erbyn cynsail barddol. A thraddodiad ceidwadol fu'r traddodiad barddol Cymraeg erioed. Priodolid rhai cywyddau brud o'r bymthegfed ganrif i feirdd yr unfed ganrif ar bymtheg ar gam. Ac mae'n debyg fod rhai o'r cywyddau brud i Harri VII a'i gefnogwyr wedi'u cyfansoddi ychydig ar ôl Bosworth mewn dull anachronistaidd – hynny yw, fod rhai beirdd wedi gwenieithio'r brenin newydd drwy *esgus* cu bod wedi proffwydo'i fuddugoliaeth ymlaen llaw. Ond mae'n ddiau bod traddodiad y canu brud wedi pylu rhwng 1485 a diwedd y bymthegfed ganrif. Do, bu farw'r traddodiad o gyfansoddi a chanu cywyddau brud rai degawdau cyn i Elis Gruffydd ddechrau ysgrifennu. Ond er gwaethaf tranc y traddodiad canoloesol hwnnw, cafodd proffwydoliaethau Cymraeg – gan gynnwys cywyddau brud o gyfnod Rhyfeloedd y Rhos – gyfle i fyw eto drwy gyfrwng llawysgrifau'r unfed a'r ail ganrif ar bymtheg. Fe ymdrafferthai copïwyr y cyfnod modern cynnar â thestunau proffwydol yr Oesoedd Canol, gan sicrhau y byddent yn fyw ar ddalennau'r llawysgrifau, os nad ar dafodau'r beirdd.

Cyn troi at dystiolaeth y llawysgrifau hyn, dylid nodi bod un adroddiad Saesneg a wnaethpwyd ym mlynyddoedd cynnar teyrnasiad Elisabeth I yn awgrymu na chyfyngwyd y traddodiad proffwydol Cymraeg i fyd ysgrifennu a darllen yn gyfan gwbl:

> Upon the sondaies and hollidaies the multitude of all sortes of men women and children of everie parishe doe use to meete in sondrie places either one some hill or one the side of some mountaine where theire harpers and crowethers singe them songs of the doings of theire auncestors, namelie, of theire warrs againste the kings of the realme and the Englishe nac'on, and then doe they ripp upp theire petigres at length, hoe each of them is descended from those theire ould princs. Here also do they spende theire time in hearinge some parte of the lives of Taliesin, Marlin, Beuno, Kybbe, Ieru, and such other the intended prophets and saints of that cuntrie.[34]

Mae'n anodd gwybod yn union beth oedd y berthynas rhwng yr adroddiad Saesneg hwn ac arferion Cymreig yn yr unfed ganrif ar bymtheg. Ceir lliaws o adroddiadau tebyg yn lleisio pryderon y llywodraeth Seisnig ynghylch gweithgareddau barddol yn Iwerddon – yn wir, deddfwyd yn erbyn y beirdd Gwyddeleg ar fwy nag un achlysur yng nghyfnod y Tuduriaid – ond nid oes ar glawr lawer o dystiolaeth sy'n ategu'r hyn a ddywed yr adroddiad hwn am Gymru.[35]

Ond er ei bod yn ddogfen weddol unigryw, mae'n berthnasol iawn i'n trafodaeth ar oblygiadau gwleidyddol y traddodiad proffwydol Cymreig. Sylwer ar rai o'r union ymadroddion a ddefnyddir yn yr adroddiad: mae'r sylwebydd yn poeni am yr hyn y mae'r 'multitude' Cymreig yn ei wneud, sef trafod – drwy gyfrwng eu caneuon a'u chwedlau – 'theire warrs againste the kings of the realm and the English na[ti]on'. Darlunia wrthdaro rhwng y ddwy genedl; saif y Cymry, 'multitude' Cymru, ar y naill ochr a brenhinoedd a chenedl Lloegr ar yr ochr arall. A'r hyn sydd yn corddi'r dyfroedd rhwng y ddwy ochr yw canu, adrodd a gwrando, hynny yw, cyfranogi o'r wedd gyhoedduslafar ar y traddodiad llenyddol Cymraeg. Fe dâl inni ystyried ymhellach y math o destunau neu berfformiadau yr oedd y Cymry'n eu perfformio'n gyhoeddus yn ôl yr adroddiad hwn.

Cyfeiria'n gyntaf at 'the songs of the doings of their ancestors'. Nid oedd y Cymry yn canu epigau, hynny yw naratifau mydryddol estynedig. Oni bai bod rhyw draddodiad yn debyg i faledi'r Alban wedi bod yng Nghymru ar y pryd ond wedi diflannu'n gyfan gwbl ers hynny, rhaid casglu mai cyfeirio at ganu mawl a marwnad yr oedd y sylwebydd Saesneg dienw hwn. Wedi'r cwbl, drwy ganu mawl a marwnad i'w noddwyr yr oedd y beirdd yn cofnodi eu campau, ac o'r herwydd gellid disgrifio canu hen awdlau a chywyddau mawl fel 'sing[ing] songes . . . of the doings of their ancestors'. Ac wrth gwrs, geill mai cyfeirio at y canu mawl yr oedd hefyd wrth sôn am y 'pedigrees', er nad amhosibl mai trafod achau rhyddiaith fel y rhestrau achyddol a welir mewn nifer o lawysgrifau'r cyfnod yr oedd.

Dywed hefyd i'r Cymry ymgasglu i wrando ar 'the lives' – bucheddau – saint a phroffwydi Cymru, 'the intended prophets and saints of that country'. Er y gellid tybio bod cyplysu saint a phroffwydi yn gyfeiriad at broffwydi crefyddol yn null yr Hen Destament, dichon mai cymeriadau traddodiadol Cymreig yw 'prophets and saints' yma. Yn gyntaf, mae'n enwi saint Cymreig adnabyddus, sef Cybi a Beuno. Yn ail, mae'n enwi Taliesin a Myrddin (Marlin, Merlin). Tybed ai dweud yr oedd fod pobl yn canu neu'n adrodd yn gyhoeddus gerddi proffwydol a briodolid i Daliesin ac i Fyrddin?

Mae cyplysu 'lives of . . . prophets' ag enw Taliesin yn awgrymu'n gryf mai rhywbeth tebyg i 'Ystoria Taliesin' oedd y tu ôl i'r sylwebaeth hon. Ceir y fersiwn cynharaf o'r chwedl hon yng nghronicl Elis Gruffydd ei hun, a chan ei fod yn dweud bod y chwedl yn 'sathredig' – hynny yw, 'adnabyddus', 'i'w chlywed', 'ar gael' – yng Nghymru ar y

92 *Deall Dull y Byd:*

pryd, mae'n bosibl ei fod yntau'n cyfeirio at glywed yr 'Ystoria' ar lafar ar achlysur tebyg i'r un a gofnodwyd yn yr adroddiad Saesneg hwn.[36] Mae chwedlau am Fyrddin Wyllt wedi goroesi hefyd, ac yn wir, mae'r fersiynau Cymraeg cynharaf o rai ohonynt hwythau i'w cael yng nghronicl Elis Gruffydd hefyd. Ac mae'r straeon am Daliesin a Myrddin a geir yn y cronicl yn cynnwys nifer helaeth o gerddi proffwydol; pe bai rhywun yn adrodd y chwedlau hyn ar lafar byddai hynny'n golygu bod rhai proffwydoliaethau Cymraeg yn cael eu perfformio ar lafar yng nghyfnod y Tuduriaid.

Fodd bynnag, tystiolaeth ynysig yw'r adroddiad Saesneg hwn ac mae'n anodd cefnogi'r disgrifiad gwefreiddiol hwn o ymddygiad 'multitude' Cymru yn oes Elisabeth. Tybed ai ymateb i'r traddodiad llawysgrifol yr oedd y sylwebydd hwn? Hynny yw, mae'n bosibl ei fod wedi cymryd y ffaith fod copïo a darllen y fath beth yn boblogaidd iawn ar y pryd fel arwydd fod y traddodiad yn fyw y tu allan i'r llawysgrifau hefyd.

Ni wyddys heddiw yn union beth oedd y berthynas rhwng yr hyn a welir yn llawysgrifau cyfnod y Tuduriaid a'r hyn a fodolai y tu allan iddynt. Ni ellir profi'n ddigamsyniol fod Cymry'r oes yn ymgasglu i adrodd 'bywydau eu proffwydi'. Ni ellir profi ychwaith eu bod yn ymgasglu i ganu cerddi brud. Fel y casglwyd uchod, yn wyneb diffyg tystiolaeth gadarn i'r gwrthwyneb, rhaid casglu bod cyfansoddi a chanu cywyddau brud wedi marw erbyn cyfnod Elis Gruffydd. Ond, fel yr awgrymwyd uchod, nid yw hyn yn golygu nad oedd Cymry'r cyfnod yn *ymhél â* chywyddau brud a thestunau proffwydol eraill. A dweud y gwir, gellir profi yn ddiymwad eu bod yn ymhél â thestunau proffwydol o bob math; ceir tystiolaeth gadarn yn llawysgrifau'r unfed a'r ail ganrif ar bymtheg. Roedd diwylliant llawysgrifol Cymru yn ffynnu yn y cyfnod hwn, ac ym myd tawel y llawysgrifau gellir gweld prawf pendant i ddiddordeb mewn proffwydoliaeth barhau drwy gydol oes y Tuduriaid.[37] Dengys y llawysgrifau hyn yn glir fod Cymry'n copïo, yn darllen ac yn astudio testunau proffwydol. A chan ein bod wedi gweld yn barod fod Brut y Tywysogion wedi'i gopïo'n fynych yn y cyfnod hwn, gellir gweld o sawl ongl y modd y goroesodd traddodiad y brut/brud yn niwylliant llawysgrifol Cymru.

Nid unffurf oedd copïwyr llawysgrifau cyfnod y Tuduriaid – roeddynt yn feirdd, yn ddyneiddwyr, yn aelodau o ddosbarth newydd o gopïwyr seciwlar proffesiynol a oedd yn prysur ennill eu plwyf, ynghyd ag ambell unigolyn anodd ei gloriannu megis Elis

Gruffydd. Ac ymdrafferthodd pob math o gopïwyr i gofnodi cynnyrch llenyddol yr Oesoedd Canol, gan gynnwys barddoniaeth a rhyddiaith broffwydol. Ceir nifer fawr o lawysgrifau yn dyddio o'r cyfnod c.1500-c.1620 sydd yn cynnwys casgliadau o gerddi brud. Ceir ynddynt gywyddau brud o gyfnod Rhyfeloedd y Rhos yn ogystal â cherddi proffwydol a briodolir i gynfeirdd megis Taliesin. Yn wir, mae nifer o lawysgrifau o'r cyfnod yn cynnwys deunydd proffwydol yn unig, neu bron yn unig. Ac mae'r ffaith seml hon yn tystio i'r bri a fu ar gopïo, darllen ac astudio brut/brud yn y cyfnod ar ôl Rhyfeloedd y Rhos. Un llawysgrif a gafodd ei chopïo – ac felly ei hastudio – yn fynych yw Peniarth 50, casgliad o broffwydoliaethau a ysgrifennwyd yn y bymthegfed ganrif. Fe enillodd y llawysgrif hon y teitl 'Y Cwta Cyfarwydd' oherwydd natur ei chynnwys. Cafodd darnau ohoni eu copïo gan hynafiaethwyr a dyneiddwyr am o leiaf ganrif a hanner ar ôl ei hysgrifennu, a barnu oddi wrth y marciau a adawodd sawl llaw arni.

Fe ddichon mai Mostyn 133 yw'r enghraifft fwyaf trawiadol o gasgliad proffwydol a wnaethpwyd ar ôl diwedd y bymthegfed ganrif. Mae i'r llawysgrif hon – yr ysgrifennwyd rhan ohoni gan John Jones, Gellilyfdy – 656 tudalen. Ac mae'r rhan fwyaf o'r tudalennau hyn yn cynnwys deunydd proffwydol. Nid ffasiwn fyrhoedlog oedd copïo ac astudio proffwydoliaethau Cymraeg yn y cyfnod modern cynnar ychwaith, fel y tystia un llawysgrif yng nghasgliad y Lyfrgell Brydeinig. Cynhwysa llawysgrif B. 37 (=Ychw. 14,893) nifer helaeth o broffwydoliaethau mewn rhyddiaith a barddoniaeth ac ychwanegwyd ati gan wahanol gopïwyr ar wahanol adegau dros gyfnod o dri chwarter canrif, rhwng 1576 a 1649.

Ceir dwsinau o lawysgrifau eraill o'r cyfnod sydd yn cynnwys swmp o ddeunydd proffwydol, er nad ydynt yn ymdrin â darogan yn unig. Fe ganwyd bron y cwbl o'r cywyddau brud sydd wedi goroesi yn ystod ail hanner y bymthegfed ganrif, ond y mae'r rhan fwyaf ohonynt wedi goroesi oherwydd iddynt gael eu cofnodi a'u copïo yn yr unfed a'r ail ganrif ar bymtheg. Ac yn hynny o beth, nid ydynt yn wahanol i'r rhan fwyaf o'r cywyddau sydd wedi goroesi. Nid afresymol fyddai dweud, felly, fod *canu* cywyddau brud yn perthyn i'r bymthegfed ganrif a bod *ysgrifennu* cywyddau brud yn perthyn i'r ddwy ganrif ddilynol.[38] Ac mae hyn yn bwynt hollbwysig. Diflanasai yr hen ganu brud erbyn cyfnod Elis Gruffydd. Ond er i draddodiad y brudwyr fel yr oedd yn nyddiau Rhyfeloedd y Rhos ddiflannu, parhai elfennau o'r traddodiad hwnnw i fod yn gyfrwng syniadaethol grymus, a hynny drwy gyfrwng diwylliant llawysgrifol Cymru.

Yn wir, mae un o lawysgrifau Elis Gruffydd ei hun yn enghraifft ragorol o'r modd y diogelwyd cywyddau brud a thestunau proffwydol eraill gan ysgrifenwyr yr unfed ganrif ar bymtheg. Mae Llawysgrif Caerdydd 5 – 'Llyfr Elis Gruffydd' – yn gasgliad amrywiol, *miscellany* sy'n nodweddiadol o ddiwylliant llawysgrifol Cymru'r Oesoedd Canol diweddar a'r cyfnod modern cynnar. Mae rhan sylweddol o'r casgliad amrywiol hwn yn cynnwys deunydd o natur broffwydol. Ceir yn Llawysgrif Caerdydd 5 gerddi darogan – gan gynnwys nifer o gywyddau brud o'r bymthegfed ganrif – yn ogystal â darnau o ryddiaith broffwydol. Cofier i Elis Gruffydd ddyfynnu cwpled cyntaf 'Cywydd y Gigfran' gan Ddafydd Llwyd o Fathafarn yn ei gronicl wrth drafod dienyddiad Syr Rhys ap Gruffydd a'r gigfran wen a gafodd Harri VIII yn anrheg. Mae'r cywydd brud hwn yn ddolen gyswllt rhwng deunydd proffwydol y ddau waith; copïwyd fersiwn cyfan o 'Gywydd y Gigfran' gan Elis Gruffydd yn Llawysgrif Caerdydd 5 rai blynyddoedd cyn iddo ddechrau cyfansoddi'i gronicl.

Fe ysgrifennodd y llawysgrif gynnar hon ym 1527 tra oedd yn was i Syr Robert Wingfield yn Llundain.[39] Gofalu am blasty ei feistr, Wingfield Place, oedd swydd Elis Gruffydd ar y pryd, ac fe ymddengys nad oedd y swydd honno yn ormod o dreth ar ei amser. Roedd ganddo ddigon o amser hamdden i ymroi i'w weithgareddau llenyddol fel y mae Caerdydd 5 – sydd yn llawysgrif swmpus a gynhwysa 266 o dudalennau mawr – yn tystio.[40] Rhydd 'Lyfr Elis Gruffydd' ddarlun da o ddiddordebau Cymro diwylliedig yr oes. Mae barddoniaeth yn llenwi tua hanner y llawysgrif, ac mae'r flodeugerdd a ffurfiwyd gan Elis Gruffydd ynddi yn cynnwys cerddi gan y cywyddwyr enwocaf – Dafydd ap Gwilym, Iolo Goch, Gruffydd Gryg, Dafydd Nanmor, Guto'r Glyn, Lewis Glyn Cothi a Dafydd Llwyd o Fathafarn. Ceir ynddi hefyd gerddi a briodolwyd gan Elis Gruffydd i'r cynfeirdd Taliesin a Llywarch Hen. Ymysg rhyddiaith y llawysgrif y mae achau (ffug)hanesyddol, croniclau byrion, 'Ymddiddan yr Enaid a'r Corff' (cyfieithiad o'r Lladin a briodolir gan Elis Gruffydd i Iolo Goch), traethawd ar 'y saith planed', 'Chwedl Seith Doethion Rufein' (a gyfieithwyd o'r Ffrangeg neu'r Saesneg ganddo ef ei hun, mae'n debyg), a nifer o broffwydoliaethau ar ffurf rhyddiaith.[41]

Tua thair blynedd ar ôl gorffen y llawysgrif hon, ymadawodd Elis Gruffydd â Llundain er mwyn ymuno â garsiwn Calais. A blwyddyn neu ddwy ar ôl ymgartrefu yng Nghalais dechreuodd ar ei brosiect llenyddol mwyaf uchelgeisiol, sef ysgrifennu'i gronicl hir. Er mor wahanol yw'r ddau waith, 'Llyfr Elis Gruffydd' a'r cronicl, er bod y naill yn sefyll yn gadarn yn nhraddodiad casgliadau amrywiol yr Oesoedd Canol diweddar tra bo'r llall yn mewnforio teithi hanesyddiaeth Seisnig gyfoes i'r Gymraeg, mae'r ddau yn cynnwys llawer o'r un eitemau unigol. A'r hyn sydd fwyaf cyffredin rhyngddynt o ran cynnwys yw deunydd sy'n gysylltiedig â thraddodiad y brut/brud. Ceir yn y ddau waith nifer o gerddi proffwydol yn ogystal â phroffwydoliaethau ar ffurf rhyddiaith. Ac mae'r ddau hefyd yn ymdrin â 'hanes' Brutus yn ogystal ag elfennau eraill o hanesyddiaeth Sieffreaidd. Ac yn achos ambell destun unigol – er enghraifft, rhai o'r cerddi darogan a briodolir i Daliesin a chwpled cyntaf 'Cywydd y Gigfran' – gwelir i Elis Gruffydd ailgopïo yn ei gronicl rai o'r union destunau a gopïwyd ganddo yn barod yn Llawysgrif Caerdydd 5.

Dengys y cronicl a'r 'Llyfr' fel ei gilydd nad hynafiaethol yn unig oedd diddordeb Elis Gruffydd yn nhraddodiad y brut/brud. Fel y gwelwyd yn y bennod gyntaf, wrth drafod hanes diweddar mae'n dyfynnu 'Cywydd y Gigfran'. Hynny yw, gwelodd y croniclwr fodd i droi elfennau o'r hen draddodiad hwnnw yn gyfrwng syniadaethol ar gyfer dehongli hanes diweddar a materion cyfoes. Fe berthyn gweledigaeth hanesyddol Elis Gruffydd i'r cyfnod ar ôl i'r meddylfryd a geir yn y canu brud ildio i amgylchiadau'r oes Duduraidd newydd. Nid oedd 'y milwr o Galais', er enghraifft, yn portreadu'r berthynas rhwng Cymru a Lloegr yn nhermau'r frwydr genedlaethol y canai'r brudwyr amdani. Dyn ei oes oedd Elis Gruffydd, ond er gwaethaf ei fyd-olwg Tuduraidd, gallai ef – fel beirdd a ganai yn oes ei dad a'i daid – ddefnyddio rhai agweddau ar draddodiad y brut/brud wrth ddehongli'r byd o'i gwmpas.

Ni ddylid meddwl bod hyn yn tynnu'n groes i'w awydd i fynd i'r afael â hanesyddiaeth Seisnig ddiweddar. Ni ddylid meddwl mai gwahanol oedd yr Elis Gruffydd a gymerai ddiddordeb yn yr hen broffwydoliaethau Cymreig i'r Elis Gruffydd hwnnw a drosodd dalpiau o gronicl John Rastell i'r Gymraeg. Yn hytrach na gweld y sylw a rydd i broffwydoliaeth fel diffyg ar bersonoliaeth a oedd fel arall yn gydnaws ag 'ysbryd ei oes', gellir awgrymu ei fod yn rhoi cymaint o sylw i draddodiad y brut/brud yn y modd hwn *oherwydd* ei fod yn ddyn ei oes. Fel y gwelwyd uchod, er i gyfnod cyfansoddi a chanu cywyddau brud ddiflannu ddegawdau cyn i Elis Gruffydd ddechrau ysgrifennu, parhai traddodiad amlweddog y brut/brud – gan gynnwys cywyddau brud o'r bymthegfed ganrif – yn rhan bwysig o'r traddodiad llawysgrifol Cymraeg. Nid Elis Gruffydd oedd yr unig Gymro yn y cyfnod a ymroes i gopïo, astudio a thrafod testunau proffwydol o'r Oesoedd Canol. Fel y gwelir eto yn y bennod olaf, gwnaeth Elis Gruffydd hyn oll yng nghyswllt ei drafodaeth ar hanes diweddar. Ac fel y gwelir hefyd, nid yw ei ddefnydd o'r traddodiad proffwydol yn gyfan gwbl groes i'r gofal ysgolheigaidd sy'n nodweddu ei hanesyddiaeth ef.

Cyn edrych yn fanwl ar swyddogaeth proffwydoliaeth yng nghronicl Elis Gruffydd, bydd rhan olaf y bennod hon yn braenaru'r tir rywfaint drwy graffu'n fanylach ar ddeunydd proffwydol Caerdydd 5. Wrth ddyfynnu cwpled agoriadol 'Cywydd y Gigfran' yn y cronicl roedd Elis yn cyfeirio'n ôl at gywydd brud a gopïodd yn ei lawysgrif gynnar. Ac felly cyn edrych arno yng nghyd-destun ehangach y cronicl, mae'n synhwyrol edrych yn ofalus ar y testunau proffwydol eraill a geir yn y 'Llyfr' sy'n rhan o gyd-destun llawysgrifol y cywydd hwnnw. Drwy graffu ychydig ar gynnwys y llawysgrif hon gellir amgyffred yn well y modd y cafodd cerddi brud a thestunau proffwydol eraill eu trosglwyddo ar ffurf ysgrifenedig ar ôl i oes aur y cywydd brud ddarfod amdani. A thrwy ymgyfarwyddo â'r cyd-destun llawysgrifol gellir deall yn well y modd y defnyddiodd Elis Gruffydd gywydd brud gan Ddafydd Llwyd o Fathafarn wrth drafod hanes diweddar yr unfed ganrif ar bymtheg. Tystia Llawysgrif Caerdydd 5 – a llawer o lawysgrifau eraill o'r cyfnod – fod Cymry'r unfed ganrif ar bymtheg, drwy weithgareddau megis copïo, darllen ac astudio testunau proffwydol, wedi sicrhau y byddai elfennau o draddodiad y canu brud yn parhau'n rhan o fywyd diwylliannol eu gwlad am flynyddoedd ar ôl i Ddafydd Llwyd o Fathafarn fynd i'w fedd.

Mae i Lawysgrif Caerdydd 5 133 ffolio (neu ddalen), sef 266 tudalen. Fe egyr â chasgliad o farddoniaeth. Hwn yw'r darn hwyaf yn y 'Llyfr'; cynhwysa 104 tudalen, tua 40 y cant o'r llawysgrif gyfan. Cywyddau yw'r rhan fwyaf o'r cerddi. Fe'u cofnodwyd mewn colofnau, gyda dwy golofn ar bob tudalen. Rhydd Elis Gruffydd enw'r bardd y priodola'r gerdd iddo ar y diwedd. Er enghraifft, dechreua 'Cywydd y Gigfran' yn y golofn gyntaf ar dudalen 28 ac mae'n gorffen yn yr ail golofn ar dudalen 29. Ceir 'Dauudd Llwyd a'i kant' yn union ar ôl llinell olaf y cywydd. Mae Elis Gruffydd yn enwi 32 bardd yn y flodeugerdd hon: Edwart ap Rhys; Dafydd Llwyd o Fathafarn; Llywelyn ap Gutun; Dafydd Nanmor; Dafydd ap Gwilym; Rhys Nanmor; Ieuan Dyfi; Siôn Huw; Robert Leiaf; Bedo Brwynllys; Dafydd ap Hywel ab Ieuan Fychan; Guto'r Glyn; Siôn ap Rhys ap Morys; Llawdden; Llywelyn ab

Ieuan ap Cynfrig Moel; Gruffudd Llwyd ap Llywelyn ap y Calan; Ieuan Llwyd Brydydd; Lewys Glyn Cothi; Dafydd ab Edmwnd; Gruffudd ap Gronw Gethin; Deio ab Ieuan Ddu; Ithel ap Gruffudd; Llywarch Hen; Bedo Aerddren; Gruffudd Gryg; Ieuan Brydydd Hir; Syr Ffylib Emlyn; Meredudd ap Rhys; Iolo Goch; Siôn ap Hywel; Syr Dafydd Trefor; Taliesin. Cywyddwyr yw'r rhan fwyaf o'r beirdd hyn. Maent yn perthyn, felly, i'r cyfnod sy'n ymestyn o hanner cyntaf y bedwaredd ganrif ar ddeg hyd ddyddiau Elis Gruffydd ei hun. Eithriadau amlwg yw'r cerddi a briodolir i Daliesin ac i Lywarch Hen. Nid cerddi mawl 'y Taliesin hanesyddol' sydd yma, ond cerddi proffwydol a berthyn i draddodiad 'y Taliesin chwedlonol'. Mae'n ddiddorol nodi bod y cymeriadau chwedlonol, Taliesin a Llywarch Hen, yn sathru ar undod casgliad a fyddai fel arall yn flodeugerdd swmpus o waith y cywyddwyr. Ac yn achos Taliesin, mae'n bosibl mai natur broffwydol y cerddi a briodolir iddo oedd y dynfa. Hynny yw, ar y cyfan mae'r rhan hon o'r 'Llyfr' – a rhannau eraill fel y gwelir isod – yn dilyn rheolau generig; dewiswyd ei chynnwys yn ôl *genre* y cerddi, cyfnod tybiedig y beirdd, ac yn y blaen. Ond roedd copïo cerdd broffwydol yn fwy o dynfa na pharchu'r rheolau sydd fel arall yn rhoi strwythur i'r casgliad. Ac wrth gwrs, o roi'r flodeugerdd yng nghyd-destun y llawysgrif gyfan, nid yw'r cerddi proffwydol hyn yn ymddangos yn rhyfedd; maent yn ategu gwedd amlwg ar y 'Llyfr'.

Daw yn nesaf ar ôl y flodeugerdd hon gasgliad amrywiol o ryddiaith sy'n cynnwys rhestrau, traethodau a chwedlau. Ceir yma achau (ffug)hanesyddol o natur Sieffreaidd, gan gynnwys ach 'o Adda hyd at Frutus' ac 'Y Cronicl Byr [am] frenhinoedd o'r Brytaniaid'. Ceir hefyd ddeunydd Cristnogol addysgol, gan gynnwys achau saint Cymru, 'Ymryson yr Enaid a'r Corff', 'Pump Pryder Mair', 'y Naw Rhinwedd a Ddanfones Duw', 'Saith Anwylddyn Duw' a 'Saith Gasddyn Duw'. Er nad yw deunydd proffwydol mor amlwg yn y casgliad hwn ag ydyw mewn rhannau eraill o'r llawysgrif, nid yw'n absennol ychwaith, fel y dengys teitl 'Pump Pryder Mair': 'Llyma Pump Pryder Mair, yr hwwn i doluriawd hy yn y byd hwn a ddyvod drwy broffwydoliaeth.' Gellid awgrymu mai rhifoleg ac nid ystyriaethau generig eraill (megis rhyddiaith/barddoniaeth neu naratifol/ an-naratifol) yw'r egwyddor strwythurol ar waith yn y rhan hon o'r llawysgrif: yn dilyn 'Saith Anwylddyn Duw' a 'Saith Gasddyn Duw' daw traethawd ar 'Naturiau y Saith Planed' a chwedl 'y Saithwyr Doethion'. Nid hwy yw'r olaf o'r 'saith bethau' ychwaith; ceir hefyd

'Enwau y Saith Merthyr Pennaf' (ar ôl i ddau destun arall – 'Y Llyfr a Ddanfones Aristotles i Alexandr Mawr' ac 'Y Gwragedd Arbennica ar a fu Erioed' – ymwthio i ganol y casgliad o 'saith bethau'). Er mai rhestrau a thraethodau byrion *an-naratifol* yw'r rhan fwyaf o'r eitemau hyn, fersiwn Elis Gruffydd o 'Chwedl Seith Doethion Rufein' – 'Y Saithwyr Doethion' – yw'r testun unigol hwyaf yn y llawysgrif. Ategir y wedd naratifol ar y rhan hon o'r llawysgrif gan 'Chwedyl Ysbryd Gwidow', stori a ymddengys hefyd yn y cronicl. Mae'r deunydd Sieffreaidd a geir yn y rhan hon o'r llawysgrif yn haeddu ystyriaeth bellach. Dyma'r cyflwyniad llawn a rydd Elis Gruffydd i'r ach 'o Adda hyd at Frutus': 'Yma y dechreu y Gronnigl Byrr[,] y dissgynedigaeth o Adda hyd at Vrutus.'[42] Ysgrifennodd y teitl 'Polycronnica' uwchben y geiriau 'Cronigl Byr'. Cyflwyna'r ach arall sy'n trafod brenhinoedd y Brytaniaid fel hyn:

> Yma J dechre y llyvyr yr hwn a elwir ynghymrv/ayc y kronickyl byr yr hwn y sydd esgrivenedic Jr dwynkof am y peduar brenin ar hugain ac a varnnwyd yn benna ac yn wrola or brytaniaid i J Edeilad ac gwnckwerrio.[43]

Yn gyntaf, noder bod Elis Gruffydd yn defnyddio'r term 'cronicl byr' ar gyfer y ddau beth. Ymddengys y term hwn mewn nifer o lawysgrifau eraill o'r cyfnod. Yn wir, nid mentro gormod fyddai dweud mai'r 'cronicl byr' oedd un o'r *genres* hanesyddol mwyaf cyffredin yn nhraddodiad llawysgrifol Cymru'r Oesoedd Canol diweddar a'r cyfnod modern cynnar.[44] Wrth asesu gyrfa lenyddol Elis Gruffydd ar ei hyd, mae'n ddiddorol sylwi ei fod yn ymdrin yn fras â'r un math o hanes mewn 'croniclau byrion' yn ei lawysgrif gynnar ag a drafodir ganddo ar ffurf naratif estynedig yn ei gronicl.

Yn ail, rhoddodd y glòs 'Polycronnica' ar y cyntaf o'r croniclau byrion hyn. Er mor wahanol o ran hyd yw'r ach a fer a rydd ar gyfer Brutus i gronicl hirfaith Ranulf Higden, mae'r ffaith fod y Cymro yn adleisio teitl y cronicl Lladin-Seisnig enwog, y *Polychronicon*, yn bwysig. Dengys y glòs ymwybyddiaeth o'r modd y mae'r ach hon yn ymestyn ar draws yr oesoedd – fel y gwelir yn y gair *polychron*icon – ac felly mae Elis Gruffydd yn rhagweld yma yr egwyddor strwythurol a fyddai'n sylfaen i'w gronicl diweddaraf ef (sef Chwe Oes y Byd). Ac fel y tystia sawl agwedd ar ei gronicl, mae'r manylyn hwn yn awgrymu ei fod yn gyfarwydd â gwaith Higden rai blynyddoedd cyn iddo fynd ati i ysgrifennu'r cronicl. Mae cyfuniad o

Trosglwyddo Brut a Brud 99

hanesyddiaeth Gymreig draddodiadol a lloffion traddodiad y cronicl Seisnig yn nodweddu'r cronicl, a gwelir egin y cyfuniad hwn yn Llawysgrif Caerdydd 5. Er mor wahanol ydyw i'r gwaith diweddarach, mae 'Llyfr Elis Gruffydd' wedi braenaru'r tir ar gyfer y cronicl mewn sawl ffordd.

Ac yn olaf, disgrifia Elis Gruffydd y brenhinoedd hyn fel y 'pennaf' a'r 'gwrolaf' o'r 'Brytaniaid'. Mae'n mynd i'r afael – er mewn ffurf mor gwta – â'r (ffug)hanes a ddefnyddid i ddyrchafu hynafiaid y Cymry. Mae'n arfer yr enw torfol 'y *Bryt*aniaid' wrth restru'r arweinwyr chwedlonol hyn. Dyna ran ganolog y peirianwaith syniadaethol a sicrhaodd fod traddodiad y brut/brud yn gyfrwng grymus er trafod hunaniaeth genedlaethol: pwysleisio mai trigolion gwreiddiol Ynys *Bryd*ain oedd disgynyddion *Brut*us. Fel y gwelir isod, y deunydd proffwydol yw'r wedd fwyaf amlwg ar ymdriniaeth Elis Gruffydd â brut/brud yn y llawysgrif hon. Ond mae craffu ar yr achau Sieffreaidd hyn yn dangos bod 'Llyfr Elis Gruffydd' hefyd yn cynnwys eitemau sy'n blaendirio hanesyddiaeth Gymreig draddodiadol.

Ar ôl y casgliad hwn o restrau, traethodau a chwedlau, daw adran hunangynhaliol arall o'r llawysgrif. Er ei bod yn gymysgedd o ryddiaith a barddoniaeth, mae'n undod o ran cynnwys. Mae'r cerddi a'r darnau rhyddiaith a geir yma – bron i gyd – yn ymwneud â phroffwydoliaeth. Fe ymddengys ar y dechrau enghraifft o 'brognosticasiwn', sef proffwydoliaeth ddof sy'n trafod y tywydd. Fe geir wedyn restrau a thraethodau byrion o natur wirebol, gan gynnwys 'Y 12 Peth y sydd yn Llygru y Byd'. Ymysg y pethau hyn y mae Elis Gruffydd yn rhestru 'brenin enwir', ac felly gellir gweld yn y drafodaeth wirebol hon thema sy'n rhan amlwg o draddodiad y brut/brud. Rhan bwysig o'r Brutiau (Brut y Brenhinedd, Brut y Tywysogion ac yn y blaen) a'r canu brud fel ei gilydd yw traethu'n foesegol ynghylch rhinweddau a diffygion brenhinoedd. Mae traddodiad y brut/brud yn cyflwyno byd-olwg sy'n cwmpasu gorffennol, presennol a dyfodol y genedl mewn patrwm moesegol sy'n symud o gyflwr buddugol i gwymp a chyflwr llygredig. Mae'n bosibl i Elis Gruffydd weld yng nghynnwys y traethawd gwirebol hwn adlewyrchiad o'r patrymau storïol a'r themâu moesegol a welodd hefyd yn y Brutiau a'r canu brud. Ac ar ôl canllaw moesegol 'Y 12 Peth sy'n Llygru y Byd' fe ymddengys dwy gerdd fer ar 'Oes Adda' y gellid eu cysylltu â brut/brud yn yr un modd. Mae'r symudiad thematig o Wynfyd i Gwymp ymhleth yn stori Adda.

Rhaid darllen rhwng y llinellau, efallai, i gysylltu'r rhestrau gwirebol a'r cerddi ar 'Oes Adda' â thraddodiad y canu brud. Ond mae swmp y rhan hon o'r llawysgrif yn cynnwys testunau y mae eu naws proffwydol yn amlwg iawn. Ceir 'Proffwydoliaeth y Wennol', sef darogan ar ffurf rhyddiaith sy'n ymddangos mewn llawysgrifau eraill o'r cyfnod. Wedyn daw rhyw fath o lawlyfr byr ar gyfer dehongli'r canu brud y mae Elis Gruffydd yn ei alw'n 'Arwyddion Taliesin ar y Proffwydoliaethau'. Yn dilyn yr 'Arwyddion' mae cerdd broffwydol a briodolir gan Elis Gruffydd i Daliesin. Daw cerdd broffwydol ddienw yn nesaf. Ar ei hôl hi daw dau ddarn o ryddiaith broffwydol, 'Breuddwyd Gronw Ddu' ac 'Arwyddion Mab y Dyn' (sef y Mab Darogan; fel 'Arwyddion Taliesin', dyma ryw fath o fynegbost i'r sawl a fyn ddadansoddi'r canu brud). Wedyn fe ymddengys cerdd broffwydol ddienw arall, ac ar ei hôl hithau ceir dau gywydd brud (priodolir y naill gan Elis Gruffydd i Ruffudd fab Dafydd tra bo llaw ddiweddarach yn priodoli'r llall i Ddafydd Llwyd o Fathafarn). Daw cerdd broffwydol ddienw arall wedyn, ac yna fe geir 'Proffwydoliaeth Dewi' a 'Chrynodeb Taliesin' o'r broffwydoliaeth honno. Mae'r gerdd broffwydol nesaf – sef 'awdl fraith' Rhys Nanmor – yn wahanol i'r rhan fwyaf o'r cerddi brud a geir yn y llawysgrif. Yn ogystal â bod yn fardd hanesyddol (ac felly'n sylfaenol wahanol o'n safbwynt ni heddiw i'r Taliesin chwedlonol y priodolir cymaint o'r cerddi iddo), roedd Rhys Nanmor yn fyw yn oes Elis Gruffydd. Bu farw tua 1513, a rhaid casglu i'w 'awdl fraith' – sef cerdd odledig hir nad yw'n awdl yn ôl rheolau cydnabyddedig Cerdd Dafod – gael ei chyfansoddi rywbryd rhwng c.1485 a marwolaeth y bardd. Dywed Elis Gruffydd ei hun ar ddiwedd y gerdd mai 'Rys nan mor ai kant yn amser hari wythved', ac felly rhaid casglu ei fod yn ei gweld fel cerdd gyfoes.[45] Dyma felly'r peth agosaf at ganu brud cyfoes – *cerdd broffwydol* yn unol â thraddodiad brudwyr y bymthegfed ganrif – a geir yn y llawysgrif hon. Ond nid yw 'awdl' Rhys Nanmor ond fflach unigol mewn casgliad o broffwydoliaethau y mae Elis Gruffydd yn eu cysylltu â phroffwydi'r hen oesoedd; ar ei hôl hi daw testun arall a briodolir ganddo i Daliesin.

Yn debyg i'r modd yr aeth Elis Gruffydd ati i ffurfio blodeugerdd o waith y cywyddwyr, gwelir yn glir ei fod wedi mynd ati i gopïo testunau o fath arbennig wrth ffurfio'r rhan hon o'i lawysgrif. Mae'n gasgliad o ddeunydd proffwydol. Cynhwysa rychwant eang o destunau, ond maent oll yn gysylltiedig â darogan; ceir yma gerddi brud gan feirdd dienw, daroganau a briodolir i Daliesin, proffwydoliaethau ar ffurf rhyddiaith, traethodau sy'n cynnig cymorth wrth ddehongli proffwydoliaethau, cywyddau brud o'r bymthegfed ganrif, ac 'awdl fraith' Rhys Nanmor. At ei gilydd, mae'n dystiolaeth drawiadol i ddiddordeb Elis Gruffydd yn nhraddodiad proffwydol ei wlad. Ond pylu a wna'r wedd broffwydol ar y llawysgrif ar ôl y casgliad hwn. Blodeugerdd o gerddi amrywiol eu cynnwys yw'r adran nesaf. Mae'r rhan fwyaf o'r cerddi hyn yn gywyddau, a gellir edrych ar yr adran hon fel atodiad i'r flodeugerdd a geir ar ddechrau'r llawysgrif. Fe ymddengys yr un enwau eto yma: Edwart ap Rhys, Dafydd Llwyd o Fathafarn, Bedo Brwynllys, Bedo Aerddren, Dafydd ap Gwilym, Siôn ap Hywel, Iolo Goch, Gruffudd Gryg a Llawdden. Gwaith cywyddwyr amlwg ydyw. Ceir dwy gerdd yma a briodolir i Dudur Aled ac ef yw'r unig enw nad yw'n ymddangos yn y flodeugerdd wreiddiol. Mae Elis Gruffydd ei hun yn tynnu sylw'r darllenydd at y ffaith na chynhwysir llawer o waith Tudur Aled yn y 'Llyfr'; mae'n nodi 'ni chlowais ganv o dudur aled ond y ddau hyn'.[46]

Mae'r union ferf y mae'n ei defnyddio – 'clywed' – a'r hyn y mae ei sylwebaeth yn ei awgrymu ynghylch agweddau copïwyr llawysgrifau'r cyfnod tuag at feirdd cyfoes yn agor cil y drws ar nifer o bynciau pwysig eraill nad oes gennym y gofod i'w trafod yma. Ond dylid pwysleisio wrth fynd heibio fod Elis Gruffydd yn dweud ei fod yn cofnodi cerddi a glywodd. Er nodi droeon yn ei gronicl mai darllen oedd cyfrwng ei wybodaeth, cofnododd hefyd ddeunydd Cymraeg a glywodd ar lafar. Ac mae'r neilleb a gynhwyswyd ganddo wrth gofnodi dwy gerdd gan Dudur Aled yn cadarnhau iddo loffa deunydd oddi ar y traddodiad llafar ar adegau. Ai oherwydd ei fod yn cofio perfformiadau a glywodd flynyddoedd yn ôl, cyn iddo ymadael â Chymru, neu ynteu oherwydd ei fod yn cymdeithasu â Chymry yn Llundain a ganai'r fath gerddi, nid oes modd gwybod. Ond mae'r ffaith ei fod yn cofnodi cerddi a glywodd ar lafar yn dyst i ymroddiad diwylliannol Cymro a dreuliodd y rhan fwyaf o'i fywyd y tu allan i Gymru.

Ar ôl yr 'atodiad' hwn i'w flodeugerdd o waith y cywyddwyr mae Elis Gruffydd yn cynnwys atodiad byr i'w gasgliad o ddeunydd proffwydol. Ar ddiwedd y llawysgrif fe ymddengys nifer o gerddi y mae'n eu priodoli – unwaith eto – i Daliesin. Ond mae'n bosibl fod Elis Gruffydd wedi'u rhoi mewn uned ar wahân am reswm da. Er eu bod yn adleisio'r cerddi Taliesinaidd a geir yn gynharach yn y llawysgrif, mae'r cerddi hyn yn ffurfio asgwrn cefn mydryddol y chwedl 'Ystoria Taliesin'. Fel y gwelir yn y bennod olaf, cynhwysa cronicl Elis Gruffydd y fersiwn cynharaf o'r 'Ystoria'. Hynny yw, ceir yn ei gronicl y fersiwn cynharaf o'r chwedl ei hun – y rhyddiaith, y

Deall Dull y Byd:

stori. Cofnododd y cerddi sy'n britho'r stori honno ar ddiwedd Llawysgrif Caerdydd 5, a hynny rai blynyddoedd cyn ei chynnwys yn ei gronicl. Fe allai cymharu'r cerddi a geir ar ddiwedd 'Llyfr Elis Gruffydd' â'r 'Ystoria Taliesin' a geir yn y cronicl ddadlennu llawer ynghylch y berthynas rhwng rhyddiaith storïol a barddoniaeth yn y traddodiad Cymraeg. Yn wir, gallai fod yn gymorth amhrisiadwy wrth geisio canfod y traddodiad coll yr oedd englynion Llywarch Hen a Heledd yn perthyn iddo. Ond ni pherthyn cymhariaeth o'r fath i'r astudiaeth hon. O safbwynt ymdriniaeth Elis Gruffydd â deunydd proffwydol, yr hyn sy'n bwysig yw'r ffaith ei fod yn cynnwys casgliad arall o gerddi darogan ar ddiwedd Llawysgrif Caerdydd 5. Dyma felly ategu gwedd amlwg ar y llawysgrif honno. Mae'r cerddi proffwydol y mae Elis Gruffydd yn eu priodoli i Daliesin yn eistedd yn gyfforddus yn yr un cyd-destun llawysgrifol â chywyddau brud, proffwydoliaethau ar ffurf rhyddiaith, a thraethodau sy'n cynnig ffyrdd o ddehongli'r proffwydoliaethau hynny. Ni ellir gwadu bod gan Elis Gruffydd ddiddordeb ysol yn y brud. Gwelsom hefyd fod Caerdydd 5 yn cynnwys elfennau a berthyn i hanesyddiaeth Gymreig draddodiadol, sef ochr arall y geiniog syniadaethol honno yr wyf yn ei galw'n 'draddodiad y brut/brud'.

Mae'n drawiadol ei fod yn cofnodi'r fath ddeunydd. Wedi'r cwbl, dyma filwr a dreuliodd flynyddoedd maith yn 'y fyddin Seisnig', chwedl Elis Gruffydd ei hun: milwr a ymfalchïai ym muddugoliaethau'r fyddin Seisnig honno; gwas i Syr Robert Wingfield, gŵr a enillai ei damaid am gyfnod drwy wasanaethu un o golofnau'r llywodraeth yn Llundain. Ond ym 1527, tra'r oedd yn gwasanaethu'r Goron yn Llundain, fe aeth y milwr o Gymro ati i gasglu rhychwant eang o loffion y traddodiad brudiol Cymraeg. Ac mae'n drawiadol nad ymdrafferthodd i lastwreiddio'r elfennau gwrth-Seisnig a nodweddai'r traddodiad hwn. Gellir darllen ar dudalennau 'Llyfr Elis Gruffydd' gerddi sy'n edrych ymlaen at dywallt 'gwaed y Saeson' ac sydd yn galw am 'fwrw estroniaid' allan o Brydain am byth.

Dyn ei oes oedd Elis Gruffydd, Cymro a fanteisiodd ar y drefn Duduraidd yng nghyfnod 'y Deddfau Uno'. Ac am ei fod yn ddyn ei oes mae ei ymroddiad i draddodiad y brut/brud yn arwyddocaol. Fel y mae lliaws o haneswyr wedi awgrymu, gellir synhwyro byd o wahaniaeth rhwng disgwyliadau brudiol beirdd y bymthegfed ganrif a'r hyn a ysgrifennwyd gan Gymry yn oes y Tuduriaid. Ac ar un olwg, mae'n anodd iawn i ni heddiw ganfod llais Cymraeg cyfoes sy'n protestio yn erbyn y *status quo* Tuduraidd. Ond dyna Elis Gruffydd – a nifer o Gymry cyfoes eraill – yn copïo, darllen ac astudio rhychwant eang o ddeunydd proffwydol, ac yn sicrhau bod rhai agweddau ar y brut/brud yn fyw iawn yn niwylliant llawysgrifol yr unfed ganrif ar bymtheg.

Fel y gwelwyd yn y bennod ddiwethaf, wrth fewnforio lloffion croniclau Saesneg i'r traddodiad Cymraeg rhybuddiodd Elis Gruffydd ei ddarllenwyr rhag 'soffestri y bobl Seisnig'. Roedd yn cyfranogi o hanesyddiaeth Seisnig gyfoes tra ar yr un pryd yn ei hieuo â disgwrs cyfan gwbl Gymreig. Wrth gopïo testunau brudiol gallai gyflwyno'i ddarllenwyr â disgyrsiau Cymreig eraill, disgyrsiau a gynigiai olwg ar hunaniaeth Gymreig sydd yn wahanol i'r dofrwydd a wêl rhai haneswyr diweddar yn llenyddiaeth Gymraeg yr unfed ganrif ar bymtheg. Drwy sicrhau bod Cymry'r oes yn gallu darllen 'Cywydd y Gigfran', er enghraifft, sicrhaodd eu bod yn cofio gwedd ar y meddwl Cymreig a allai ddychmygu gwrthryfela yn erbyn y Goron Seisnig. Drwy gopïo'r cywydd hwn – a lliaws o destunau cyffelyb – sicrhaodd fod Cymry'r oes yn cofio bod y dychymyg Cymreig yn gallu cyfuno darlun o'u hunaniaeth genedlaethol â gwrthdaro gwaedlyd â'r Saeson. Darllen arwyddion oedd hanfod y traddodiad brudiol a disgrifia'r cywydd brud hwn y gigfran fel 'marwgoel Sais', sef rhywbeth sy'n arwyddo marwolaeth y Sais. Mae'r gigfran yn rhagweld y câi wledd o gig a gwaed wrth i ddisgynyddion Brutus wrthryfela yn erbyn yr 'estroniaid':

> Yno y bydd wrth naw byddin
> Gwleddau a thrympiau a thrin.
> Ymhob cornel gwaith elawr,
> Ymhob pant gwylmabsant mawr,
> Ymhob cwm, ymhob camawn,
> Ymhob aber larder lawn.[47]

Ac fel y gwelir yn y bennod olaf, nid ymarfer hynafiaethol mo hyn yn unig. Nid ymdrafferthodd Elis Gruffydd â chopïo gweddillion traddodiad marw am ei fod yn draddodiad marw. Fe ddefnyddiodd deithi traddodiad y brut/brud wrth ddadansoddi hanes diweddar a materion y dydd. Tystia llawysgrifau fel 'Llyfr Elis Gruffydd' fod Cymry'r cyfnod ar ôl oes aur y cywydd brud wedi diogelu dull y brudwyr o ddeall y byd.

Nodiadau

[1] *Geiriadur Prifysgol Cymru*, Cyfrol I (Caerdydd, 1950), 334.
[2] Owen Jones a William Owen Pughe, *The Myvyrian Archaiology of Wales* (Llundain, 1801), 601.
[3] W. Leslie Richards (gol.), *Gwaith Dafydd Llwyd o Fathafarn* (Caerdydd, 1964), 50.
[4] Ibid., 62.
[5] Ibid., 61.
[6] Ibid., 82.
[7] Hoffwn ddiolch i Manon Foster Evans ac i Dylan Foster Evans am eu cymorth wrth olrhain hanes llawysgrifol y llinell hon.
[8] Gwêl R. M. Jones y wedd hon ar ganu brud y cyfnod fel dolen gyswllt rhwng yr hyn a elwir yn 'genedlaetholdeb gwleidyddol' a'r hyn a elwir yn 'genedlaetholdeb diwylliannol' ganddo ef: 'ni ellid amau nad oedd y cenedlaetholdeb gwleidyddol fel y'i caed ynghynt yn fwyaf penodol yn y canu brud wedi darparu fframwaith cyfarwydd i'r cenedlaetholdeb diwylliannol newydd hwnnw, oherwydd un o'r gweddau mwyaf sylfaenol ar y cenedlaetholdeb newydd oedd yr hanesydda yn nhraddodiad Sieffre.' R. M. Jones, *Ysbryd y Cwlwm: Delwedd y Genedl yn ein Llenyddiaeth* (Caerdydd, 1998), 141.
[9] Am y traddodiad proffwydol cyn cyfnod y cywyddau brud, gw., Margaret E. Griffiths, *Early Vaticination in Welsh* (Caerdydd, 1937).
[10] Ar y cysylltiad rhwng y ddraig goch, Cadwaladr a Harri Tudur, gw., Glanmor Williams, *Renewal and Reformation: Wales c.1415–1642* (Rhydychen ac Efrog Newydd, 1993), 227; R. M. Jones, *Ysbryd y Cwlwm*, 57; R. M. Jones, *Crist a Chenedlaetholdeb* (Pen-y-bont ar Ogwr, 1994), 69–73.
[11] Meic Stephens (gol.), *Cydymaith i Lenyddiaeth Cymru* (Caerdydd, 1997), 66.
[12] Thomas Jones (gol.), *Brut y Tywysogion or The Chronicle of the Princes: Red Book of Hergest Version* (Caerdydd, 1955), 1.
[13] Ibid., xvi.
[14] Gw., er enghraifft, y llawysgrifau hyn: Mostyn 109 (yr unfed ganrif ar bymtheg); Mostyn 115 (yr ail ganrif ar bymtheg); Mostyn 159 (*c.*1586–7); Peniarth 25 (*c.*1500); Peniarth 212 (1565); Peniarth 253 (yr unfed ganrif ar bymtheg); Llanstephan 195 (*c.*1570).
[15] Dafydd Glyn Jones, *Gwlad y Brutiau* (Abertawe, 1991).
[16] Gw., Gruffydd Aled Williams, 'The Bardic Road to Bosworth: a Welsh View of Henry Tudor', *Transactions of the Honourable Society of Cymmrodorion* (1986); Enid P. Roberts, *Dafydd Llwyd o Fathafarn* (Caernarfon, 1981); R. Wallis Evans, 'Prophetic Poetry', yn A. O. H. Jarman a Gwilym Rees Hughes (goln.), *A Guide to Welsh Literature 1282–c.1550* (Caerdydd, 1997); Ann Griffiths, 'Rhai Agweddau ar y Syniad o Genedl yng Nghyfnod y Cywyddwyr 1320–1603' (Traethawd Ph.D., Prifysgol Cymru Aberystwyth, 1988), 260–6.
[17] Richards, *Gwaith Dafydd Llwyd o Fathafarn*, 50.
[18] Ibid., 41.
[19] Gwelir syniadaeth debyg ar waith yn neunydd proffwydol yr Hen Roeg; gw., Gregory Nagy, 'Ancient Greek Poetry, Prophecy, and Concepts of

Theory', yn James L. Kugel (gol.), *Poetry and Prophecy: The Beginnings of a Literary Tradition* (Ithaca [Efrog Newydd] a Llundain, 1990).

20 Richards, *Gwaith Dafydd Llwyd o Fathafarn*, 168–9.

21 Ceir defnydd estynedig o ddelwedd y Rhod mewn cywydd o waith Tudur Aled; gw., T. Gwynn Jones (gol.), *Gwaith Tudur Aled*, 1 (Caerdydd, Wrecsam a Llundain, 1926), 265–9.

22 *Geiriadur Prifysgol Cymru*, Cyfrol I, 334.

23 William Salesbury, *A Dictionary in Englyshe and Welshe* (Llundain, 1547; adargraffiad gan Wasg Scolar, Menston, 1969).

24 Ymysg cyhoeddiadau cyntaf Caxton yr oedd cyfieithiadau Saesneg o'r *Brut* a *The Book of Troy*; gw., Charles Lethbridge Kingsford, *English Historical Literature in the Fifteenth Century* (Rhydychen, 1913), 113.

25 Gw., Evans, 'Prophetic Poetry', Roberts, *Dafydd Llwyd o Fathafarn* ac R. M. Jones, *Ysbryd y Cwlwm*.

26 R. M. Jones, *Ysbryd y Cwlwm*, 163.

27 Gw., Ralph A. Griffiths, *Sir Rhys ap Thomas and his Family: A Study in the Wars of the Roses and Early Tudor Politics* (Caerdydd, 1993), 44–86.

28 Gw., Glanmor Williams, *Renewal and Reformation*, 253–78; J. Gwynfor Jones, *Early Modern Wales, c.1525–1640* (Efrog Newydd, 1994), 47–90.

29 Ibid., 80.

30 Howard Dobin, *Merlin's Disciples: Prophecy, Poetry and Power in Renaissance England* (Stanford, 1990), 24.

31 Ibid., 235.

32 Ibid., 20–60.

33 Gw., T. H. Parry-Williams (gol.), *Canu Rhydd Cynnar* (Caerdydd, 1932), lxxxi, 188–253; Brinley Rees, *Dulliau'r Canu Rhydd 1500–1650* (Caerdydd, 1952).

34 Edward Owen, 'An Episode in the History of Clynnog Church', *Y Cymmrodor*, 19 (1906), 69. Mae'r cofnod hwn ar gael yn Llawysgrif British Museum Lansdowne, iii, 10. Yn ôl Owen, '[t]here is reason to think that the writer was bishop Nicholas Robinson of Bangor [1566–1585], but I have not been able to trace the original; the document in Lansdowne iii is a copy made most probably for Lord Burghley'.

35 M. E. Collins, *Ireland 1478–1610* (Dulyn, 1980), 270.

36 Gw., pennod 5.

37 Ar 'ddiwylliant llawysgrifol' gw., John Dagenais, *The Ethics of Reading in Manuscript Culture* (Princeton, 1994).

38 Er enghraifft B35 [= Ychw. 14887], c.1600; Peniarth 77, c.1576; Peniarth 84, ail hanner yr unfed ganrif ar bymtheg; Peniarth 53, wedi 1484; Peniarth 112, rhan cyn 1610 a rhan ym 1619.

39 Ysgrifennodd Elis Gruffydd ar ddalen 113r y llawysgrif: 'Elis Grufydd ai ennedigayth yngronnant vcha ymplwy llanhassaph yn sir y fflint ai ysgrivenodd anno M IIII XX VII ynn llvndain ymhalas Sir Robert Wyng yn yr amser hwnw depeti ynghaleis.'

40 Mae tudalennau'r llawysgrif yn mesur tua 11¾ x 8 modfedd. Hoffwn ddiolch i staff Llyfrgell Caerdydd am eu cymorth tra'n astudio'r llawysgrif hon. Gw., J. Gwenogvryn Evans, *Report on Manuscripts in the Welsh Language*, 2, rhan 1 (Llundain, 1902), 96–103.

[41] Gw., Henry Lewis, 'Y Seithwyr Doethion', *Bwletin y Bwrdd Gwybodau Celtaidd* 2 (1924–5), 201–29.
[42] Llawysgrif Caerdydd 5, tudalen 105 (dalen 54r).
[43] Ibid., tudalen 106 (dalen 56a).
[44] Ceir cnghreifftiau yn llawysgrifau Peniarth 134, Peniarth 135, Peniarth 99 a Pheniarth 138.
[45] Rhys Nanmor, *fl.* 1485–1513, yn ôl *Cydymaith i Lenyddiaeth Cymru*, 652.
[46] Caerdydd 5, 263.
[47] Rwyf wedi diweddaru orgraff y dyfyniad gan ei olygu. Dyma'r hyn a geir yn Llawysgrif Caerdydd 5, 29: 'ynno i bydd wrth naw byddin / gwleddav a thrympiav a thrin / ymhob kornel gwaith elawr / ymhob pant gwylvapsant mawr / ymhob kwm ymhob kamawn / ymhob aber larder lawn.' Gw., hefyd Richards, *Gwaith Dafydd Llwyd o Fathafarn*, 87–8.

5

'Arwyddion i ddeall fod y brud yn dyfod': Brut a Brud yng Nghronicl Elis Gruffydd

Brithir cronicl Elis Gruffydd gan chwedlau am broffwydi, casgliadau o destunau proffwydol a dehongliadau o broffwydoliaethau. Ac mae ymdriniaeth y croniclwr â deunydd proffwydol yn bwyllog ac yn amlweddog; mae'n ddrych i'w hanesyddiaeth. Yn wir, fel y gwelir yn y bennod hon, mae ymdrin â phroffwydoliaethau yn rhan o hanesyddiaeth Elis Gruffydd. Fe gyflea ei hanesyddiaeth y neges fod dehongli 'hanes' yn weithred amlweddog, fod mwy nag un ffordd o ddehongli digwyddiadau hanesyddol ar gael i'r efrydydd. Yn yr un modd, rhydd ei gronicl yr awgrym y gellir dehongli cynnyrch y traddodiad proffwydol Cymreig mewn llawer ffordd. Rhydd yr awgrym fod 'gwirionedd' proffwydoliaeth, fel gwirionedd hanes, yn fater cymhleth.

Fe syrth 'gwirionedd' proffwydoliaethau yn aml yn ysglyfaeth i chwydd-wydr ysgolheigaidd Elis Gruffydd. Wrth fesur a phwyso, archwilio a dehongli, mae'n casglu'n aml – fel y byddai'r rhan fwyaf o'r darllenwyr heddiw – mai annoeth yw cymryd proffwydoliaeth o ddifrif. Ond nid bob amser. Er ei fod yn dychanu ac yn bychanu rhai proffwydoliaethau, rhaid casglu bod Elis Gruffydd yn priodoli pwysigrwydd o ryw fath i ddeunydd proffwydol. Wedi'r cwbl, dewisodd gynnwys nifer helaeth o eitemau proffwydol yn ei gronicl; ni ellir gorbwysleisio'r ffaith sylfaenol hon. Mae defnydd Elis Gruffydd o broffwydoliaeth ar ei fwyaf amlwg yn y darnau hynny o'r cronicl sy'n cynnwys casgliadau o destunau brudiol. Ar adegau mae'r croniclwr yn torri ar draws ei naratif i gyflwyno proffwydoliaeth a gysylltir ganddo â'r 'hanes' penodol dan sylw. Mae rhai o'r testunau hyn – yn rhyddiaith ac yn farddoniaeth – yn gymharol faith, rhai ohonynt dros ddeg tudalen o hyd. Yn wir, weithiau mae'r proffwydoliaethau hyn yn cymryd mwy o le yn y llawysgrif na'r naratifau cysylltiedig sy'n eu cyflwyno.

Eto, gwaith naratifol yw'r cronicl; mae i bob un o'r proffwydoliaethau hyn ei chyd-destun storïol. Wrth adrodd hanes proffwyd neu frudiwr o fardd mae Elis Gruffydd yn ategu'r stori â thestun(au) proffwydol a briodolir i'r cymeriad hwnnw. Boed yn broffwyd o'r Hen Destament, yn Fyrddin Emrys, yn Fyrddin Wyllt, yn Daliesin neu yn frudiwr o'r bymthegfed ganrif, ceir peth 'hanes' am fywyd y proffwyd ynghyd â thestun(au) sy'n enghreifftio'i waith: dyna'r patrwm arferol. Mewn mannau mae'r naratifau sy'n cyflwyno'r proffwydoliaethau yn gryno iawn. Yn achos dau frudiwr o'r ddeuddegfed ganrif, Adda Fras a Gronw Ddu, mae'r cymysgedd rhwng naratif a phroffwydoliaeth yn drawiadol o anghytbwys. Ceir ychydig o frawddegau byrion yn unig am y proffwydi eu hunain – yn nodi eu bod yn byw yng ngogledd Cymru yn y cyfnod dan drafodaeth – ac yna fe ddaw dros bum tudalen yn cynnwys proffwydoliaethau a briodolir iddynt.[1]

Fel y tystia 'hanes' Adda Fras a Gronw Ddu, fe ymddengys i Elis Gruffydd farnu ar adegau fod cynnwys testunau proffwydol yn werth chweil er gwaethaf diffyg gwybodaeth am y beirdd a'u cyfansoddodd. Ac mae hyn yn dadlennu pwynt cyffredinol pwysig am swyddogaeth proffwydoliaeth yn hanesyddiaeth Elis Gruffydd: roedd y ffaith fod rhywun wedi cyfansoddi neu ganu proffwydoliaeth mewn cyfnod hanesyddol yn rhan o'r hyn y dylai hanesydd ei gofnodi am y cyfnod hwnnw. Sylwer nad dweud yr wyf fod Elis Gruffydd yn *credu* pob un o'r daroganau a gynhwyswyd ganddo yn ei gronicl; yr awgrym yw ei fod yn ystyried testunau proffwydol fel ffynonellau hanesyddol o ryw fath. Ni ellir anwybyddu'r wedd broffwydol ar gronicl Elis Gruffydd; rhaid ei fod yn gweld perthynas rhwng hanesyddiaeth a phroffwydoliaeth, rhaid ei fod felly'n dilyn traddodiad y brut/brud i raddau. Er nad oedd ganddo lawer o naratif y gellid ei gysylltu â rhai daroganau, barnodd mai buddiol oedd eu cynnwys yn ei gronicl.

Yn wahanol i'r proffwydoliaethau hynny a gysylltir â rhediad hanesyddol y cronicl â llinyn naratifol tenau yn unig, ceir ambell stori am broffwyd sy'n llenwi nifer o dudalennau. Yr enwocaf ohonynt yw 'Ystoria Taliesin' neu 'Ystoria Gwion Bach a Thaliesin'. Yn wir, er i ysgolheigion anwybyddu cronicl Elis Gruffydd i raddau helaeth, mae'r 'Ystoria Taliesin' wedi denu cryn sylw dros y blynyddoedd. A hynny am y rheswm syml mai fersiwn Elis Gruffydd yw'r fersiwn cynharaf o'r chwedl sydd wedi goroesi. Gan mai chwedl ydyw sy'n trafod tarddiad yr awen ac 'ysbryd proffwydoliaeth', a chan fod iddi nifer o adleisiau yn nhraddodiadau canoloesol Iwerddon, mae wedi denu sylw nifer o Geltegwyr, gan gynnwys John Rhŷs, John Morris-Jones, Ifor Williams a Kenneth Jackson. Yn ddiweddar mae Patrick Ford wedi golygu'r 'Ystoria' a'i chyhoeddi ynghyd â rhagymadrodd maith sy'n ei gosod yng nghyd-destun traddodiadau Celtaidd am darddiad yr awen.

Edrydd yr 'Ystoria' y modd y cafodd Gwion Bach wybodaeth oruwchnaturiol o bair Ceridwen cyn iddi hi ei lyncu a'i aileni. Wedi'i aileni, ac wedi treulio 40 o flynyddoedd mewn basged neu 'gorwgl' mewn dull Moesenaidd, caiff y bachgen arallfydol ei ddarganfod a'i ailenwi'n Daliesin gan Elffin. Caiff Elffin yntau ei garcharu ar ôl ymgecru â Maelgwn Gwynedd, ac mae Taliesin yn ei ryddhau a'i gyfoethogi drwy drechu beirdd llys y brenin. Brithir y chwedl gan gerddi proffwydol y mae Taliesin yn eu canu i gymeriadau eraill, a defnyddia Elis Gruffydd yr 'Ystoria' ei hun i gyflwyno casgliad swmpus o ddaroganau a ddaw ar ôl y chwedl yn y llawysgrif. Mae brawddeg o ddolen gyswllt yn ieuo'r stori â'r testunau proffwydol a ychwanegir ati:

> Ac ynn ol hynn, J dyuod ef ymrauael broffwydoliaethau J'r brenin o'r byd a ddelai ynn ol ar ganneuav, o'r hrain J dilin yma ynn ol kymaint ac a welais J mewn ysgriuen ohonnaunt twy.[2]

Gellir synhwyro yn y frawddeg hon y pwysigrwydd yr oedd Elis Gruffydd yn ei briodoli i gerddi proffwydol. Dywed ei fod wedi copïo 'cymaint' o 'broffwydoliaethau' Taliesin 'ag a wel[odd ef] mewn ysgrifen'.

Ac mae'n ymdrafferthu â chasglu'r holl gerddi brud hyn er gwaethaf y ffaith ei fod yn bwrw amheuaeth ar wirionedd yr 'Ystoria' ei hun. Yn wir, ymagwedda'n ddamniol o sinigaidd ar adegau. Er enghraifft dywed yn gynnar yn y stori fod 'yr hanes honn yn anrhesymol ac yn erbyn ffydd a santeiddrwydd'.[3] Cwestiyna wirionedd yr 'Ystoria' ar adeg arall gyda neilleb awdur(dod)ol a ddefnyddir yn fynych ganddo – 'o gellir koelio J'r ysdori'.[4] Wedi disgrifio'r modd y mae Elffin yn darganfod Taliesin mewn 'korwgyl', mae'n tanseilio crediniaeth yn y stori â neilleb arall:

> yr hyn yn wir yssydd bell oddi wrth resswm aa ffwyll, neithyr fal kynnt myui a ddilynna yr ysdori, yr hon yssydd yn dangos.[5]

Ac wrth ymateb i ddigwyddiad goruwchnaturiol arall a geir yn y chwedl, noda Elis Gruffydd:

> yr hyn ynn wir J'm ttyb J y mae yn dra [a]nnodd J neb gredu bod yr ysdori honn yn wir. Neithyr etto myui a ddelynnaf yr ysdori a chymaint o'r kaneuau a'r a welais J o'i waith mewn ysgriuen.[6]

Dyma adleisio'r cyflwyniad i'r casgliad o gerddi Taliesin sy'n dweud ei fod wedi cynnwys cymaint o'r proffwydoliaethau ag a welodd mewn ysgrifen. Dywed Elis Gruffydd yma ei fod yn 'dilyn yr ysdori' ac yn cofnodi 'cymaint o'r caneuon' ag a welodd o waith Taliesin 'mewn ysgrifen'. A hynny er ei fod yn 'tybio' ei bod 'yn dra anodd i neb gredu bod yr ysdori hon yn wir'. Er cwestiynu gwirionedd y traddodiad hwn mewn modd sylfaenol, dengys awydd i gasglu cymaint o'r cerddi proffwydol a oedd yn rhan ohono â phosibl.

Cofier i gasgliad o'r cerddi hyn ymddangos ar ddiwedd Llawysgrif Caerdydd 5 a bod cerddi tebyg i'w gweld hefyd yn britho'r flodeugerdd o gywyddau a geir yn y llawysgrif honno. Yn wir, gellid awgrymu bod yr awydd hwn i gofnodi cynnyrch proffwydol Taliesin yn nodweddu gyrfa lenyddol Elis Gruffydd ar ei hyd. Ac felly mae'n ymdrafferthu i gofnodi chwedl 'sydd bell oddi wrth reswm a phwyll' am ei bod hi'n gyfrwng i ganu proffwydol Taliesin. Eto, er cwestiynu'r stori mewn modd mor hallt, dewisodd Elis Gruffydd ei chynnwys yn ei gronicl, a hynny ar ffurf weddol estynedig. Dywed ef mewn mannau eraill nad yw'n cofnodi rhai chwedlau am eu bod hwy'n rhy hir a heb ddigon o synnwyr. A dyma adleisio'r modd y mae'n trafod deunydd 'hanesyddol' (gan gynnwys croniclau Saesneg diweddar); mae'n cofnodi nifer o ffynonellau tra'n ymagweddu'n feirniadol at gynnwys y ffynonellau hynny.

Gwelir y croniclwr yn ymagweddu'n feirniadol wrth adrodd chwedl am enedigaeth Harri Tudur a'r brudiwr Robin Ddu ap Siencyn Bledrydd. Wedi cofnodi marwolaeth tad Harri, Edmwnd, Iarll Richmond, a'r ffaith fod ei wraig wedi esgor ar etifedd 'yn y tŵr a enwir Tŵr y Baedd o fewn Castell Penfro', dywed:

> Ynn y pryd a'r amser yma jr ydoedd vrudiwr a bardd mawr o vewn tir gwynedd y neb a elwid Hrobin Ddu brydydd. Yr hwn, o gellir koelio i chedlau gwyr Kymru a vedrai ddangos y pethau a vai debig i ddyuod yn ol.

Mae Elis Gruffydd yn bwrw amheuaeth yn syth ar wirionedd y chwedl; fe gyflwynir gallu proffwydol Robin Ddu i'r darllenydd â'r neilleb 'o gellir coelio i chwedlau gwŷr Cymru'. Fodd bynnag, mae stori afaelgar yn dilyn y feirniadaeth ragarweiniol hon; fel gydag 'Ystoria Taliesin', y mae'n adrodd chwedl Robin Ddu â chryn archwaeth er ei fod yn tanseilio crediniaeth ynddi yr un pryd. Yn ôl y stori, mae Robin Ddu yn hysbysu Syr William Gruffydd, Siamberlen Gwynedd, fod etifedd wedi'i eni i Iarll Rhitsmwnt gan ddweud y bydd yr etifedd hwnnw'n dwyn 'coron teyrnas Lloegr am ei ben' ryw ddydd. Gŵyr Syr William Gruffydd fod yr Iarll wedi marw'n ddietifedd, a thybia felly na eill y broffwydoliaeth fod yn wir. Mae'r uchelwr yn gwatwar y brudiwr o'r herwydd:

> Aha, Hrobin deg, welle mor deeg i mae ych brudiav chwi ynn dyuod! Tydi a wnaethost imi ac j lawer dynn goelio i dygai Ritshmwnt goron y dyrnas megis ac i dangossais ti imi ynn vynnych o amseroedd o'r blaen. Neithyr yrowan ir wyf j ynn gweled ynn amlwg nad oes onid ffuent a chelwydd o't ymddiuanav di.

Saif y bardd yn gadarn wrth ei frud gan faentumio o hyd ei fod yn wir. Colli'i dymer a wna'r marchog wedyn gan benderfynu carcharu Robin Ddu tan iddo brofi gwirionedd ei broffwydoliaeth. Yna caiff Syr William Gruffydd gadarnhad fod Iarlles Rhitsmwnt yn feichiog, ac mae'n rhyddhau'r brudiwr.

Ond nid dyna ddiwedd y stori. Gan fwrw amheuaeth ar wirionedd y chwedl gyda'i fformiwla arferol – 'os gellir rhoddi coel yn y byd' – dywed Elis Gruffydd fod Robin Ddu wedi sicrhau ei fod yn bresennol yn ystod genedigaeth y darpar frenin:

> Ac os gellir hroddi koel ynn y bydd ar y chwedlau hynn, ir ydoedd ef yng [ngh]astdell Penuro pan oedd yr iarlles yn trauaelio o'i chleuyd. Ac wrth i gyngor ef i kymerth hi i shiambyr o vewn y twr a dreithir vchod yn y l[l]e i gannedd iddi hi vab yr hwn megis ac mae gwyr hen o Gymrv yn dywedud a hennwyd ynn i bedyddio Ywain. Neithyr pan jr goshibion ddangos i'r [i]arlles i henw ef yhi a beris j'r esgob droi j hennw ef a'i hennwi ef Hennri. Neithyr val kynt gwyr Kymru a'i galwai ef Ywain yn vynnych no Hennri.

Dyma'r un patrwm naratifol ag a welir yn rhai fersiynau o enedigaeth Arthur: fel y proffwyd Myrddin sy'n helpu wrth ddyfod â'r arwr

112   *'Arwyddion i ddeall fod y brud yn dyfod':*

chwedlonol hwnnw i'r byd, mae'r brudiwr Robin Ddu yn effeithio ar amgylchiadau geni'r cyntaf o'r Tuduriaid. Ergyd y rhan hon o'r chwedl yw fod Harri wedi'i enwi ddwywaith. Cyn i'r esgob fedyddio'r plentyn yn nhraddodiad yr eglwys caiff ei fedyddio yn nhraddodiad y canu brud. Llwydda Robin Ddu i'w fedyddio ag un o enwau mwyaf ystyrlon y traddodiad hwnnw, Owain. Gellir gweld y stori fel drych naratifol i'r cywyddau brud a briodolir mewn llawysgrifau cyfoes i Robin Ddu; fel y mae'r cywyddau brud yn ailenwi'r mab darogan yn Owain, felly hefyd y mae'r brudiwr yn y chwedl yn ailenwi – neu'n 'rhag-enwi' – Harri Tudur yn Owain.

Fe amlyga'r wedd hon ar y chwedl un o ddiddordebau ysgolheigaidd Elis Gruffydd yn y brud. Cofier iddo gopïo nifer o draethodau ar ddehongli'r canu brud yn Llawysgrif Caerdydd 5 a bod y 'llawlyfrau' hyn – fel rhai o'r cerddi proffwydol sy'n ymddangos yn yr un llawysgrif – yn dweud mai Owain yw un o'r enwau a roddid ar y mab darogan. Fel y gwelir isod, cynhwysodd Elis Gruffydd draethodau tebyg yn ei gronicl. Mae trafod enwau'r mab darogan yn rhan bwysig o unrhyw ymdrech i ddehongli testunau brudiol – dyna'r argraff a rydd gwaith Elis Gruffydd. Drwy gynnwys y stori am Robin Ddu a bedydd Harri Tudur yn ei gronicl yr oedd yn cynnwys fersiwn naratifol o ffenomen sy'n nodweddu llawer o'r testunau proffwydol an-naratifol a gynhwyswyd ganddo yn y cronicl ac yn ei lawysgrif gynnar. Nid yw'n ceisio argyhoeddi'i ddarllenwyr fod y stori'n wir. I'r gwrthwyneb, mae'n ei chwestiynu'n sinigaidd â'r neilleb 'os gellir rhoddi coel yn y byd ar y chwedlau hyn'. Ond ni ellir anghofio un ffaith sylfaenol: mae'r stori yn rhan o'r cronicl; dewisodd Elis Gruffydd ei chynnwys. A chan iddo ddewis peidio â chynnwys chwedlau eraill am eu bod yn 'ddi-synnwyr', mae'r ffaith hon yn arwyddocaol.

Dylid cymharu'r stori hon â diwedd 'hanes' Robin Ddu. Ceir episod arall amdano ar ôl y chwedl am enedigaeth Harri Tudur. Fe ddywed y croniclwr fod y brudiwr wedi proffwydo marwolaeth yr un uchelwr, Syr William Gruffydd. Unwaith eto, fe welir yn y diwedd mai gwir oedd proffwydoliaeth y bardd a bod marwolaeth y marchog yn cyd-ddigwydd ag amgylchiadau eraill a ragwelwyd ganddo. Cwestiyna'r croniclwr wirionedd y stori hon drwy ddefnyddio'r fformiwla gyfarwydd – 'ac os gellir hroddi koel ynn y bydd ar y chwedlau hynn'. Ac yna mae'n cloi'r stori am farwolaeth Syr William Gruffydd fel hyn:

Ac o vewn ychydig o amser yn ol i bu ef varw drwy adell y plaas yn anorfen, ynn y modd i mae ef ir hynny hyd heddiw, ac o'r achosion yma ymysc ymrauaelion chwedle disynnwyr eraill, yr hrain a vyddai dra hir traythu ynn hyn o lauur ac ar hynn o amser.[7]

Dyma ategu ergyd y neilleb, 'os gellir rhoddi coel', drwy ddweud bod y chwedlau ('achosion') y mae newydd eu hadrodd yn 'ddisynnwyr'. Mae'n rhybuddio'i ddarllenydd rhag eu cymryd ormod o ddifrif.

Dywed hefyd fod 'ymrafaelion chwedlau disynnwyr eraill' am Robin Ddu ar gael. Ond maent yn 'dra hir', yn rhy hir i'w cynnwys yn y cronicl ('hyn o lafur'). Ar ryw lefel mae'r croniclwr yn gwahaniaethu rhwng y chwedlau y mae wedi'u cynnwys a'r chwedlau nad ydynt wedi'u gosod gerbron y darllenydd. Mae'r straeon am enedigaeth Harri Tudur a marwolaeth Syr William Gruffydd yn 'ddisynnwyr' o'u darllen yng ngolau'r frawddeg olaf hon, ond barnodd Elis Gruffydd y dylid rhoi cyfle i ddarllenwyr Cymraeg eu gweld a'u trafod. Byddai efrydwyr llên gwerin yn gwingo wrth feddwl ei fod yn gwybod straeon traddodiadol eraill ond yn dewis peidio â'u cynnwys yn ei gronicl. A dyna'r pwynt: roedd Elis Gruffydd yn dewis ac yn dethol ei ddeunydd, roedd yn chwynnu'i ffynonellau gan ddilyn rhesymeg benodol. Mae'r chwedlau eraill hyn yn rhy hir, medd ef, ac nid oes ynddynt ddigon o 'synnwyr' i gyfiawnhau eu cynnwys. Ar y llaw arall, er nad yw am berswadio'r darllenydd fod yr 'hanes' a edrydd am Robin Ddu yn wir, mae'n werth ei ddarllen. A hynny, mae'n debyg, oherwydd y ffaith fod Elis Gruffydd yn gweld 'synnwyr' o fath arall yn y straeon hyn.

Mae rhai pethau sy'n ymwneud â'r traddodiad proffwydol yn bwysig, er eu bod yn amheus fel ffynonellau hanesyddol. Fel yn achos 'Ystoria Taliesin', gwelir yn y modd y mae Elis Gruffydd yn ymdrin â deunydd proffwydol ei fod yn priodoli pwysigrwydd iddo tra ar yr un pryd yn cwestiynu'i wirionedd. Roedd straeon o'r fath yn ffynonellau gwerth eu cofnodi a'u trosglwyddo, yn chwedlau y barnwyd eu bod yn perthyn i fyd testunol hanesyddiaeth Gymreig. Nid ydynt yn 'ffeithiau hanesyddol', ond maent yn perthyn i hanesyddiaeth Gymreig draddodiadol oherwydd eu bod yn perthyn i'r traddodiad proffwydol Cymreig. Byddai'n anodd i ddarllenydd heddiw dderbyn hyn. Ond yn nhyb Elis Gruffydd, roedd y chwedlau hyn – gan eu bod yn ymdrin â phroffwydi – yn trosglwyddo gwybodaeth a berthynai i ran bwysig o ddiwylliant a dychymyg y Cymry, traddodiad y brud. A pherthynai'r traddodiad hwnnw i'r modd yr oedd y Cymry yn synio am eu hanes.

Ac yn wir, wedi diosg ein rhagfarn a derbyn bod y traddodiad proffwydol Cymreig yn perthyn i fyd hanesyddiaeth Gymreig, gwelir bod Elis Gruffydd yn trafod y chwedlau hyn â'r un safonau ysgolheigaidd a'r un canllawiau methodolegol ag y mae'n eu defnyddio wrth drafod ffynonellau hanesyddol eraill, gan gynnwys croniclau Saesneg cyfoes. Mae'n ddeunydd i'w drosglwyddo i'r darllenydd cyn belled â'i fod yn ei drosglwyddo mewn modd beirniadol. A dyna'n union a wna'r croniclwr; mae'n cyflyru'i ddeunydd â'i sylwebaeth awdur(dod)ol gan dynnu sylw'r darllenydd at y gweddau anghredadwy ar y chwedlau hyn. Fel y gwelir mewn mannau eraill o'r cronicl, awgryma Elis Gruffydd nad mater syml yw didoli'r gwir oddi wrth y gau wrth drafod y brud.

Mae'r modd y mae'n ymdrin â diwedd gwrthryfel Owain Glyndŵr yn dadlennu llawer ynghylch ei agwedd tuag at broffwydoliaeth. Ar ôl disgrifio ymgyrchoedd Glyndŵr, rhydd anecdot am ddiflaniad yr arweinydd:

J mae llyure Kymru yn dangos J diulanodd ef o vysg J bobyl, oherwydd serttein o eiriau a ddyuod abaad Glynn Egwysdyr wrtho ef ar vore gwaith, yr hwn a oedd wedi kyuodi o hir vore ac ynn kerdded ar hydd llethyr bron ac ynn dywedud, 'A Sr Abaad, chychwi a godasogh yn hry uore'. 'Nage', hebyr yr abad, 'chychwi a gyuodes yn hry uore o gan mlynnedd.' 'Je', hebyr Ywain.[8]

Dyna un esboniad am ddiflaniad Owain Glyndŵr; roedd wedi camddeall y brud. Cyfeiriai'r proffwydoliaethau at y mab darogan fel 'Owain', ond nid ef oedd yr Owain hwnnw. Roedd wedi dehongli'r testunau proffwydol traddodiadol mewn modd anghywir:

kanis wrth ymadrodd yr abaad yvo a ydnabu yn hysbys nad yvo ydoedd yr Ywain ir ydoedd ef ynn ymkanu J vod, Jr hwn Jr ydoedd y brudiau yn addo dwyn koron Loygyr.

A sylwer i Elis Gruffydd gynnwys yma naratif sydd yn adleisio gweddau brudiol eraill ar ei gronicl. Ergyd y chwedl yw fod Owain Glyndŵr wedi camddeall yr union fathau o broffwydoliaethau a geir yn 'Llyfr Elis Gruffydd' ac yn y cronicl ei hun. O'i darllen yng nghyddestun defnyddiau proffwydol eraill a recordiwyd gan Elis Gruffydd mae neges yr abad yn hynod ystyrlon.

Yn gyntaf, dywed yr abad fod Owain yn rhy gynnar 'o gan mlynnedd', gan gyfeirio'n anachronistaidd at oresgyniad Harri Tudur.

Brut a Brud yng Nghronicl Elis Gruffydd

Ef – fel y mae'r chwedl am Robin Ddu yn ei awgrymu – oedd gwir Owain y brud. Geill y darllenydd felly ddarllen y naill chwedl yng nghyd-destun y llall gan fyfyrio ynghylch y modd y mae'r brud wedi'i ddehongli ar wahanol drobwyntiau hanesyddol. Ac fel yn achos 'Ystoria Taliesin' a'r chwedlau am Robin Ddu, mae'r chwedl hon yn wedd naratifol ar thema broffwydol a ymddengys mewn ffurfiau eraill yng ngwaith Elis Gruffydd. Drwy gynnwys y stori hon yn ei gronicl roedd yn ategu'r cyfeiriadau at y mab darogan fel 'Owain' a geir mewn cerddi brud a thestunau an-naratifol eraill a gynhwyswyd ganddo.

Fodd bynnag, nid y chwedl ei hun sydd fwyaf dadlennol ond neilleb a roddwyd gan y croniclwr ar ymyl chwith y ddalen, gyferbyn â neges yr Abad. Yno ceir sylw yn llaw Elis Gruffydd sy'n cynnig dehongliad penodol o'r stori. Mae'n rhybuddio'i ddarllenydd fel hyn: 'welle'r peth a ddilyn o roddi koel a cham ddyallt ar y brud.' Gwelir yn y rhybudd byr hwn y modd cymhleth yr oedd yn synio am y traddodiad brudiol. Fe ymddengys ar y dechrau ei fod yn tanseilio crediniaeth yn y brud; gan adleisio'r neilleb sinigaidd sy'n britho'i chwedlau eraill am broffwydi, dywed 'wele'r peth a ddilyn o roddi coel' ar y brud. Fel y mae'n atalnodi naratifau eraill â'r rhybudd 'os gellir rhoddi coel [ar y chwedlau hyn am broffwydi]', mae'n gosod y stori gyfan hon gerbron ei ddarllenydd fel enghraifft o'r hyn a ddaw 'o roddi coel' ar broffwydoliaeth.

Ond nid dyna ddiwedd y rhybudd; mae iddo ran arall: 'wele'r hyn a ddilyn o roddi coel *a chamddeall* ar y brud.' Ac mae'r geiriau 'a chamddeall' yn hollbwysig; maent yn newid naws y rhybudd yn gyfan gwbl. Os yw'n bosibl i rywun 'gamddeall' y brud, yna mae'n bosibl i rywun 'ddeall' y brud hefyd. Mewn ffordd gwmpasog, mae neilleb Elis Gruffydd yn awgrymu y geill dehongli proffwydoliaeth roi arweiniad; mae'n awgrymu bod 'deall' proffwydoliaethau'n bosibl. Ond mae'n awgrymu hefyd fod hynny'n anodd; mae'r stori ei hun yn enghreifftio'r hyn a ddaw o gamddehongli'r brud, ac felly mae'n gadael yr argraff fod camddeall yn fwy tebygol na deall yng nghyd-destun y traddodiad brudiol.

Ceir awgrym arall i'r un perwyl yn yr un rhan o'r cronicl. Ar yr un ddalen â diwedd 'hanes' diflaniad Owain mae Elis Gruffydd yn nodi ymddangosiad y seren gynffonnog a gysylltid â gwrthryfel Glyndŵr gan rai o haneswyr y cyfnod:

Ac ynn drydedd vlwydd o wladychiad y brenin Hari y pydwerydd ir ymddangoses seren disglair ar y ffuruauen, yr hon a alwai yr ysgolheigion ysdela kometta ne gomett, yr hon medd yr asdronimers a'r brudwyr nid ymddengys onid ynn erbyn hryuel ne laddua ar ddynnion.

Er nad yw'n tanlinellu'r cysylltiad, mae'r neges yn ddigon clir. Dywed mai arwydd yw'r 'ysdela cometa', ffenomen y mae'r 'asdronimers a'r brudwyr' yn ei dehongli fel arwydd o 'ryfel neu laddfa ar ddynion'. Ac mae newydd adrodd hanes gwrthryfel, sef 'lladdfa ar ddynion'. Noder hefyd fod y cofnod yn cysylltu 'ysgolheigion', 'asdronimers' a 'brudwyr' â'i gilydd mewn modd anuniongychol. Maent i gyd yn dehongli ffenomenâu o'r fath; maent i gyd yn arbenigo *ar ddarllen arwyddion*. Er nad yw Elis Gruffydd yn dweud bod brudwyr yn ysgolheigion, mae'r modd y mae wedi llunio'i frawddeg yn agor cil y drws i'r posibilrwydd hwnnw. O ddarllen arwyddion yn gywir, o ddeall – iawn ddeall ac nid camddeall – arwyddion, gallai brudiwr fod yn ysgolhaig. Fel y gallai hanesyddiaeth fod yn soffestri o gamgyflwyno 'achosion'. Mae Elis Gruffydd yn cyflwyno'i ddarllenwyr i lwybrau deongliadol cymhleth drwy gydol ei gronicl.

Ac nid dyna'r diwedd ar gymhlethdodau'r rhan hon o'i gronicl. Wrth ddirwyn ei stori am ddiwedd y gwrthryfel i ben, cynigia fersiwn arall o ddiflaniad Glyndŵr:

> Neithyr hrai eraill o'r bobyl yssydd ynn tybiaid yn sickyr mae o eishiau arian J dalu J'r gwyr o ryuel J diulanodd ef o'i mysg wynt ynn y modd yma. Ac eraill a ddywaid mae marw a wnaeth ef ynn ddiddowt onid ynn wir ni wna mater pa un o'r tri modd hwn J kolles ef o vysg J bobyl, yr hain yn gydrym a'i ddiulanu ef o'i mysg wynt a ymadewis a'r maes o'r lle Jr aeth pawb ar i uan o eissiau kappitten J gyuaruod a'i gelynnion ar y maes, yr hrain ynn gydrym ac uddunt twy glywed ddaruod J Ywain a dorri maes ynn yr un modd Jr ymchwelodd pawb o'r Saesson ar i kynneuinoedd J Loygyr. Acc ynn y modd hwn J diweddodd Ywain Glyn Dyuyrdwy yr hwn a viasai dan gnwck brenin Ritshiart a brenin Hari gymaint a xij o vlynnyddoedd.

Fel y gwelir mewn mannau eraill o'r cronicl, mae Elis Gruffydd yn amlygu lluosogrwydd barn ac opiniynau gwrthwyneb; dyma wedd amlwg ar ei hanesyddiaeth. Mae 'rhai eraill o'r bobl', medd ef, 'yn tybio yn sicr mai o eisiau arian i dalu i'w wŷr o ryfel y diflannodd ef'. Dyma ddiweddglo pur wahanol i ramant y stori am ei gyfarfod â'r abad: nid oedd Glyndŵr yn gallu ariannu'i wrthryfel mwyach.

Rheswm syml, sinigaidd a chredadwy dros ddiflaniad yr arwr. Yn wir, nid yw Owain yn llawer o 'arwr' o gwbl yng ngolau'r esboniad hwn.

Cynigia drydydd rheswm dros ei ddiflaniad: dywed pobl eraill 'mai marw a wnaeth ef'. Diweddglo diramant arall! Yn yr un modd, mae brawddeg olaf fersiwn Elis Gruffyddd o hanes Glyndŵr yn tanseilio unrhyw naws arwrol y mae rhan gyntaf y stori yn ei chyfleu iddo: 'Ac yn y modd hwn y diweddodd Owain Glyn Dyfrdwy, yr hwn a fuasai dan gnwc brenin Rhisiart a brenin Harri gymaint â 12 o flynyddoedd.' Nid bryncyn yw ystyr 'cnwc' yma; benthycair o'r Saesneg Canol *'knocke'* ydyw, gair sy'n golygu 'cnoc, ergyd, llach'.[9] Dywed fod Owain Glyndŵr 'dan lach' brenhinoedd Lloegr 'gymaint â 12 o flynyddoedd'. A dyna'r modd y mae'n gorffen hanes ffigwr hanesyddol a fyddai'n ymrithio'n arwr i genedlaetholwyr Cymreig mewn oes ddiweddarach. Nid anachronistiaeth bur fyddai disgwyl i'r croniclwr bortreadu Owain fel arwr cenedlaethol ychwaith; fel y gwelwyd eisoes, roedd y brudwyr yn ei bortreadu felly o leiaf hanner canrif cyn i Elis Gruffydd ddechrau ysgrifennu. Ac yr oedd ef ei hun yn gyfarwydd iawn â'r traddodiad brud hwnnw. Eithr fe ymwrthododd ag ymgolli yn y wedd honno ar yr hanes.

Dylanwad croniclau Saesneg cyfoes sydd ar waith yma. Fel y gwelsom ym mhennod 3, yn aml wrth fynd i'r afael â hanes a oedd o'r pwys mwyaf i'r Cymry y mae'n defnyddio ffynonellau Saesneg. Dyma ddisgrifiad Edward Hall o ddiwedd gwrthryfel Glyndŵr:

> For beyng destitute of all comforte, dreadyng to shewe his face to any creature, lackyng meate to sustain nature, for pure hunger and lacke of fode [he] miserably ended his wretched life. This ende was provided for such as gave credence to false prophesies. This ende had they that by diabolical divinations were promised great possessions and seigniories.[10]

Rhaid mai Hall a chroniclwyr Saesneg eraill yw'r 'bobl' y mae Elis Gruffydd yn cyfeirio atynt wrth drafod hanes Glyndŵr: 'rhai eraill o'r bobl ysydd yn tybio yn sicr mai o eisiau arian i dalu i'r gwŷr o ryfel y diflannodd ef o'u mysg ... Ac eraill a ddywed mai marw a wnaeth ef yn ddiddowt.' Sôn am ei ffynonellau a wna yn y frawddeg hon, ac mae'n debyg mai croniclau Saesneg oedd y ffynonellau hynny. Gwelir felly ei fod yn cyfosod chwedl Gymraeg am ddiflaniad Glyndŵr â'r hyn a ddywed awduron Saesneg amdano.

Yn ddiau, adleisia rhybudd Elis Gruffydd am 'roddi coel a chamddeall ar y brud' y modd y mae Edward Hall yn moesoli am 'such as gave credence to false prophecies'. Nid 'ffeithiau' Hall yn unig a effeithiodd ar y fersiwn Cymraeg; yn ogystal ag ymgorffori adlais o hanes y Sais am ddiwedd Owain mae'r Cymro hefyd yn ymgorffori adlais o ddisgwrs moesegol y testun Saesneg. Fel y mae cynifer o feirniaid wedi nodi, mae croniclau Saesneg cyfnod y Tuduriaid yn adlewyrchu ideoleg gwladwriaeth y Tuduriaid mewn modd grymus a chlir. Fel y dangoswyd ym mhenodau 2 a 3, maent yn groniclau Lloegr-ganolog sy'n cynnig gwedd destunol ar genedlaetholdeb Seisnig yr oes. Maent hefyd yn destunau brenin-ganolog; ceir ynddynt ddisgyrsiau sy'n dyrchafu cynrychiolydd eithaf y genedl Seisnig, y brenin. Dywed Richard Helgerson yn gwbl ddiamwys: 'A chronicle history is, almost by definition, a story of kings,' gan gasglu 'to judge from books like these, England is its monarchs.'[11]

Gwedd amlwg ar ddisgyrsiau brenin-ganolog y croniclau hyn yw ymdrech i fychanu a ffieiddio unrhyw fygythiad i'r Goron. A chan fod proffwydoliaethau am ddyfodol y Goron wrth reswm yn fygythiadau iddi, daw proffwydoliaeth – gan gynnwys traddodiad brud Cymru – dan lach y croniclwyr Saesneg. Gwelir yng nghroniclau Saesneg y cyfnod adlewyrchiadau naratifol o'r deddfu swyddogol yn erbyn proffwydo a drafodwyd yn y bennod ddiwethaf. Yng ngeiriau Howard Dobin:

> In the chronicles, the treatment of political prophecy is precisely what we would expect. Monarchal ideology operates clearly in the English chronicles of the sixteenth century: Polydore Vergil, Hall, and Holinshed link devilish and fraudulent prophecies to sedition and open revolt. In this royalist rescripting of history, such prophecies always prove (in the language of the Tudor statutes) 'fonde fantasticall' and most of all 'false'.[12]

Dyma'r ideoleg a ddylanwadodd ar Elis Gruffydd; wrth gyplysu sylw sinigaidd fod Glyndŵr 'dan gnwc brenhinoedd Lloegr' â rhybudd am broffwydoliaeth, roedd y Cymro'n ymgorffori'n rhannol ddisgyrsiau ei ffynonellau Saesneg.

Eto, mae'n cyfosod barn y 'bobl' Seisnig â chwedl Gymraeg am ddiflaniad Owain Glyndŵr. Ac ergyd y chwedl honno yw fod Owain wedi camddeall y brud a bod Cymry diweddarach wedi ei ddeall yn iawn. Dywed yr abad nad ef yw 'yr Owain' – y mab darogan – gan

Brut a Brud yng Nghronicl Elis Gruffydd 119

awgrymu i'r darllenydd y bydd y mab darogan yn dod ryw ddydd. Fel y mae'r chwedl am Robin Ddu'n dangos, Harri Tudur oedd 'yr Owain'. Gwelir yn y modd y mae Elis Gruffydd yn cyfuno gwahanol esboniadau am ddiwedd y gwrthryfel ei fod yn plethu crediniaeth yn nhraddodiad y brud Cymreig â disgyrsiau brenin-ganolog ei ffynonellau Seisnig; mae'n bychanu gwrthryfelwr Cymreig a gododd yn erbyn y Goron tra'n dyrchafu o'r neilltu Gymro arall a gipiodd y goron. A thra bo Hall a deddfwriaeth y brenin yn sôn am 'false prophecies', awgryma 'hanes' Elis Gruffydd nad 'gau broffwydoliaeth' ydyw o'i hanfod, eithr proffwydoliaeth a gamddehonglwyd.

Er bod trafodaeth Elis Gruffydd ar ddiwedd gwrthryfel Owain Glyndŵr yn haeddu dadansoddiad manylach o lawer, rhaid bodloni ar nodi dau beth yn unig yma. Yn gyntaf, gellir yn hawdd gysylltu'r diweddglo sinigaidd hwn â'i rybudd ynghylch 'rhoddi coel a chamddeall ar y brud'. Mae'r esboniad cyntaf a rydd Elis Gruffydd am ddiflaniad Owain Glyndŵr yn defnyddio Glyndŵr i enghreifftio'r hyn a ddaw o ddehongli'r proffwydoliaethau yn anghywir. Mae'n gosod gerbron y darllenydd enghraifft o wrthryfel yn erbyn y brenin (yn wir, yn erbyn dau frenin), enghraifft o 'laddfa ar ddynion', a hynny i gyd yn ganlyniad i 'gamddeall' y brud. Hynny'n ganlyniad i feddwl, ar gam, mai ef oedd 'yr Owain', y mab darogan, y buasai'r brudwyr yn sôn amdano. Ategir y wedd foeswersol hon gan y darlun sinigaidd o Owain Glyndŵr a ddaw ar ddiwedd yr hanes: yn bell o fod yn fab darogan arwrol, mae'n sleifio i ffwrdd wedi methu â thalu'i filwyr; mae'n marw heb gipio'r goron.

Yn ail, er bod Elis Gruffydd ar adegau yn blaendirio'r gwrthdaro rhwng y Cymry a'r Saeson a oedd yn rhan o'i ymwybyddiaeth hanesyddol ef, nid yw'n ymagweddu bob amser fel y byddai cenedlaetholwr Cymreig heddiw yn ei ddymuno. Fel y pwysleisiwyd eisoes, er ei fod yn disgrifio'r tensiynau ethnig a oedd ynghlwm wrth ddienyddiad Syr Rhys ap Gruffydd, ac er ei fod yn rhybuddio'i ddarllenwyr ynghylch 'soffestri y bobl Seisnig', rhaid cofio i Elis Gruffydd ennill ei fywoliaeth fel milwr yn 'y fyddin Seisnig' a'i fod yn ymfalchïo yn y fyddin honno. Roedd 'Prydeindod' – 'Seisnigrwydd' hyd yn oed – yn rhan o'i hunaniaeth bersonol, neu'n rhan o olion ysgrifenedig ei hunaniaeth. Rhaid pwysleisio mai dyn ei oes oedd Elis Gruffydd, roedd yn Gymro a gafodd fodd i fyw drwy wasanaethu Harri VIII a'r *status quo* Tuduraidd. Er ei fod yr un pryd yn cwestiynu annhegwch y *status quo*, a'i fod yn pleidio achos ei gydwladwyr yn aml, roedd yn bell o fod yn wrthryfelwr. Ac felly nid yw'n syndod ei fod yn bychanu cymeriad hanesyddol y buasai rhai brudwyr yn ei ddyrchafu gynt. Er nad yw'n dadlau'n gryf y dylid credu'r stori am Robin Ddu a genedigaeth Harri Tudur, nid yw'n portreadu'r Tudur cyntaf gyda'r golau sinigaidd y mae'n ei daflu ar Owain Glyndŵr. Mae'r chwedlau am broffwydi a gynhwyswyd gan Elis Gruffydd yn ei gronicl yn sicrhau ei bod yn haws i'r darllenydd gredu mai Harri Tudur – ac nid Owain Glyndŵr – oedd 'yr Owain'.

Yn ogystal â straeon am broffwydi mae'r cronicl yn cynnwys testunau proffwydol. Hynny yw, er ei fod yn waith naratifol, mae'r cronicl yn cynnwys nifer o broffwydoliaethau – testunau an-naratifol ar ffurf rhyddiaith ac ar ffurf barddoniaeth – a briodolir i frudwyr a drafodir ynddo. Dyna a geir yn 'Ystoria Taliesin'; fel y gwelsom eisoes, yn ogystal â britho'r stori ei hun â cherddi proffwydol mae Elis Gruffydd yn ei defnyddio i gyflwyno casgliad o ddaroganau. Mewn mwy nag un rhan o'r cronicl mae testunau proffwydol yn torri ar draws rhediad yr hanes gan ddisodli'r datblygiad naratifol am nifer o dudalennau.

Ceir enghraifft drawiadol o hyn yn y casgliad o ddaroganau y mae Elis Gruffydd yn eu priodoli i Adda Fras, Gronw Ddu ac eraill. Cyflwynir y casgliad swmpus hwn ar ganol trafodaeth ar hanes tywysogion Gwynedd. Nid crynodebau byrion sydd yma ychwaith; mae'r testunau proffwydol hyn yn llenwi deg tudalen o'r llawysgrif. Mae'n debyg y byddai darllenydd heddiw yn meddwl bod y proffwydoliaethau hyn yn sathru ar rediad storïol yr hanes. Wedi'r cwbl, maent yn destunau an-naratifol – yn ôl dulliau'r ugeinfed ganrif o ddadansoddi llenyddiaeth – ac maent yn ymwthio i ganol naratif am y rhyfela ymysg tywysogion Cymreig yr Oesoedd Canol. Ond er eu bod yn destunau an-storïol, mae'n amlwg fod Elis Gruffydd yn meddwl eu bod yn rhan annatod o'r hanes yr oedd yn ei drafod. Fe gyflwyna'r daroganau drwy nodi bod y proffwydi cyntaf y mae'n priodoli gwaith iddynt yn perthyn i'r Wynedd hanesyddol dan drafodaeth:

> Ynn ol proses gwaith yr awdurion yrdoedd vardd ne broffwydwr mawr ynn trigo ynGwynedd IsKonwy ynn amser Kynnan a Gruffudd vab Kynan j vab ef, y neb a elwid Adda Vras. Yvo a wnaeth ymrauaelion broffwydoliaethe ar wawd megis ac j mae son ymhlith kenedlaeth Gymru, yr hrain ysydd ynn dywedud wneuthud ohonaw ef ymrauaelion ganneuav brud j ddangos j byddai vynnachlog yn Aberllechog pan vai gron y ddime val y geniog, or achos j gorchmynnodd ef gladdu j gorf ef mewn korlan gwrach o vewn penttre Maenan. Yma ynnol j dilin oi waith ef heuaid yn yr amser yma jr ydoedd o vewn Ynnys Voon wr a elwid Gronw Ddu, yr hwn a wnaeth sertain o broffwydoliaethau.[13]

Yn ôl Elis Gruffydd, roedd Adda Fras a Gronw Ddu yn byw yng ngogledd Cymru 'yn amser Cynan a Gruffudd fab Cynan ei fab ef'. Roeddynt yn gyfoeswyr â'r tywysogion pwysig hyn, ac felly mae'r hyn yr oeddynt yn ei broffwydo ynghylch dyfodol Cymru yn berthnasol iawn wrth drafod hanes y cyfnod hwnnw.

'Bardd ne broffwydwr mawr' yw'r disgrifiad a rydd Elis Gruffydd o Adda Fras, gan dynnu sylw at natur ffurfiol ei broffwydoliaethau. Mae'r ffaith ei fod yn *canu* brud yn arwyddocaol yn nhyb y croniclwr; fe bwysleisia hyn eto drwy ddweud 'efo a wnaeth ymrafaelion broffwydoliaethau ar wawd'. Ac ystyr gwawd yma, wrth gwrs, yw 'cerdd'. Pwysleisia hefyd statws Adda Fras yn y traddodiad Cymreig: 'megis ag y mae sôn ymhlith cenedlaeth Gymru [h.y., cenedl y Cymry], y rhain ysydd yn dywedud wneuthud ohono ef ymrafaelion ganneuau brud.' Mae'r genedl wedi cadw cof amdano, sylw y gellid ei gyplysu â'r bri ar gopïo deunydd proffwydol a drafodwyd yn y bennod ddiwethaf. A dyma bwysleisio unwaith eto mai '*caneuon* brud' oedd cynnyrch proffwydol Adda Fras. Noder hefyd fod Elis Gruffydd yn aralleirio 'proffwydoliaeth' gan ddefnyddio'r gair ystyrlon hwnnw, 'brud'. Ni chaiff Gronw Ddu gymaint o gyflwyniad; dywedir yn syml ei fod wedi gwneud 'sertain o broffwydoliaethau'.

Ar ôl y cyflwyniad byr hwn i'r ddau frudiwr, daw proffwydoliaeth a briodolir gan Elis Gruffydd i Adda Fras. Ac yn rhesymegol ddigon, fe'i dilynir hi gan broffwydoliaeth y mae'n ei phriodoli i Ronw Ddu o Fôn.[14] Ond mae rhan olaf y casgliad proffwydol hwn yn cynnwys testun o fath gwahanol. Rhyw fath o gydgordiad ydyw, ymgais ar ran Elis Gruffydd ei hun i gyfuno gwahanol broffwydoliaethau gan eu cysoni a'u trefnu. Hynny yw, wedi astudio a chymharu nifer o ddaroganau, distyllodd ef hwy gan greu testun cyfansawdd newydd. Gellid dweud felly mai Elis Gruffydd ei hun yw awdur y broffwydoliaeth olaf. Cafodd ei ddeunydd crai yn nhestunau'r proffwydi enwog – gan gynnwys 'Sibli Ddoeth' a Myrddin Emrys – ond ef biau'r distylliad unigryw hwn.[15] Fel yr awgrymwyd ar ddiwedd y bennod ddiwethaf, nid hynafiaethydd difeddwl oedd Elis Gruffydd; nid oedd yn cofnodi'i ddeunydd yn slafaidd heb ei ddadansoddi nac ymateb iddo. Gwelir yn glir iawn yma ei fod wedi mynd i'r afael yn ddeallusol â'i ddeunydd crai proffwydol. Gwelir ôl gwaith meddwl ar y distylliad proffwydol hwn; dengys yn glir felly fod copïo, astudio a dadansoddi testunau o'r fath yn brosiect gwerthchweil yn nhyb Elis Gruffydd.

A gwelir yma fod y wedd broffwydol ar ei gronicl yn adleisio'r

'*Arwyddion i ddeall fod y brud yn dyfod*':

wedd broffwydol ar ei waith cynnar. O gofio'r 'llawlyfrau brudiol' a gopïwyd ganddo yn Llawysgrif Caerdydd 5, gellir dweud bod gweithgareddau llenyddol Elis Gruffydd yn Llundain ym 1527 wedi'i baratoi ar gyfer y dadansoddiadau maith a manwl y byddai'n eu cynnwys yn ei gronicl rai blynyddoedd yn ddiweddarach. Wrth gyflwyno'i ddistylliad brudiol defnyddia deitl sy'n adleisio testun a geir yn Llawysgrif Caerdydd 5, sef 'Arwyddion Mab y Dyn':

> Yma yn ol J dilin yr arwyddion J adnabod mab y dyn ne'r gwr dyrogan o waith ymrauaelion o veirdd o ymrauaelion o nashiwns.

Roedd astudio'r traddodiad proffwydol o ddiddordeb parhaus i Elis Gruffydd; tystia'r cysondebau rhwng cynnwys y ddwy lawysgrif ei fod wedi dilyn ei astudiaeth o'r traddodiad dros gyfnod.

Fe adlewyrcha'r modd y mae'n cyflwyno ei ddadansoddiad o wahanol broffwydoliaethau y wedd gymharol ar ei hanesyddiaeth. Cyfunodd rychwant eang o ffynonellau wrth ysgrifennu hanes; mae ei gronicl yn ffrwyth cymharu'r wybodaeth a ddaeth i'w law drwy gyfrwng croniclau Saesneg cyfoes, brutiau Cymraeg yr Oesoedd Canol, a thraddodiadau llafar Cymru a Lloegr. Yn yr un modd, mae distylliad proffwydol Elis Gruffydd wedi'i seilio ar ymdrech i gyfuno dadansoddiad o'r traddodiad brudiol Cymreig ag astudiaeth o draddodiadau proffwydol eraill. Dywed ei fod yn cyflwyno i'r darllenydd 'arwyddion i adnabod mab y dyn neu'r gŵr darogan' a loffwyd 'o waith ymrafaelion o feirdd o ymrafaelion o nashiwns'.

Gellir enghreifftio'r math o ddadansoddiad a geir yn y traethawd proffwydol hwn drwy edrych ar ei frawddegau cyntaf. Wedi dweud ei fod am gyflwyno '[g]waith ymrafaelion o feirdd o ymrafaelion o nashiwns', dechreua drwy ddweud:

> Ynn gyntta j maent twy wedi dangos drwy ysgriuen na bydd dim balchder na thyrhusdr ynnddo ef. A heuaid J maentt twy ynn dangos J keidw ef i gorff mewn gwyryudod o'r amser kyntta J dechruo ef ryuela.

Astudiaeth gymharol a geir yma; ymdrech i amlygu'r hyn sydd yn gyffredin yn yr holl broffwydoliaethau a astudiwyd ganddo. Ar ôl pedwar tudalen o'r fath ddadansoddi, mae Elis Gruffydd yn dirwyn ei astudiaeth i ben gyda sylw arwyddocaol iawn:

Ynn ol hynn J doeth prydyddion ac a wnaethant ymrauaelion ganeuau brud ynn ol gwaith y gwyr a uiasai yn y blaen.[16]

Gwêl gysylltiad rhwng y testunau rhyddiaith y mae newydd eu trafod a cherddi brud fel y rhai a gopïwyd ganddo yn Llawysgrif Caerdydd 5 ac yn y cronicl ei hun. Yn wir, gellid meddwl mai cynefindra â chywyddau brud y bymthegfed ganrif sydd wrth wraidd y sylw hwn. Dywed y croniclwr fod 'prydyddion' wedi cymryd hen broffwydoliaethau (ar ffurf rhyddiaith) a gwneud 'ymrafaelion ganeuon brud' – gan feddwl, o bosibl, 'ymrafaelion gywyddau brud'. Mae 'gwaith y gwŷr a fuasai yn y blaen' yn sylfaen i gerddi brud beirdd diweddarach. Cyfetyb sylw Elis Gruffydd i drafodaeth y bennod ddiwethaf ar 'farddoneg frud' Dafydd Llwyd o Fathafarn. Gwelsom fod Dafydd Llwyd, yr enwocaf o frudwyr y bymthegfed ganrif, yn awgrymu bod ei ganu brud ef wedi'i seilio i raddau ar ddarllen, astudio a dehongli hen broffwydoliaethau. Yn ôl y bardd, dysgodd 'ddeall dull y byd' drwy astudio proffwydoliaethau Taliesin, Myrddin, Dewi Sant, ac Adda Fras. Dywed hefyd fod astudio'r Broffwydoliaeth Fawr yn rhan bwysig o waith y brudiwr.

Mae un o'r ymdriniaethau mwyaf diddorol â phroffwydoliaeth a geir yng nghronicl Elis Gruffydd yn dilyn ei fersiwn ef o'r Broffwydoliaeth Fawr. Wedi trafod 'hanes' Gwrtheyrn, Myrddin Emrys, y ddwy ddraig a'r broffwydoliaeth, mae'n cyflwyno traethawd ar werth y brud. O ystyried statws y Broffwydoliaeth Fawr yn y traddodiad – cofier mai dyma wraidd y 'Ddraig Goch' – nid yw'n syndod fod Elis Gruffydd yn dewis y rhan hon o'i gronicl i drafod darllen a dehongli proffwydoliaethau. Mae yn gyntaf yn dirwyn ei naratif i ben gan danlinellu'r cysylltiad rhwng stori Myrddin Emrys a'r Broffwydoliaeth Fawr. Dywed ei fod yn dilyn 'ysdori' Sieffre o Fynwy:

> A megis ac j mae ysdori galffreidws yn dangos wneuthud o verddin ynn yr amser yma broffwydoliaeth ac ef ynn eisde ar lan y dyurle ynn yr hon megis ac j mae opiniwn niuer o bobyl y byd jr hyny hyd heddiw yn dangos j mae kwbwl o boob kyuriw annesmwythdra a ssymud a uu, ysydd, ac vydd yn yr ynnys hon yn dragowydd.[17]

Wedi disgrifio'r modd y 'dangosodd' Myrddin 'broffwydoliaeth ac ef yn eistedd ar lan y dyfrle', cyfeiria Elis Gruffydd at bwysigrwydd y broffwydoliaeth honno. Dywed fod pobl yn credu bod Myrddin wedi proffwydo'n gywir am ddyfodol Ynys Brydain: 'Yn yr hon, megis ac y mae opiniwn nifer o bobl y byd er hynny hyd heddiw yn dangos, y

124 'Arwyddion i ddeall fod y brud yn dyfod':

mae cwbl o bob cyfryw anesmwythdra a symud a fu, y sydd, ac [a] fydd yn yr ynys hon yn dragywydd.' Dywed nad y Cymry'n unig sy'n credu'r broffwydoliaeth hon; pwysleisia fod 'nifer o bobl y byd' yn ei chredu hi. Darllenodd ddigon o groniclau Saesneg a Ffrangeg i wybod bod y rhan hon o (ffug)hanes Sieffre wedi ymdreiddio i draddodiadau Lloegr a gwledydd eraill. Ac mae'n dyrchafu statws y Broffwydoliaeth Fawr drwy nodi'r ffaith hon.

Disgrifia Elis Gruffydd *gynnwys* proffwydoliaeth Myrddin hefyd. 'Yn yr hon . . . y mae' yw'r union ymadrodd; sôn a wna am yr hyn a gynhwysir 'yn y [broffwydoliaeth] hon'. Ac yn ôl y croniclwr, ceir ynddi wybodaeth am yr hyn 'a fu, y sydd, ac a fydd'. Hynny yw, nid proffwydo am y dyfodol yn unig y mae; mae'r broffwydoliaeth hefyd yn destun sy'n traethu am y presennol a'r gorffennol. Mae ei ddisgrifiad o'r Broffwydoliaeth Fawr felly'n adleisio'r modd y disgrifiwyd traddodiad y brut/brud yn y bennod ddiwethaf. Mae'r broffwydoliaeth, fel y traddodiad yr oedd yn rhan ohono, yn gyfrwng er mwyn trafod gorffennol cenedl y Cymry mewn perthynas â'i phresennol a'i dyfodol.

Noder mai gorffennol, presennol a dyfodol Ynys Brydain, 'yr ynys hon', sydd dan sylw. Nid sôn am Gymru yn unig y mae, eithr y modd yr oedd traddodiad y brut/brud yn gweld hanes y Cymry yng nghyd-destun hanes y Brytaniaid, hanes Cymru yng nghyd-destun hanes Prydain y Brutiau. Disgrifia Elis Gruffydd y Broffwydoliaeth Fawr fel testun sy'n trafod 'Gwlad y Brutiau', chwedl Dafydd Glyn Jones.[18] Ac yn y cyswllt hwn, mae'n werth nodi ei fod yn disgrifio 'hanes' gorffennol, presennol a dyfodol yr Ynys fel '*y cwbl o bob cyfryw anesmwythdra a symud* a fu, y sydd, ac a fydd'. Mae'r geiriau 'anesmwythdra a symud' yn adleisio patrwm moesegol y brut/brud, y pwyslais ar y symud o gyflwr buddugol y genedl i gwymp a chyflwr llygredig. A hynny 'yn dragywydd'. Mae'n weledigaeth gynhwysfawr.

Felly wrth ddisgrifio'r Broffwydoliaeth Fawr mae Elis Gruffydd yn crisialu rhai gweddau amlwg ar draddodiad y brut/brud. Ac mae hefyd yn awdurdodi statws y broffwydoliaeth hon drwy bwysleisio nad Cymry'n unig sy'n credu ynddi; dywed fod 'opiniwn nifer o bobl y byd' yn 'dangos' ei bod hi'n ffynhonnell y gellir dibynnu arni am wybodaeth. Dylid cymharu'r gosodiad hwn â'r astudiaeth gymharol a drafodir uchod, yr 'arwyddion i adnabod mab y dyn neu'r gŵr darogan' a loffwyd gan Elis Gruffydd 'o waith ymrafaelion o feirdd o ymrafaelion o nashiwns'. Mae'n nodi yn y ddwy enghraifft fod traddodiadau 'nashiwns' eraill yn cefnogi'r traddodiad proffwydol Cymreig. Mae dechreuad trafodaeth y croniclwr ar y Broffwydoliaeth Fawr yn dyrchafu'r traddodiad brudiol Cymreig. Ond fel y gellid disgwyl gan Elis Gruffydd, nid yw'n gadael ei ddarllenwyr ag argraff unochrog. Mae'r brawddegau nesaf yn newid goslef y drafodaeth yn sylweddol:

> Ar yr honn j bu ac j mae serttain or bryttaniaid ehud yn hroddi j koel yn vawr, neithyr ysgolheigion dysgedig ni roddantt twy goel ynn y byd arnai hi nag ar y kyuriw i vrythonaaeg bengaled annodd j neb j ddaalld, yr hrain ynn w[i]r a gymer y gwr mawr ar wattwar. Neithyr val kyntt. J mae'r dywediaede ar sson yma ymhlith y Bryttaniaid mewn ysgriuen ynn satthredig ymhlith kennedyl y Bryttaniaid yn ghymruaeg ac ymhlith y saeson ynn y lading a saesonaeg, yn yr hon nid oes vawr awdurdod j ddangos j gellir bodd poobpeth ar y ssydd oi mewn hi yn wir. Neithyr valkynt.[19]

Mae'n tanseilio dau bwynt a geir yn rhan gyntaf ei drafodaeth ar y broffwydoliaeth. Yn gyntaf, tanseilir yr hygrededd yr oedd wedi'i sefydlu ar y dechrau; rhybuddia'r darllenydd rhag credu yn y broffwydoliaeth. Mae'n bychanu'r rhai sy'n ei chredu drwy eu galw yn 'ehud'. Ystyr yr ansoddair hwn, yn ôl *Geiriadur Prifysgol Cymru*, yw 'ffôl, ynfyd, angall, gwirion, hawdd eu twyllo'. Ac yn ail, tra bo'n dweud ar y dechrau fod 'nifer o bobl y byd' yn cymryd y broffwydoliaeth o ddifrif, dywed yma mai 'Brytaniaid' yw'r bobl ehud sydd yn ei chredu hi. Cyfeiria hefyd ati fel 'y cyfryw Frythonaeg bengaled anodd ei deall'.

Yn ogystal â dychanu'r 'Broffwydoliaeth Fawr' a'r Cymry sydd yn ei chymryd o ddifrif, mae Elis Gruffydd yn defnyddio'r geiriau ystyrlon 'Brytaniaid' a 'Brytanaeg'. Mae'n arddel y termau ar gyfer y Cymry a'r iaith Gymraeg sy'n ymgorffori cof am 'hanes' Brutus a'r traddodiad Sieffreaidd. Mae felly'n gofyn i'w gydwladwyr gymryd golwg feirniadol sinigaidd ar y modd hwn o ddiffinio eu hunaniaeth genedlaethol. Try ffordd o ganmol llinach chwedlonol y Cymry yn sarhad coeglyd. Ac yn hyn o beth, gellid meddwl i ymosodiadau haneswyr dyneiddiol ar (ffug)hanes Sieffre ddylanwadu ar ei ymateb i'r broffwydoliaeth. Yn wir, noda Elis Gruffydd nad yw 'ysgolheigion dysgedig' yn 'rhoddi coel yn y byd arni hi', sylw sy'n awgrymu ei fod â'i lygad ar farn Polydore Vergil, John Rastell, Edward Hall a'u tebyg.

Fe welwyd eisoes fod croniclwyr Saesneg cyfoes â'u llach ar y traddodiad proffwydol Cymreig. Ceir yng nghronicl Hall – rai dalennau cyn y drafodaeth ar ddiflaniad Glyndŵr a ddyfynnwyd uchod – yr ymosodiad rhethregol hwn:

O ye waverying Welshmen, call you these prophecies? nay call them unprofitable practises. Name you them divinations? nay name them diabolicall devices, say you they be prognostications? nay they be pestiferous publishinges.[20]

Fel y gwelir yn nhrafodaeth Elis Gruffydd ar ddiflaniad Owain Glyndŵr, mae'r rhan hon o'i gronicl yn adleisio disgyrsiau ei ffynonellau Saesneg. Ac fel y gwelir yn y modd y mae'n cyfuno chwedl Gymraeg am Owain Glyndŵr â'r hyn a ddywed y croniclwyr Saesneg nid yw'n gadael y darllenydd â darlun unochrog o'r 'waverying Welshmen', y 'Brytaniaid ehud'.

Oherwydd – wedi tanseilio crediniaeth yn y Broffwydoliaeth Fawr i'r fath raddau – mae Elis Gruffydd yn newid cyfeiriad ei drafodaeth eto. Yn debyg i'r modd y mae'n trafod 'soffestri y bobl Seisnig' a fersiwn Sieffre o 'hanes' cynnar Prydain, dadl ddwyochrog sydd yma. Mae'n pendilio rhwng dyrchafu'r broffwydoliaeth ac ymosod arni; nid yw am i'w ddarllenydd gael un ochr yn unig. Fel y gwelir eto ac eto yn y cronicl, mae amlygu lluosogrwydd barn ac opiniynau gwrthwyneb yn gyfan gwbl ganolog i fethodoleg Elis Gruffydd. Ac mae'r modd y mae wedi saernïo'i drafodaeth ar y testun proffwydol pwysig hwn, y modd y mae'n symud y pendil deongliadol yn ôl ac ymlaen rhwng gwahanol begynau, yn fodd iddo ymgorffori ei ddelfrydau methodolegol.

Yn gyntaf, wedi tywys ei ddarllenydd i gwestiynu rhai agweddau ar y traddodiad Cymreig drwy ddychanu 'Brytaniaid ehud' a'r 'Frytanaeg', mae'n pendilio'n ôl i'r safbwynt a geir ar ddechrau'r drafodaeth drwy nodi bod y broffwydoliaeth 'yn sathredig' – ar gael – 'ymhlith y Brytaniaid yn Gymraeg ac ymhlith y Saeson yn Lladin ac yn Saesneg'. Dyma gysylltu'r testun â 'nifer o bobl y byd' eto; mae'r 'Brytaniaid ehud' yn rhannu'r baich â chenhedloedd eraill. Ac yn ail, mae'n amlygu gwedd bwysig ar ei fethodoleg; yr hyn sydd o'r pwys mwyaf i Elis Gruffydd yw 'awdurdod' ei ffynonellau. Wrth drafod proffwydoliaeth Myrddin dywed nad 'oes fawr awdurdod i ddangos y gellir bod popeth ar y sydd o'i mewn hi yn wir'. Sylwer nad yw'n dweud yma na ddylid ar unrhyw gyfrif gredu'r broffwydoliaeth.

Dywed nad yw'n gallu ei chefnogi drwy gyfeirio at awdurdod penodol; nid yw'n gallu dyfynnu awdur awdurdodol a fyddai'n dilysu'r broffwydoliaeth. Wedi agor â brawddeg sy'n awgrymu y gellir credu'r broffwydoliaeth (mae 'opiniwn nifer o bobl y byd yn *dangos*' ei bod hi'n cynnwys gwybodaeth), mae'r pendil deongliadol yn symud i'r pegwn eithafol arall (mae 'Brytaniaid ehud' yn ei chredu tra bo 'ysgolheigion dysgedig' yn ei hamau). Ac yna symuda'r pendil yn ôl i safle yn y canol: nid yw'n gallu setlo'r mater drwy ddyfynnu awdurdod, dyna'r wir broblem.

Ond wedyn mae Elis Gruffydd yn symud y pendil eto. Mae diwedd ei drafodaeth ar y Broffwydoliaeth Fawr yn cynnig ffyrdd adeiladol o ddefnyddio testunau proffwydol. Dyma danseilio'i sylw coeglyd am 'Frytaniaid ehud' mewn modd trawiadol, sef drwy gynnig trafodaeth sy'n dadlau mai gweithred werth-chweil yw astudio proffwydoliaethau. Mae'r drafodaeth hon yn mynnu sylw; mae'n uned ynddi'i hun. Hynny yw, mae defnydd Elis Gruffydd o atalnodi, gofodi a phriflythrennu'n ei gosod ar wahân, yn uned sy'n sefyll allan ymysg y naratifau o'i chwmpas. Mae'n dechrau fel hyn:

> bendigedig vo duw, y neb a ordeiniodd poob kyuriw ddim ar auu ac y sydd ac a vydd. Nid ydwyf j ynn medru kannuod nag weled bod aniwed yn tyuu nac ynn egino j neb ar ai darlleo hi ar kyuriw betthau megis ac j bo gweddus j darllain wint. Ag ynn wir, jr ydwyf j yn kanuod bod jr neb a ymero poeyn j ddarllain y kyuriw bethau a hyn dri budd poffidiol j gorff ac ennaid.[21]

Mae'n cyflwyno dadl ddiwinyddol yma na fyddai'r darllenydd Cristnogol yn gallu ei gwrthod yn hawdd. Gŵyr pawb, meddai, fod Duw wedi rhagordeinio popeth. Ac er nad yw'n dweud hyn yn blwmp ac yn blaen, mae'r awgrym yn glir: gan fod Duw wedi ordeinio 'pob cyfryw ddim ar a fu, ac y sydd ac a fydd', gellir cael cyfrwng i weld yr hyn y mae Duw wedi'i ordeinio. Geill proffwyd weld y dyfodol am y rheswm syml fod y dyfodol yn 'bodoli' ar ryw lefel yn barod; mae wedi'i drefnu'n barod gan Dduw.

Ond nid yw'n dweud hynny yn agored ar ddechrau'r traethawd. Mae'r awgrym yn ymhlyg yn y frawddeg, ond rhaid wrth ddarllenydd effro iawn i ganfod yr awgrym hwnnw ar y darlleniad cyntaf. Yr hyn a geir wedyn yw amddiffyn gwerth proffwydoliaethau yn agored. Dywed yn gyntaf nad yw'n 'medru canfod na gweld bod niwed yn tyfu nac egino' i bwy bynnag a fo'n darllen proffwydoliaethau 'megis ac y bo gweddus eu darllen hwy'. Hynny yw, mae'n dechrau saernïo ei amddiffyniad ar y lefel fwyaf elfennol yn gyntaf: drwy ddweud na fydd darllen proffwydoliaeth (yn y modd cywir) yn gwneud dim drwg i chwi! Cofier i bwysigion eglwysig ar ddwy ochr rhwyg y Diwygiad gysylltu proffwydo â'r annuwiol. O ddarllen haeriad Elis Gruffydd na fydd drwg yn dilyn o ddarllen proffwydoliaethau 'megis ac y bo gweddus' yng nghyd-destun ei ebychiad agoriadol, 'Bendigedig fo Duw', gellir awgrymu ei fod yn amddiffyn y traddodiad proffwydol yn erbyn ymosodiadau diwinyddol arno. Ac fel y gwelir isod, awgryma diwedd y traethawd mai gweddïo wrth ddarllen proffwydoliaeth yw'r modd 'gweddus' y mae'n cyfeirio ato.

Wedi dweud nad yw darllen proffwydoliaethau yn gwneud dim drwg i'r darllenydd, mae'n cymryd cam ymhellach. Dywed yn blwmp ac yn blaen y gellir cael daioni o'u darllen. 'Ac yn wir', meddai, 'yr ydwyf i yn canfod bod i'r neb a gymero boen i ddarllen y cyfryw bethau â hyn dri budd proffidiol i gorff ac i enaid.' Drwy afael yn y dull Cymreig traddodiadol o gofnodi a rhestru, dyma gyflwyno rhinweddau astudio proffwydoliaethau drwy gyfrwng triawd deublyg (neu ddau driawd cysylltiedig). Cyflwyna Elis Gruffydd yr ail o'r trioedd hyn, 'y tri budd i'r corff', mewn modd cwta a chofiadwy: 'diuyrv yr amser, a gwrthladd segurud, ac ymaruer oi ymadrodd.' Gellir 'difyrru'r amser' drwy ddarllen proffwydoliaethau – dyna'r budd corfforol cyntaf. Yn ail, mae'n cadw'r meddwl yn effro; mae'n fodd i'r darllenydd 'wrthladd segurdod'. Ac yn olaf, mae darllen proffwydoliaethau yn gyfrwng iddo 'ymarfer ei ymadrodd'. Hynny yw, mae astudio ieithwedd a nodweddion rhethregol testunau proffwydol yn fodd i'r darllenydd roi min ar ei sgiliau ieithyddol.

Mae'r disgrifiad o'r 'tri budd i'r enaid' yn fanylach o lawer er bod dau ohonynt yn debyg iawn i'r buddion corfforol:

Y kyntta ohonaunt twy ydiw diogel a diame ydiw na bydd ef segur tra uo ef yn darllain y kyuriw bethau. Ac or ail modd j mae budd yn dyuod jr neb ai darlleo hi, kanis oi hir ddarllain ac o hir dreiglo j veddyliau yw meuyrio ac yw dyaalld, y hi a hoga ac a olymha j bwyll ef ynn llym j vod ynn barodd j naddu dychmygion a diarhebion dywyll geirwon yn llyuynnion megis ac j bo yn haws j rai eraill j dyalld wynt.

Fel y mae 'gwrthladd segurdod' yn fudd i'r corff, mae sicrhau 'na bydd [y darllenydd] yn segur' hefyd yn fudd i'r enaid. Er y gellid meddwl mai cydio mewn gwelltyn y mae er mwyn adeiladu triawd arall allan o ddeunydd crai ei driawd cyntaf, mae'n hawdd gweld pam y cynhwyswyd ymladd yn erbyn segurdod yn y ddau driawd. Ar lefel lythrennol, mae bod yn brysur yn gyflwr corfforol; mae cadw'n brysur yn weithred gorfforol. Mae'n fudd i'r corff. Ond o gofio bod segurdod ymysg y Saith Bechod Marwol, gellir gweld bod osgoi segurdod hefyd yn fudd i'r enaid.

Felly hefyd mae astudiaethau llenyddol, yn nhyb Elis Gruffydd, yn fuddiol i'r corff ac i'r enaid! Mae'r ail fudd eneidiol yn darllen fel ymhelaethiad ar y budd corfforol hwnnw, 'ymarfer ymadrodd'. O 'hir ddarllen' proffwydoliaeth, meddai, 'ac o hir dreiglo'r meddyliau i'w myfyrio ac i'w dallt', geill y broffwydoliaeth honno 'hogi' meddwl y darllenydd. Ac mae hyn yn paratoi'r darllenydd ar gyfer gweithgareddau llenyddol; mae'n gwneud 'ei bwyll yn llym i fod yn barod i naddu dychmygion a diarhebion tywyll geirwon yn llyfnion megis y bo'n haws i rai eraill i'w deall hwy'. Hynny yw, mae darllen ac astudio proffwydoliaethau'n ymarfer rhagorol ar gyfer awdur a fyn ail-ysgrifennu testunau cymhleth a'u gwneud yn haws i ddarllenwyr eraill eu darllen a'u deall.

Mae'n debyg y dylid cymryd disgrifiad Elis Gruffydd o'r budd corfforol 'ymarfer ymadrodd' yn llythrennol. Cyfeiriad ydyw at ymarfer lleferydd, y gallu i gyfathrebu ar lafar. Ac mae hyn yn gwbl synhwyrol o gofio bod 'darllen' yn yr Oesoedd Canol a'r cyfnod modern cynnar yn golygu 'darllen yn uchel' yn amlach na pheidio.[22] Fe ddaw'r budd corfforol, felly, o ddarllen proffwydoliaethau yn uchel; mae'n ffordd o ymarfer defnyddio geirfa ac ymadroddion cymhleth ar lafar. Ar y llaw arall, y budd i'r enaid yw perffeithio sgiliau llenyddol er mwyn helpu eraill. Argymhellodd Elis Gruffydd 'hogi'r pwyll' ac ymarfer sgiliau ieithyddol drwy graffu ar broffwydoliaethau, gan adleisio'r modd yr oedd rhai dyneiddwyr cyfoes yn awgrymu y dylid astudio gwahanol fathau o destunau traddodiadol er mwyn rhoi min ar y meddwl. Cymerer, er enghraifft, William Salesbury yn argymell astudio diarhebion:

> Ond im tyb i, nyd bychan o gymporth tu ac at adeilat tuy, yw cludo y sylueini, ae goet, ae gwnio, ae gody, ae roddy dan y wydd. Ac atolwc (o chreffwch yn dda) pa peth amgenach yw diarebion mewn iaith, na sylueini, na gwadne, na distie, na resi, na chyple a thrawste, na thuylathe a nenbrenni mewn tuy? A nyd yr vn nerth yw diarebion y gynal yr iaith, a r escyrn y gynnal y corph? A nyd yr vn pryduerthwch yw diarebion mewn iaith, ar ser yr fyruauen?[23]

Ergyd dadl drosiadol y dyneiddiwr yw fod darllen ac astudio diarhebion yn cryfhau galluoedd ieithyddol. Mae diarhebion yn 'sylfeini' y gellir adeiladu arnynt.

Yn yr un modd, mae Elis Gruffydd yn dadlau bod astudio proffwydoliaethau'n baratoad ar gyfer gweithgareddau llenyddol eraill. Ni chafodd y croniclwr yr un addysg ffurfiol â Salesbury a'r dyneiddwyr eraill ac felly nid oedd yn 'ddyneiddiwr' yn ystyr gyfyngedig y term.[24] Eto, ni ellir gwadu ei fod wedi ymroi i agenda addysgol sy'n adleisio gwerthoedd dyneiddiaeth. Dywed fod craffu ar ddaroganau'n gymorth i'r sawl a fyn 'naddu dychmygion a *diarhebion* tywyll geirwon', gan awgrymu ei fod yn ymwybodol o'r bri yr oedd dyneiddwyr yn ei roi ar gasglu a darllen diarhebion (ymdrafferthodd mawrion yr oes megis Polydore Vergil ac Erasmus â'r gwaith). Dyma felly gysylltu'r traddodiad proffwydol Cymreig â'r modd yr oedd y dyneiddwyr yn ymagweddu tuag at *genre* penodol. Argymellasant y ddihareb fel cyfrwng addysgol er gwella sgiliau ieithyddol a llenyddol; argymhellodd Elis Gruffydd y broffwydoliaeth er mwyn ateb yr un dibenion – ac i helpu wrth weithio ar *genre* addysgol arall, y ddihareb.

Mae'n sôn hefyd am 'ddychmygion tywyll geirwon'. Amhosibl yw dweud a oedd ganddo *genre* llenyddol penodol dan sylw yma. Gan ei fod yn enwi 'diarhebion' yn yr un ymadrodd, mae'n anodd osgoi awydd i gyplysu'r 'dychmygion' hyn â ffurf lenyddol benodol fel y ddihareb. Ceir lliaws o bosibiliadau. Mae 'dychmygion tywyll geirwon' yn disgrifio un *genre* cyfoes i'r dim, sef yr 'areithiau pros'; ni ellir disgrifiad gwell ar gyfer yr ymadroddion rhethregol cymhleth hyn.[25] Geill mai cyfeirio at ddehongli barddoniaeth yr oedd; mae'r disgrifiad yn addas iawn ar gyfer llawer o gynnyrch y traddodiad barddol Cymraeg! Mae'n bosibl mai testun llenyddol cymhleth o unrhyw fath yw ystyr 'dychymyg tywyll garw'. Ni waeth beth fo'r union fath o destun a oedd ganddo dan sylw, yr hyn sy'n bwysig yw awgrym Elis Gruffydd fod astudio proffwydoliaethau yn helpu'r darllenydd wrth fynd i'r afael â'r dychymyg llenyddol Cymreig.

Mae trafodaeth Elis Gruffydd ar y budd eneidiol hwn yn cynnig golwg drawiadol ar broses haniaethol sydd ar y cyfan yn anodd iawn i'w hoelio i lawr ar bapur. Sôn yr wyf am ddatblygiad y meddwl a'r dychymyg Cymreig. Ysgrifennodd y sylwadau hyn rywbryd rhwng 1532 a 1552. Ond wrth drafod proffwydoliaethau roedd yn dadansoddi gwedd ar y dychymyg Cymreig a berthynai i gyfnodau eraill. Nodwyd droeon yn y llyfr hwn mai ail hanner y bymthegfed ganrif oedd oes aur y cywydd brud. Nodwyd droeon hefyd fod byd-olwg Elis Gruffydd – neu'r hyn y gellir ei wybod am ei fyd-olwg o ddarllen ei waith – yn wahanol iawn i'r byd-olwg a welir mewn cywyddau brud a gyfansoddwyd genhedlaeth neu ddwy cyn ei amser ef. Yn ei ddisgrifiadau o'r 'tri budd i'r enaid ac i'r corff' mae'n ceisio gweld gwerth newydd mewn hen draddodiad. Fe â i'r afael â'r wedd unigryw hon ar y dychymyg Cymreig gan briodoli iddi rinweddau sy'n perthyn i'w oes ef ei hun.

Croniclwr, hanesydd, oedd Elis Gruffydd. Ei waith fel croniclwr oedd trafod hanes – olion testunol yr hen oesoedd – er budd ei gydwladwyr, er budd ei oes ef ac, mae'n debyg, er budd y dyfodol. Wrth drafod proffwydoliaethau, sef math o destun a berthyn i'r hen oesoedd, mae'n eu dehongli er budd darllenwyr yn y presennol. Ni ddarllenodd ef ddyfodol disglair i hil Brutus yn llinellau'r Broffwydoliaeth Fawr. Ni welodd ef fodd i gredu y byddai mab darogan Cymreig newydd yn cipio coron Ynys Brydain. Yr hyn a welodd mewn deunydd proffwydol oedd deunydd darllen defnyddiol, cynnyrch y traddodiad llenyddol Cymraeg sydd o werth i'r Cymro diwylliedig. Mae proffwydoliaethau'n bwysig oherwydd eu rhinweddau llenyddol, eu rhinweddau rhethregol, a'u rhinweddau ieithyddol. Ac er nad yw'n dweud hyn yn blwmp ac yn blaen yma, mae agweddau eraill ar gronicl Elis Gruffydd yn awgrymu y byddai'n gweld gwerth mewn testunau proffwydol oherwydd eu bod, yn syml, yn Gymreig – oherwydd eu bod hwy'n perthyn i hanes a diwylliant ei genedl ac felly'n gyfrwng ar gyfer dehongli hunaniaeth ei genedl.

Gwêl werth mewn proffwydoliaethau yn unol â gorwelion addysgol ei gyfnod ef, cyfnod y Tuduriaid, cyfnod y 'Dadeni Dysg'. Mae trafodaeth Elis Gruffydd ar y budd a ddaw o ddarllen ac astudio proffwydoliaethau felly'n cynnig cipolwg ar y modd y cafodd testunau llenyddol a berthynai i gyfnod hanesyddol arall eu haddasu a'u 'hailfeddwl' yn nhermau cyfnod newydd. Mae hyn yn atgyfnerthu casgliadau'r bennod ddiwethaf; er bod oes aur y *canu brud* wedi dirwyn i ben cyn i Elis Gruffydd ddechrau ysgrifennu, gellir gweld yn llawysgrifau'r cyfnod fod y traddodiad proffwydol wedi dal ei afael ar y dychymyg Cymreig. Ni ellir profi bod Cymry oes y Tuduriaid wedi cyfansoddi a chanu llawer o frud. Ond, fel y gwelwyd yn y bennod ddiwethaf, mae'n hawdd iawn profi eu bod hwy wedi copïo, darllen ac astudio testunau proffwydol o bob math. Ac mae disgrifiad Elis Gruffydd o'r 'tri budd' yn ategu hyn: 'mae budd yn dyfod i'r neb a'i *darlleo* hi,' meddai; fe ddaw budd 'o'i *hir*

---

132 *'Arwyddion i ddeall fod y brud yn dyfod':*

ddarllen ac o *hir dreiglo*'r meddyliau.' Darllen a threiglo'r meddyliau – *astudio* yw'r weithred y mae'n ei disgrifio yma. Mae'n cyfiawnhau'r hyn a wnaeth yn ei gronicl ac yn Llawysgrif Caerdydd 5, sef copïo, darllen ac astudio proffwydoliaethau. Dyna dri budd i'r corff a dau fudd i'r enaid. Maent i gyd yn priodoli rhinweddau ymarferol i astudio proffwydoliaethau, rhinweddau y gellir yn hawdd eu cysylltu â delfrydau'r 'Dadeni Dysg'. Ond gwahanol iawn yw'r budd eneidiol olaf:

> Ar trydydd budd ydiw para ddyn bynnag ar ai darlleo hi yn sobyr drwy alw ar Dduw am help yw ddyalld hi yvo a gaif gydnabyddieth o [y]mrauaelion bethau ar avo ynn gyffelib j ddigwyddo.

Hyd y pwynt olaf hwn, mae trafodaeth Elis Gruffydd ar werth astudio proffwydoliaethau wedi priodoli rhinweddau ymarferol iddynt, rhinweddau na ellir dweud eu bod hwy'n arallfydol. Ond mae'r budd eneidiol olaf yn ein cyflwyno i rinwedd o fath hollol wahanol: mae'n bosibl fod proffwydoliaeth yn cynnig gwybodaeth am y dyfodol. Dyma fynd â'r darllenydd yn ôl i fyd brudwyr yr hen oesoedd. Yn ogystal â darllen proffwydoliaeth er mwyn ymladd segurdod, yn ogystal â darllen proffwydoliaeth er mwyn difyrru'r amser, yn ogystal â'i darllen er mwyn perffeithio sgiliau llenyddol a dawn lleferydd – yn ogystal â darllen proffwydoliaeth am ei bod hi'n destun llenyddol defnyddiol – gellir darllen proffwydoliaeth am ei bod hi'n broffwydoliaeth, am ei bod hi'n cynnig gwybodaeth am y dyfodol!

Cofier mai adran hunangynhaliol yw traethawd Elis Gruffydd ar 'y tri budd i'r corff ac i'r enaid'. Mae ei ddefnydd o atalnodi, gofodi a phriflythrennu'n ei gosod yn uned oddi mewn i gyfanwaith y cronicl. Ac fel y mae nodweddion ffurfiol yn ei strwythuro, ceir yn y traethawd hwn batrwm rhethregol sydd yn ei strwythuro hefyd. Cofier i'r drafodaeth agor â gosodiad diwinyddol, sef bod Duw wedi rhagordeinio popeth a fu, y sydd ac a fydd. Dywed ar y dechrau nad yw astudio proffwydoliaethau yn gwneud drwg cyn belled â bod y darllenydd yn eu darllen 'megis ag y bo gweddus i'w darllen hwy'. Gorffenna drwy adleisio'r pwyntiau agoriadol hyn. Caiff darllenydd *'a'i darlleo hi yn sobr drwy alw ar Dduw am help i'w deall* . . . gydnabyddiaeth o ymrafaelion bethau a fo'n gyffelyb i ddigwydd'.

Mae corff y drafodaeth yn manylu ar rinweddau nad ydynt yn 'broffwydol' gan briodoli gwerth i destunau proffwydol sy'n adleisio'r modd yr oedd dyneiddwyr y cyfnod yn argymell astudio testunau eraill megis diarhebion. Ond ar ddechrau ac ar ddiwedd y drafodaeth hon – yn fframwaith iddi – ceir cwpl o frawddegau sy'n tywys y darllenydd i gyfeiriad hollol wahanol. A hynny drwy gyfrwng strategaeth rethregol effeithiol sydd wedi'i seilio ar wireb Gristnogol. Mae Duw wedi rhagordeinio popeth ac felly drwy alw ar Dduw am help wrth ddarllen proffwydoliaeth, mae'n bosibl y caiff y darllenydd wybodaeth am y dyfodol.

Mae hyn oll hefyd wedi'i osod yn erbyn y modd y mae Elis Gruffydd yn bychanu'r 'Brytaniaid ehud' sy'n credu proffwydoliaethau a'r ffaith nad oedd yn gallu cefnogi stori Sieffre am Fyrddin a'i ddarogan drwy gyfeirio at awdurdod cydnabyddedig. Cyflwyna i'w ddarllenydd olwg feirniadol sinigaidd ar y traddodiad proffwydol, ond ar ddiwedd y rhan hon o'i gronicl mae'n symud y pendil deongliadol i'r pegwn eithafol arall, ac mae'n ei symud â chryn glec ddeallusol. Dengys yn gyntaf fod i destunau proffwydol yr un rhinweddau ag a geir mewn testunau llenyddol eraill ac felly mae'n amddiffyn y Cymry hynny sydd yn eu copïo, eu darllen a'u hastudio. Ac yn ail mae'n awdurdodi rhinweddau proffwydol testunau o'r fath drwy gyfeirio at ddiwinyddiaeth Gristnogol. Tra bo'r chwedl am Owain Glyndŵr a'r abad yn enghreifftio'r hyn 'a ddilyn o roddi coel a *chamddeall* ar y brud', mae'r traethawd hwn yn awgrymu y gellir 'rhoddi coel a deall' ar y brud drwy alw ar Dduw am help.

Yn unol â'i safonau methodolegol arferol, mae Elis Gruffydd yn amlygu lluosogrwydd barn ac opiniynau gwrthwyneb wrth drafod y Broffwydoliaeth Fawr a rhinweddau proffwydoliaethau yn gyffredinol. Ond mae'n gorffen y drafodaeth â *tour de force* rhesymegol sydd yn gofyn i'r darllenydd goleddu byd-olwg penodol: mae'r Broffwydoliaeth Fawr yn bwysig; mae'n werth astudio proffwydoliaethau; mae'r traddodiad proffwydol Cymreig yn rhywbeth y dylai Cymro diwylliedig yr oes ei gymryd o ddifrif.

Caiff y neges y mae'n ei chyflwyno yma ei hadleisio drwy gydol y cronicl. Ni ellir darllen y gwaith yn ei gyfanrwydd heb gael yr argraff fod proffwydoliaeth yn rhan annatod o hanesyddiaeth Elis Gruffydd. Er ei fod yn mewnforio teithi hanesyddiaeth 'estron' i'r traddodiad Cymreig, yr oedd hefyd yn ysgrifennu dan ddylanwad y traddodiad hwnnw. Ac roedd y cysylltiad agos rhwng brut a brud yn rhan annatod o'r traddodiad hwnnw. Mae'n rhywbeth na eill darllenydd y cronicl ei anwybyddu. Caiff y darllenydd enghreifftiau o gamddeall y brud yn ogystal ag enghreifftiau o ddeall y brud; fe welir enghreifftiau o broffwydoliaethau a ddaeth yn wir yn ogystal ag enghreifftiau o au-broffwydoliaethau. Er enghraifft, wrth groniclo hanes Harri IV mae Elis Gruffydd yn trafod proffwydoliaeth a honnai y byddai'r brenin hwnnw'n goresgyn tiroedd yn y dwyrain ac yn marw yng Nghaersalem. Gwrthbrofir y ddarogan hon gan yr hanes a rydd y croniclwr am farwolaeth y brenin. Ac ar ymyl y ddalen, gyferbyn â'r naratif, ysgrifennodd y croniclwr sylw swta: 'proffwydoliaeth anwir'.[26] Fel yn achos y chwedl am Owain Glyndŵr, mae *marginalia* Elis Gruffydd yn fynegbost clir i'r dehongliad cywir o'r naratif. Er ymdrafferthu i amlygu lluosogrwydd barn, mae hefyd yn aml yn defnyddio ymyl y ddalen i dywys y darllenydd i gyfeiriad deongliadol penodol. Er enghraifft fe ymddengys llais awdur(dod)ol y croniclwr ar ymyl y ddalen i bwysleisio mai enghreifftio 'rhoddi coel a chamddeall ar y brud' a wna'r stori am ddiflaniad Owain Glyndŵr. Felly hefyd y mae'r sylwebaeth ar hanes marwolaeth Harri IV yn pwysleisio ei fod yn enghreifftio 'proffwydoliaeth anwir'.

Trafodwyd ar ddechrau'r bennod hon y casgliad o gerddi brud sy'n dilyn 'Ystoria Taliesin' yn y cronicl. Ceir sylwebaeth awdur(dod)ol ar y casgliad hwnnw sy'n wahanol iawn i'r farn a rydd Elis Gruffydd ynghylch y 'broffwydoliaeth anwir' am Harri IV. Disgrifia'r proffwydoliaethau hyn fel 'arwyddion i ddeall fod y brud yn dyfod bob ychydig'.[27] Ac mae'n amlwg oddi wrth y fflachiadau hanesyddol a geir yn y cerddi mai 'dyfod yn wir yn raddol' yw ystyr 'dyfod bob ychydig'. Wedi dadansoddi'r 'arwyddion' a welir mewn cerddi brud a briodolir i Daliesin, ac wedi darllen yr arwyddion hyn yng nghyswllt ei wybodaeth am hanes Ynys Brydain, mae Elis Gruffydd yn casglu bod proffwydoliaethau Taliesin 'yn dyfod [yn wir] bob ychydig'. Ac mae union eiriau'r sylw hwn yn bwysig iawn; gwelsom sawl gwaith yn barod fod Elis Gruffydd yn defnyddio'r teitl 'arwyddion' ar gyfer testunau proffwydol. Ac fel yr awgrymwyd yn y bennod gyntaf, mae darllen arwyddion yn ganolog i'r prosesau deallusol a welir ar waith yn hanesyddiaeth Elis Gruffydd. Roedd yn darllen arwyddion yr oesoedd wrth ddadansoddi hanes ac roedd darllen arwyddion y canu brud yn rhan o'r broses ddeongliadol honno.

Yn ogystal ag awgrymu bod rhai proffwydoliaethau'n dod yn wir yn raddol, dywed ar adegau fod rhai ohonynt *wedi* dod yn wir. Rhydd enghraifft o broffwydoliaeth a brofwyd yn wir wrth drafod hanes cynnar yr Eglwys ym Mhrydain. 'Ac yn ôl hyn y gwnaeth y Brytaniaid Esgob Mynwy yn Archesgob o Gymru', medd ef, 'megis ag y dywedasai Fyrddin yn ei frud,' gan ychwanegu 'yr hyn a fu wir.'[28] Ac yn yr un modd, wrth drafod Gwrmwnd y Sacson, ei frwydrau yn erbyn y Brytaniaid a'i ymosodiadau ar yr Eglwys, dywed fod Myrddin Emrys wedi proffwydo'r hanes hwn yn y Broffwydoliaeth Fawr:

> Ac ynn ol hynn y kymerth gwrmwnd J lu ac a gymerth J longau, ynn yr hrain J passiodd ef y mor kul o'r ynnys hon J dir ffrainck. Ynn y lle J gwnaeth ef anhraith a dunusdyr mawr ar ddynion a niueiliaid ac ar boob kyuriw gyuoeth. A hwn ydiw'r blaidd moriawl, yr hwn J mae merddin Emrys yn soon amdannaw ynn y broffwydoliaeth vawr, yr hwn a ddoaeth J ddileu'r kreuydd.[29]

Ac nid yw am i'r darllenydd golli'r pwynt hwn. Gesyd y croniclwr sylw ar ymyl y ddalen sy'n tanlinellu'r modd y mae'n darllen yr hanes yn nhermau'r broffwydoliaeth: 'hwn a vu'r blaidd morawl a ddyuod Merddin ynn y brud.' Dengys yr hanes fod y rhan hon o broffwydoliaeth Myrddin wedi'i gwireddu. Mae'r croniclwr wedi dehongli'r ddarogan gan ei chymharu â'r hanes y mae'n ei gofnodi a chasglu bod y ddarogan, neu ran ohoni, wedi dod yn wir.[30]

Gellid dadlau nad yw Elis Gruffydd yn dehongli – yng ngwir ystyr y ferf dehongli – proffwydoliaethau yn yr enghreifftiau hyn. Hynny yw, oherwydd natur gysylltiedig hanesyddiaeth a phroffwydoliaeth, oherwydd y ffaith fod testunau traddodiadol yn trosglwyddo cyfuniad o ddarogan a 'hanes' sy'n gwireddu'r ddarogan honno o'r naill oes i'r llall, gellid awgrymu bod Elis Gruffydd yn copïo hen enghreifftiau o 'wireddu'r brud' yn hytrach na chymharu proffwydoliaethau â'r hanes a dehongli'r brud o'r newydd mewn modd gwreiddiol. Onid yw *Historia* Sieffre o Fynwy ei hun yn cynnwys y Broffwydoliaeth Fawr yn ogystal â 'hanes' sy'n dangos bod darnau o'r broffwydoliaeth honno wedi'u cyflawni? Fe ddichon mai dyna'n union a wna Elis Gruffydd ar adegau, sef dilyn awduron eraill sydd wedi gwneud cysylltiadau deongliadol rhwng brut a brud.

Eto, fel y dengys y sylwebaeth awdur(dod)ol sy'n nodwedd holl-bresennol o'r cronicl, nid oedd Elis Gruffydd yn ddarllenydd didaro; nid oedd yn llyncu testunau eraill mewn modd goddefol heb ymateb iddynt. Darllenodd waith awduron eraill yn effro, yn feirniadol ac yn greadigol. Wedi'r cwbl, nid darllenydd yn unig ydoedd, eithr ysgolhaig yn treulio deunydd mewn modd deallusol. Fel y gwelwyd wrth ystyried ymateb Elis Gruffydd i gronicl John Rastell, roedd yn ganolwr diwylliannol a roddodd ei ffynonellau drwy'i fangl syniadaethol ei hun wrth eu cyflwyno i'w ddarllenydd. Ac fel y mae ei lais awdur(dod)ol yn canoli rhwng disgyrsiau hanesyddiaeth estron a darllenwyr Cymraeg, mae hefyd yn canoli rhwng testunau Cymreig ac agweddau ar draddodiad Cymreig y gorffennol ar y naill law a Chymry cyfoes ar y llaw arall. Roedd yn cyflwyno gwybodaeth a dulliau ysgolheigaidd 'estron' i'r Gymraeg ond roedd hefyd yn trosglwyddo traddodiadau Cymreig gan eu dehongli ar gyfer cenhedlaeth newydd o ddarllenwyr Cymraeg. Ac felly nid atgynhyrchu hen ddeongliadau o hen broffwydoliaethau yr oedd; roedd yn eu dehongli o'r newydd. Roedd yn gofyn o'r newydd – trosto ef ei hun a thros ei ddarllenwyr – ai 'proffwydoliaeth anwir', ai enghraifft o 'gamddeall y brud', neu ynteu ai 'arwyddion bod y brud yn dyfod' oedd neges testun yr oedd yn ei drosglwyddo.

Fodd bynnag, ar adegau mae'n gwbl amlwg ei fod yn darllen digwyddiadau hanesyddol yng nghyd-destun arwyddion y brud heb gymorth yr hen awduron. Gwelir hyn yn glir iawn yn rhan olaf y cronicl gan mai cyfnod Elis Gruffydd ei hun – ac nid yr oesoedd a drafodir gan Sieffre o Fynwy a'r Brutiau – sydd dan sylw. Er enghraifft, tua diwedd y gwaith mae'n tynnu sylw'r darllenydd at broffwydoliaeth arall a ddaeth yn wir. Tra'n trafod diwygiadau crefyddol ei oes a'r arloesi ym myd addysg a ddaeth yn eu sgil dywed:

> yr amser [hwn] yr ydoedd yr amser a sonniasai y beirdd er yn hir o amser ynn y blaen amdano, y rhai a ddwedai i doe y kyuriw amser ac i byddai raid i'r taad ac i'r vam vynned i'r ysgol gida'i plannt. Yr hyn ynn yr amser yma a welod pawb ynn eglur, kannis jr ydoedd lawer gwr o vewn tyrnas Loegyr ynn goruod arno ddysgu j bader a'i Aui Maria a'i gredo gann j vab ne i veirch.[31]

Nid yw'n dweud wrthym pa broffwydoliaethau'n union sydd dan sylw ganddo yma. Ond yr hyn sy'n bwysig yw'r ffaith ei fod yn hysbysu'r darllenydd ei fod wedi darllen cerddi brud a ragwelasai'r twf mewn llythrennedd y mae'n ei ddisgrifio. 'Soniasai y beirdd er yn hir o amser yn y blaen' am y datblygiad hwn. A sylwer eto mai trafod hanes diweddar, hanes ei oes ei hun, a wna'r croniclwr yn yr enghraifft hon. Nid oedd yn mesur 'gwirionedd' y brud wrth dystiolaeth hen hanes yn unig. Roedd hefyd yn defnyddio'r traddodiad proffwydol Cymreig fel cyfrwng er mwyn dehongli hanes diweddar, er mwyn trafod 'materion cyfoes', fel petai. Yn ei dyb ef,

Brut a Brud yng Nghronicl Elis Gruffydd 137

roedd y traddodiad hwnnw'n gyfrwng addas ar gyfer dehongli'r byd cyfoes.

Darllen hanes diweddar a materion y dydd yng nghyd-destun y traddodiad proffwydol Cymreig – dyna'n union a wnaeth Elis Gruffydd wrth ddyfynnu 'Cywydd y Gigfran' tra'n trafod digwyddiadau'r flwyddyn 1531. Dyfynnir cwpled cyntaf y cywydd hwnnw mewn rhan o'r cronicl sy'n trafod nifer o bethau: dienyddiad Syr Rhys ap Gruffydd a'r 'edliwiaeth a fwrid yn nannedd y Cymry' o'i herwydd, y gigfran wen a ddanfonwyd yn anrheg at Harri VIII, a'r anhrefn gymdeithasol – 'lladron a gwylltiaid yn cymeryd hyder a rhyfyg mawr' – a wynebai llywodraeth y brenin ar y pryd. Cofier bod nodweddion ffurfiol y cronicl yn cysylltu'r digwyddiadau hyn â'i gilydd; maent yn rhan o'r un uned strwythurol hunangynhaliol. Ac mae'r uned honno'n cynnwys cwpled o gywydd brud gan Ddafydd Llwyd o Fathafarn.

Fel yr awgrymwyd ar ddiwedd y bennod gyntaf, er nad yw'r cysylltiad rhwng y gwahanol bethau hyn yn arwynebol amlwg, fe'u cysylltir drwy gyfrwng rhwydwaith deongliadol cymhleth. Yn gyntaf, stelcia delwedd ystyrlon y gigfran drwy'r tudalennau hyn. Dyma symbol herodrol Syr Rhys ap Gruffydd, symbol y mae'r Saeson yn ei dychanu wrth edliw 'brad' Syr Rhys i'r Cymry, symbol y cafodd y brenin ei hun fersiwn diriaethol ohoni yn anrheg, symbol y canodd Dafydd Llwyd o Fathafarn gywydd brud iddi. Ni ellir ond darllen yr anrheg a gafodd Harri yng nghyd-destun y cywydd brud; mae strwythur ac arddull y darn yn cyplysu'r cywydd brud â'r anrheg yn uniongyrchol. Ac mae'r rhan hon o'r cronicl yn agored iawn i ddarlleniad a fyddai'n cysylltu'r cywydd, yr anrheg, yr anhrefn gymdeithasol a disgrifiad Elis Gruffydd o'r dienyddiad. Yn wir – fel y dangoswyd yn y bennod gyntaf – mae delweddaeth, themâu a nodweddion ffurfiol y darn i gyd o blaid darlleniad o'r fath.

Anghyfiawnder y modd y lladdwyd uchelwr ifanc a oedd yn ddylanwadol iawn yng Nghymru, y modd y dehonglwyd ei ddienyddiad gan Saeson cyfoes yn nhermau gwrthdaro rhwng y ddwy genedl, yr anhrefn gymdeithasol, anrheg y brenin: dewisodd Elis Gruffydd drafod hyn oll yng nghyd-destun cwpled cyntaf o gywydd brud o'r bymthegfed ganrif:

> Y gigfran a gân fel gŵydd
> lais gerwin, flysig arwydd.

Amhosibl yw dweud beth yn union oedd ym meddwl Elis Gruffydd wrth ddyfynnu cwpled o waith Dafydd Llwyd o Fathafarn yn y cyddestun hwn. Ond rhaid casglu ei fod am i'w ddarllenwyr ystyried y digwyddiadau hanesyddol y mae'n eu cofnodi yn y rhan hon o'r cronicl yng nghyd-destun y cwpled. Ac mae'n bosibl ei fod am i'r hyddysg rai ddarllen yr hanes yng nghyd-destun y cywydd cyfan. Wedi'r cwbl, copïodd fersiwn llawn ohono â'i law ei hun mewn llawysgrif arall rai blynyddoedd cyn copïo'r cwpled agoriadol eto yn ei gronicl. A chan fod cynifer o lawysgrifau'r cyfnod yn cynnwys copi o'r cywydd, rhaid casglu y gwyddai'r croniclwr yn iawn nad efe oedd yr unig un a oedd yn copïo, yn darllen ac yn astudio'r cywydd brud hwn ar y pryd.

Pe bai'r cywydd cyfan ar gael i ddarllenydd y cronicl – ai oherwydd fod 'Llyfr Elis Gruffydd' ganddo gerllaw hefyd, ai oherwydd fod ganddo lawysgrif arall â chopi o'r cywydd ynddi, ai ynteu oherwydd ei fod wedi dysgu'r cywydd ar ei gof – yna byddai'n bosibl iddo weld hanes diweddar drwy lygaid brudiol Dafydd Llwyd o Fathafarn. Yn unol â thraddodiad y cywydd brud, mae 'Cywydd y Gigfran' yn trafod dyfodol Coron Ynys Brydain, mae'n rhagweld rhyfel gwaedlyd rhwng y Cymry a'r Saeson, ac mae'n proffwydo 'diwedd' gelynion y mab darogan a 'dialedd Duw' arnynt.[32] Er ei fod yn byw o leiaf hanner canrif ar ôl diwedd Rhyfeloedd y Rhos, ac er ei fod yn byw fwy na chanrif ar ôl diwedd gwrthryfel Glyndŵr, byddai darllenydd a wyddai am y cywydd brud hwn yn gallu dehongli'r presennol Tuduraidd yn nhermau byd-olwg Cymreig y gorffennol. Drwy weld hanes diweddar – gan gynnwys dienyddiad uchelwr Cymreig adnabyddus, tensiynau rhwng Cymro a Sais ac anhrefn gymdeithasol – o safbwynt y canu brud, câi'r darllenydd weld yn groes i safonau a rhagdybiaethau'r presennol Tuduraidd. Câi weld hunaniaeth Gymreig, y berthynas rhwng Cymru a Lloegr a'r berthynas rhwng y Cymry a'r Goron mewn ffordd wahanol iawn.

Ceir yn y canu brud weledigaeth hanesyddol Gymreig sydd yn bur wahanol i'r hyn a gynigiai oes Harri VIII. Oes canoli grym y Goron ydoedd, oes y 'Deddfau Uno', oes na chynigiai yrfa lewyrchus i Gymro ond drwy ymuno â'r fyddin Seisnig – ai yn drosiadol fel y gwnaeth cynifer o uchelwyr Cymru, ynteu yn llythrennol fel y gwnaeth Elis Gruffydd. Er bod oes aur cyfansoddi a chanu'r brud wedi marw gyda buddugoliaeth Harri VII, cafodd cynnyrch y traddodiad fodd i barhau drwy gydol cyfnod y Tuduriaid, a hynny drwy weithgareddau llenyddol unigolion fel Elis Gruffydd. Drwy ymdrechion ysgrifenwyr a chopïwyr llawysgrifau, diogelwyd yr agwedd hon ar y meddwl a'r dychymyg Cymreig gan sicrhau y byddai Cymry cyfoes a Chymry'r dyfodol yn gallu darllen arwyddion eu hoes yng ngolau syniadaeth y gorffennol. Dyna'n union a wnaeth Elis Gruffydd drwy ddyfynnu 'Cywydd y Gigfran'; roedd yn gofyn i'w ddarllenwyr ddehongli hanes diweddar yn y golau arbennig hwn.

Mae'n debyg y byddai darllenydd nad oedd yn gyfarwydd â'r cywydd cyfan yn gwybod rhywbeth am Ddafydd Llwyd o Fathafarn; mae'n debyg y byddai o leiaf yn gwybod bod y croniclwr yn dyfynnu cywydd brud. Ac yn wir, byddai'r cwpled ynysig – heb gyfoeth y gyfeiriadaeth lawn – yn cyfarwyddo'r darllenydd Cymraeg rywfaint. Er bod cronicl Elis Gruffydd yn gyfraniad unigryw at y traddodiad llenyddol Cymraeg, er ei fod yn mewnforio teithi hanesyddiaeth estron ac yn cyfieithu testunau nas cyfieithwyd i'r Gymraeg o'r blaen, cyfunodd newydd-deb ei gronicl ag elfennau o'r traddodiad yr oedd yn ei gyflwyno iddo. Gwelir hyn yn y modd y mae'n mynych ddyfynnu gwahanol fathau o ddysg Gymraeg draddodiadol. Mae diarhebion, achau, penillion gwirebol a nifer o fân *genres* traddodiadol eraill yn britho'r cronicl – hynny yw, mathau o lên a fyddai'n gyfarwydd iawn i Gymry'r oes. Cyflenwa'r cwpled hwn y swyddogaeth gyffredinol hon hefyd; mae'n cyfuno rhywbeth newydd – trafodaeth ar hanes diweddar mewn testun ysgrifenedig estynedig – â rhywbeth a fyddai'n gyfarwydd iawn i'r darllenydd – cwpled cywydd.

Nid addurn yn unig ydyw; dyfynnir y cwpled am reswm, am ei fod yn fodd i'r croniclwr gyfarwyddo'i ddarllenydd. Ac mae hefyd yn ein cyfarwyddo ni ynghylch gweithgareddau awdur(dod)ol Elis Gruffydd. Disgrifia'r 'gigfran' fel 'blysig arwydd'. A dyna'n union beth yw'r gigfran i'r croniclwr: symbol neu arwydd. Arwydd y mae'n gallu'i osod yn ddolen gyswllt ddeongliadol rhwng dienyddiad Syr Rhys ap Gruffydd, tensiynau rhwng y Cymry a'r Saeson, Harri VIII a thraddodiadau brudiol y gorffennol. Arwydd awdur(dod)ol sy'n cyfarwyddo'r darllenydd gan agor iddo gil y drws i nifer o ddisgyrsiau posibl.

Darllenydd arwyddion – dehonglwr arwyddion – oedd Elis Gruffydd. Dyna yw swyddogaeth hanesydd: darllen a dehongli ffynonellau hanesyddol. A beth yw darllen a dehongli tystiolaeth hanesyddol ond mynd i'r afael ag arwyddion y gorffennol? Fel y gwelsom droeon, mae Elis Gruffydd yr hanesydd yn trin ei ffynonellau yn ofalus; mae'n mesur a phwyso'n feirniadol gan amlygu amrywiaeth barn. Mae'n darllen a dehongli arwyddion testunol y gorffennol mewn modd gofalus a phwyllog. Ac mae hefyd yn darllen arwyddion y dyfodol yn ofalus. Ac yn hynny o beth mae ei weithgareddau awdur(dod)ol yn adleisio 'barddoneg frud' Dafydd Llwyd o Fathafarn. Dehongli datblygiadau'r oes yn nhermau arwyddion yr hen oesoedd oedd nod brudwyr y bymthegfed ganrif, sef darllen arwyddion testunol y gorffennol er mwyn 'deall dull y byd'.

Nid dyfynnu gwaith Dafydd Llwyd yn unig a wna Elis Gruffydd yn ei gronicl. Mae hefyd yn cyfranogi o'r wedd unigryw ar y traddodiad llenyddol Cymraeg a geir yng nghanu brud Dafydd Llwyd o Fathafarn. Nid dyfynnu cywydd brud yn unig y mae, eithr rhoi'r un peirianwaith deongliadol ag sydd wrth wraidd traddodiad y canu brud ar waith o'r newydd mewn oes newydd. Wrth gyflwyno cerdd broffwydol i drafodaeth ar hanes diweddar – hanes ei oes ef ei hun – yr oedd yn parhau â'r hen gysylltiad rhwng hanesyddiaeth a phroffwydoliaeth, rhwng brut a brud. Hanes Chwe Oes y Byd a geir yng nghronicl Elis Gruffydd, ond, fel pob hanesydd, fe ysgrifennodd yr hanes hwnnw o safbwynt ei oes ef ei hun. Ac yr oedd hefyd yn 'deall y byd' yn null y brudwyr. Roedd yn darllen arwyddion yr oesoedd drwy lygaid ei oes ei hun tra ar yr un pryd yn dehongli ei oes ei hun yng nghyd-destun arwyddion yr oesoedd.

Dyn ei oes oedd Elis Gruffydd, Cymro a ymunodd â'r fyddin Seisnig, awdur a gafodd ei lygad-dynnu gan groniclau Saesneg cyfoes. Eto, tra bo'r croniclau Saesneg hyn yn bychanu'r 'waverying Welshmen' am lynu wrth eu 'false prophecies', glynodd Elis Gruffydd – yn rhannol o leiaf – wrth y dull Cymreig hwn o ddeall y byd.

Nodiadau

[1] Mostyn 158, 534v–539v.
[2] Patrick K. Ford, *Ystoria Taliesin* (Caerdydd, 1992), 86.
[3] Ibid., 66.
[4] Ibid., 72.
[5] Ibid., 69.
[6] Ibid., 79.
[7] Mostyn 158, 324r–324v.
[8] Ibid., 285r–285v.
[9] *Geiriadur Prifysgol Cymru*, Cyfrol I (Caerdydd, 1950), 522.
[10] Edward Hall, *The Union of the Two Noble Families of Lancaster and York* (adargraffiad: Meston, 1970), 31.
[11] Richard Helgerson, *Forms of Nationhood* (Chicago a Llundain, 1992), 132.

[12] Howard Dobin, *Merlin's Disciples: Prophecy, Poetry and Power in Renaissance England* (Stanford, 1990), 155.
[13] LlGC 5275D, 534v.
[14] Ibid., 536v; ceir is-deitl byr: 'Yma yn ol J dilin gwaith Gronw ddu o voon.'
[15] Ibid., 537v–539v.
[16] Ibid., 539v.
[17] Ibid., 5276D, 306r.
[18] Dafydd Glyn Jones, *Gwlad y Brutiau* (Abertawe, 1991).
[19] LlGC, 5276D, 306r.
[20] Hall, *The Union of the Two Noble Families of Lancaster and York*, 28.
[21] LlGC 5276D, 306v.
[22] H. J. Chaytor, *From Script to Print: An Introduction to Medieval Vernacular Literature* (Caergrawnt, 1945), 13; Sioned Davies, *Crefft y Cyfarwydd* (Caerdydd, 1995), 24–6.
[23] Garfield H. Hughes, *Rhagymadroddion: 1547–1659* (Caerdydd, 2000), 12–13.
[24] Tueddir i ddefnyddio'r geiriau 'dyneiddiwr' a 'dyneiddiaeth' mewn modd llac heddiw. I'm tyb i, mae'n well arddel diffiniad cyfyngedig a diffinio 'dyneiddiwr' fel 'a professor or student of the *studia humanitatis*, of the humanities'. Paul Oskar Kristeller, *Renaissance Thought and the Arts* (Princeton, 1964), 3.
[25] D. Gwenallt Jones (gol.), *Yr Areithiau Pros* (Caerdydd, 1934).
[26] Mostyn 158, 290r.
[27] LlGC 5276D, 374r.
[28] LlGC 5276D, 390v–391r.
[29] Ibid., 383v.
[30] Gwelir enghraifft arall ym Mostyn 158, 339r: ar ymyl y ddalen, yn cyfeirio at drafodaeth ar farchogion a laddwyd gan Richard III, ceir y sylw: 'Yma y bu wir y brud a oedd yn dywedud gwedi'r gwaed a ked.'
[31] Ibid., 521r.
[32] W. Leslie Richards (gol.), *Gwaith Dafydd Llwyd o Fathafarn* (Caerdydd, 1964), 87–8.

Mynegai

Aberllechog, 121
Abridgement of the Chronicles of England, An, 41
Ackroyd, Peter, 55
Adda Fras, 85, 86, 109, 121–2, 124
Adda o Frynbuga, 29
Alban, Yr, 92
Althusser, Louis, 75, n. 6
Ambrosius Merlin, *gw.*, Myrddin Emrys
Anderson, Benedict, 25, n. 21
Anglica Historia, 37–9, 55, 62, 69
Arthur, 3, 82, 112–13
'Arwyddion Mab y Dyn', 101, 123
'Arwyddion Taliesin ar y Proffwydoliaethau', 101
Awstin Sant, 30, 31

Beda Ddoeth, 29
Bedo Aerddren, 98, 102
Bedo Brwynllys, 97, 102
Bennett, H. S., 34–5
Beuno, 91, 92
'Boddi Maes Gwyddneu', 16
Boleyn, Anne, 4, 12
Bosworth (brwydr), 2, 57, 83, 89, 91
Breisach, Ernst, 29, 36, 54–5, 59, 60
'Breuddwyd Gronw Ddu', 101
Bruni, Leonardo, 36
Brut, Y, 33–4, 35, 37, 53
Brut Gruffudd ab Arthur, 78–9
Brut Tysilio, 78–9
Brut y Brenhinedd, 33, 62, 82, 83, 100

Brut y Tywysogion, 80, 83–4, 93, 100
Brutus, 61, 63, 73, 78, 80–1, 82, 88, 96, 98, 99, 100, 103, 132

Cadwaladr, 80, 81, 82–3, 84
Caer Droea, 82
Caerfyrddin, 3
Calais, 6, 11, 23, 52, 57, 95, 96
Castell Penfro, 111
Catherine o Aragon, 4, 12
Caxton, William, 35
Cecil, Syr William, 41
cenedl (diffiniad), 25, n. 21
Ceridwen, 110
Chaucer, Geoffrey, 35
Chronicle at Large, A, . . . , 41–2
Chronicle of Breteyn, The, 41
Chronicle of John Hardyng, The, 45
Chronicles of England, 40, 53, 54
Chronicles of Englond, Scotland and Ireland, 40
Chronycles of Englonde, 40
Colet, John 55
Courtenay, Henry, Arglwydd Dyfnaint, 14
Criticism and Ideology, 75, n. 6
'Cronicl Byr [am] frenhinoedd o'r Brytaniaid, Y', 98
'Croniclau Llundain', 34, 40, 51
'Crynodeb Taliesin', 101
'Cwta Cyfarwydd, Y' (Peniarth 50), 94
Cybi, 91, 92
Cyngor Trent, 90

Mynegai 143

Cymru, 1, 3, 5, 7, 15, 16, 25, 51, 52, 63, 67, 91, 92, 93, 96, 102, 111, 112, 115, 119, 123, 139
'Cywydd y Gigfran', 95, 96, 97, 104, 138–9, 140

'Chwedl Seith Doethion Rufein', 95, 99
'Chwedyl Ysbryd Gwidow', 99

Dafydd ab Edmwnd, 98
Dafydd ap Gwilym, 95, 97, 102
Dafydd ap Hywel ab Ieuan Fychan, 97
Dafydd Llwyd o Fathafarn, 18, 19, 24, 79–82, 84–6, 88, 90, 95, 97, 101, 102, 124, 138–9, 140, 141
Dafydd Nanmor, 95, 97
Davies, John, Mallwyd, 78
Davies, Sioned, 13
Deddfau Uno, 90, 103, 139
Deio ab Ieuan Ddu, 98
'12 Peth sy'n Llygru'r Byd, Y', 100
Devereux, Walter, Arglwydd Ferrers, 4, 8–10, 15, 20
Dewi Sant, 80, 85, 124
Dictionarium Duplex, 78
Dictionary in Englyshe and Welshe, A, 88
Dinefwr (teulu), 1, 2, 3, 10, 15, 16, 18, 19, 20, 21, 89
Diwygiad Harrïaidd, 29
Dobin, Howard, 119

Eagleton, Terry, 75, *n*. 6
Edward III, brenin Lloegr, 33
Edward IV, brenin Lloegr, 13
Edward V, brenin Lloegr 57–8, 62
Edwart ap Rhys, 97, 102
Eidal, Yr, 36
Elffin, 110
Elisabeth I, brenhines Lloegr, 91, 93
Emlyn, Syr Ffylib, 98
English Literary Renaissance, 75, *n*. 5
'Enwau y Saith Merthyr Pennaf', 99
Erasmus, Desiderius, 55, 131
Etymologiae, 30
Eusebius o Gesarea, 30

Fabyan, Robert, 40, 53, 54
Ferguson, Arthur, 28, 38, 39, 55, 71–2
'Field of the Cloth of Gold, The', 57
For Marx, 75, *n*. 6
Ford, Patrick, 110
Forms of Power and the Power of Forms in the Renaissance, The, 74, *n*. 5

Fflorens, 36

Geiriadur Prifysgol Cymru, 86–7, 126
Geritz, Albert, 55–6, 69–70
Gower, John, 35
Grafton, Richard, 41–2, 45–7
Gray, Syr Thomas, 34
Greenblatt, Stephen, 74, *n*. 5
Greenfeld, Liah, 25, *n*. 21, 43
Griffiths, Ralph, 4, 5, 11, 12
Gronw Ddu o Fôn, 109, 121–2
Gruffudd ap Cynan, 121, 122
Gruffudd ap Gronw Gethin, 98
Gruffudd ap Llywelyn Fychan, 86
Gruffudd fab Dafydd, 101
Gruffudd Gryg, 95, 98, 102
Gruffudd Llwyd ap Llywelyn ap y Calan, 98
Gruffydd, Elis, 5–24, 29, 32, 51–4, 56–74, 83, 85, 87–8, 89–90, 91, 92–4, 95–104, 108–41; cronicl, 5–25, 29, 51–4, 56–74, 87–8, 92–3, 95–104, 108–41
Gruffydd, Syr William 112, 113–14
Guto'r Glyn, 2, 95, 97
Gwaith Dafydd Llwyd o Fathafarn, 81
Gwion Bach, 110
'Gwragedd Arbennica ar a fu Erioed, Y', 99
Gwrmwnd y Sacson, 136
Gwrtheyrn (Vortigern), 82, 83, 124
Gwynedd, 121
Gwynfryn, Y, 1

Hale, John, 5
Hall, Edward, 11, 39, 41, 52, 118–19, 120, 126–7
hanesyddiaeth (diffiniad), 25, *n*. 22
hanesyddiaeth newydd, 74–5, *n*. 5
Hardyng, John, 34, 45–7
Hengist (Hengestr), 80–1
Harri III, brenin Lloegr, 62
Harri IV, brenin Lloegr, 35, 117, 118, 135
Harri V, brenin Lloegr, 35
Harri VII, brenin Lloegr, 2, 3, 57, 80, 83, 84, 89, 90–1, 111–13, 114, 115–16, 120, 121, 139
Harri VIII, brenin Lloegr, 1, 2, 3–5, 10, 11, 12, 13–14, 15, 18, 19, 21, 23, 45, 89, 90, 95, 120, 138, 139, 140
Heledd, 103
Helgerson, Richard, 43–4, 45, 119

Higden, Ranulf, 29, 30–3, 34, 42, 99
Historia adversus paganos, 30
Historia Regum Britanniae, 38, 61–6, 68, 69, 70–3, 82, 136
Historiae Florentini populi, 36
Historie of Cambria, 83
History of Richard III, 36–7, 38–9, 54–5, 59, 60
Holinshed, Raphael, 28, 39, 119
Hors, 80–1
Howard, Thomas, Dug Norfolk, 45–6
Huws, William, 1, 10
Hywel ap Matthew, 72

ideoleg (diffiniad), 75, *n*. 6
Ieuan Brydydd Hir, 98
Ieuan Dyfi, 97
Ieuan Llwyd Brydydd, 98
Ifan Llwyd ap Dafydd, 72
Imagined Communities, 25, *n*. 21
Iolo Goch, 95, 98, 102
Iorwerth Fynglwyd, 2
Isidore o Seville, 30
Isleworth, 5
Ithel ap Gruffudd, 98
Iwerddon, 91

Jackson, Kenneth, 110
James V, brenin yr Alban 2, 10, 12, 14, 18
Jones, Dafydd Glyn, 84, 125
Jones, J. R., 42
Jones, John, Gellilyfdy, 94
Jones, John Gwynfor, 5, 89
Jones, R. M., 25, *n*. 21, 89, 105, *n*. 8

Kristeller, Paul Oskar, 142, *n*. 24

Lenin and Philosophy, and Other Essays, 75, *n*. 6
Levy, F. J., 28, 33
Lewis Glyn Cothi, 95, 98
Lewys Morgannwg, 2
Linacre, Thomas 55

Llawdden, 97, 102
Llawysgrif B. 35 (=Ychw. 14,887), 79
Llawysgrif Caerdydd 5 (Llyfr Elis Gruffydd), 95–6, 97–104, 111, 113, 115, 123, 124, 133, 139
Llawysgrif Llansteffan 136, 81
Llawysgrif Llyfrgell Brydeinig B. 37 (=Ychw. 14,893), 94

Llawysgrif LlGC 13069B, 81
Llawysgrif LlGC 3077B, 81
Llawysgrif Mostyn 133, 94
Lloegr, 1, 2, 4, 5, 6, 7, 10, 11, 12, 14, 16, 23, 28, 29, 34, 35, 37, 39, 40, 41, 42, 43, 44, 45, 46, 47, 51, 52, 54, 55, 63, 67, 96, 112, 115, 119, 123, 125, 139
Llundain, 1, 6, 10, 20, 57, 95, 102, 103
Llwyd, Edward, 1
'Llyfr a Ddanfones Aristotles i Alexandr Mawr, Y', 99
Llyfr Coch Hergest, 83
Llyfr Du Caerfyrddin, 16
'Llyfr Elis Gruffydd', *gw.*, Llawysgrif Caerdydd 5
Llywarch Hen, 95, 98, 103
Llywelyn ab Ieuan ap Cynfrig Moel, 97–8
Llywelyn ap Gutun, 97
Llywelyn Fawr, 1, 28
Llywelyn y Llyw Olaf, 1, 17, 84

Macherey, Pierre, 75, *n*. 6
Maelgwn Gwynedd, 110
Maenan, 121
Manuel of the Chronicles of England, A, 41
marcsiaeth, 75, *n*. 6
Marxism and Literature, 75, *n*. 6
Marxism, Ideology and Literature, 75, *n*. 6
Matthew Paris, 29
Meredudd ap Rhys, 98
Minnis, A. J., 23
More, Syr Thomas, 36–7, 38–9, 54–5, 59, 60, 70, 71
Morris-Jones, John, 110
Mueller, Janel, 35
'Mynach San Steffan', 29
Myrddin Emrys (Ambrosius Merlin), 82, 83, 85, 86, 91, 92, 109, 122, 124–5, 127, 134, 135–6
Myrddin Wyllt, 93, 109, 112–13
Myvyrian Archaiology, The, 78

Nationalism, 25, *n*. 21, 43
'Naturiau y Saith Planed', 98
'Naw Rhinwedd a Ddanfones Duw, y', 98
New Historicism and Renaissance Drama, 74–5, *n*. 5

Ong, Walter, 39

Mynegai 145

Orosius, 30
Owain ab Urien, 2, 3
Owain Glyndŵr, 1, 3, 115–21, 127, 134, 135, 139
Owain Lawgoch, 1, 3
Oxford English Dictionary, The, 66

Pastyme of the People, 24, 52–65, 69–73
Pearsall, Derek, 35
Polychronicon, 28, 29, 30, 31–3, 35, 37, 40, 42, 99
Powel, David, 83
Price, Syr John, 72
'Proffwydoliaeth Dewi', 101
'Proffwydoliaeth Fawr', 82–3, 84, 124–6, 127–8, 132, 134, 136
'Proffwydoliaeth y Wennol', 101
'Pump Pryder Mair', 98
'Pwys Llên a Phwysau Hanes', 74, *n.* 5

Rastell, John, 24, 51, 52–65, 68, 69–73, 96, 126, 137
'Rastell Printers', 54
Renaissance Self-Fashioning from More to Shakespeare, 74, *n.* 5
Renaissance Thought and the Arts, 142, *n.* 24
Richard, Dug Iorc (brawd Edward V), 57–8, 62
Richard II, brenin Lloegr, 117, 118
Richard III, brenin Lloegr, 2, 57, 59–60, 64
Richards, W. Leslie, 81
Robert, Iarll Caerloyw, 62
Robert Leiaf, 97
Roberts, Brynley, 65
Robin Ddu ap Siencyn Bledrydd, 85, 111–14, 116, 120, 121
Roger o Wendover, 29

Rhyfeloedd y Rhos, 3, 52, 84, 88, 91, 94, 139
Rhys ap Gruffydd, Syr, 1, 3–6, 7, 8–11, 12, 14–15, 16, 17, 18, 20, 21, 67, 73, 89, 90, 95, 120, 138, 140
Rhys ap Thomas, Syr, 2–3, 89
Rhys Nanmor, 97, 101
Rhŷs, Syr John 110

'Saith Anwylddyn Duw', 98
'Saith Gasddyn Duw', 98
'Saithwyr Doethion, Y', 98, 99
Salesbury, William, 88, 131

St Werburgh, 29, 30
Scalacronica, 34
Scudamore (teulu), 5
Shakespeare, William, 8
Shakespearean Negotiations, 74, *n.* 5
'Shion Adychdyn', 58, 59
Short-Title Catalogue of Books Printed in England, Scotland and Ireland and of English Books Printed Abroad 1475–1640, 40
'Sibli Ddoeth', 122
Sieffre o Fynwy, 38, 53, 55, 61–6, 68, 69, 70–3, 81, 82, 83, 84, 90, 96, 98, 99, 100, 124, 125, 126, 127, 134, 136, 137
Siôn ap Hywel, 98, 102
Siôn ap Rhys ap Morys, 97
Siôn Huw, 97
Slaughter, Cliff, 75, *n.* 6
Spenser, Edmund, 43–4

Taliesin, 16, 85, 86, 91, 92–3, 94, 95, 96, 98, 101, 102, 103, 109–11, 124, 135
Taylor, John, 30, 32–3
Theory of Literary Production, A, 75, *n.* 6
Thomas, M. Wynn, 74, *n.* 5
Trefor, Syr Dafydd, 98
Trevisia, John, 32, 42
Trimble, William, 37, 40
Tudur Aled, 2, 102
Tudur, Edmwnd, Iarll Richmond, 3, 111–12
Tudur, Harri, *gw.,* Harri VII, brenin Lloegr
Tudur, Siaspar, 3, 80–1

Utter Antiquity, 71

Vergil, Polydore, 37–9, 55, 62, 63, 69–70, 119, 126, 131
Vortigern, *gw.,* Gwrtheyrn

Walsingham, Thomas, 29
William o Fambri, 29
Williams, Gruffydd Aled, 2
Williams, Ifor, 110
Williams, Raymond, 75, *n.* 6
Wilson, Richard, 74, *n.* 5
Wingfield, Syr Robert, 6, 95, 103
Wright, Louis, 44

'Ymddiddan â'r Wylan', 79–80, 84–5
'Ymddiddan yr Enaid a'r Corff', 95

'Ymryson yr Enaid a'r Corff', 98
Ynys Brydain, 18, 20, 22, 32, 33, 42, 52, 61, 88, 100, 124, 125, 132, 135, 139
Ynys Môn, 121
Ysbryd y Cwlwm, 25, n. 2, n. 8, n. 21, 49, n. 70, 50, n. 78, 105, n. 8, n. 10, 106, n. 25, n. 26

'Ystoria Gwion Bach a Thaliesin', *gw.*, 'Ystoria Taliesin'
'Ystoria'r Llong Foel', 61
'Ystoria Taliesin', 92–3, 102–3, 109–11, 112, 114, 116, 121, 135